U0121218

儒学与
古典学研究

第一辑

陈畅 主编

物论与
中国古典形上学

The
Journal
of
Confucianist
and
Classical
Studies

上海书店出版社
SHANGHAI BOOKSTORE PUBLISHING HOUSE

同济大学人文学院出版规划资助项目

目录

物论与中国古典形上学专题

前　言

　　物是在整体中被认知的。或者说，物的内涵与意义是在形上学体系中被定义的。在中国思想传统中，无论是作为"类"的物，还是作为"本性"的物，都印证了这一点。由此而催生"引而伸之，触类而长之"（《周易·系辞上》）的类的认知方式，以及探讨"所以然之故与所当然之则"（宋·朱熹）的理的认知方式。贯穿其中的是通过对物的认知，唤醒其形上学义蕴，以契入更高的存在秩序。牟宗三先生提出道德的形上学之说，意指从道德的进路把握形而上的真实。模仿牟先生的用法，我们也可以说，借助物论的进路能够把握中国古典形上学的独特内涵。有鉴于此，本辑特设"物论与中国古典形上学"专题，刊载国内7位优秀中青年学者的"物论"大作，以期进一步引发学界对"物论"共同的关注。

陈　畅

老子"物"论探究[*]

——结合简帛《老子》的相关信息

叶树勋

摘　要：在老子哲学中"物"扮演着重要角色，结合简帛《老子》可发现一些新信息，有助于把握它的理论内涵。老子所言"物"的语义比较多样，在以现象事物为基本义的同时，也包括其他多种义项，这和此词在用法上的灵活性有关。老子论"物"常在道物关系中展开，此关系是老子世界观的基本结构。从通行本来看，"道"有时也在"物"的范围内，二者的界限并不严明，结合简帛本来看，这种情形可能是不存在的，老子应是贯彻了"道"非"物"的原则。老子"物"论的一个关注点在于现象事物何以生成，在通常所知的生成模式以外，"物形之而器成之"提供了另一种解说，这里展示出"物"的自然生成和人文生成两个层次。"物"的异化和复归，是老子"物"论的又一关注点。"欲作"和"多智"是

---

* 本文系教育部霍英东教育基金会高等院校青年教师基金项目"道家哲学己物伦理问题研究"（171089）、国家社科基金重大项目"黄老道家思想史"（16ZDA106）的阶段性成果。

　　作者简介：叶树勋，哲学博士，南开大学哲学院副教授，博士生导师，主要研究早期儒道哲学、出土简帛思想。

造成异化的两个相互配合的因素；对于异化者，老子希望圣人能够承担起"与物反矣""使民无知（智）无欲"的责任。老子论"物"，不仅是出于对世界现象及其根源的思考，也是出于对他者境域的关心，后者体现的伦理关切需引起注意。

关键词： 物；简帛《老子》；道；器；天物；法物

老子好言"物"，这和其哲学的特殊构造密切相关。如同学者已指出的，老子是从"物"的问题出发，探讨世界生成的根源及存在的根据，由此建立系统的"道"论哲学。[1] 某种意义上，"物"构成了老子思想的一个基点，正是在对"物"的洞察中老子发现了"道"的存在。有关这一话题，学界一直不乏关注，但其间有些关键情况仍有待进一步考论。结合简帛《老子》可以从中发现一些新的信息和线索，这不仅有助于对"物"的义涵作出更确切的理解，也可由此对老子哲学的某些重要问题展开新的探讨。[2]

一、老子哲学中"物"义的初步分析

在结合简帛本进行探析之前，我们先据通行本对"物"的语义作一基本考察。有关于此，以往学界已有一定解释。如芮宏明先生曾将"物"义分作形体、规律、本体三层；[3] 王庆节先生则提出四层的看法——道，天地、天下，自然万物，人造器物。[4] 此二说在理路上比较清楚，但其论更多是基于逻辑的分析，如

---

[1] 参见陈鼓应：《论道与物的关系问题——中国哲学史上的一条主线》（上、下），《哲学动态》，2005 年第 7、8 期。

[2] 《老子》简帛本共有 4 种：包括 1973 年出土于长沙马王堆的帛书《老子》甲、乙本，1993 年出土于荆门郭店的楚简《老子》，2009 年前后北京大学收藏的汉简《老子》。

[3] 芮宏明：《试论老子哲学中的"物"》，《安徽师范大学学报》，1995 年第 2 期。

[4] 王庆节：《解释学、海德格尔与儒道今释》，北京：中国人民大学出版社，2009 年，第 164—205 页。宋德刚基本赞同此说，但认为"天下"被称为"物"不妥。见《辨析〈老子〉之"物"》，《中州学刊》，2018 年第 12 期。

何切实反映文本中的"物"义，还需再作考察。

老子言"物"离不开当时的环境，联系它的早初义涵，将有助于把握它在《老子》中的意义。在通常印象中，"物"是指事物（thing），相当于今天常说的"东西"。《说文》即以此为其本义："物，万物也。牛为大物，天地之数起于牵牛。"（牛部）从此字的长期使用来看，这确乎是它的主要义项，但它的本义却非在此。"物"在甲骨文中写作 (《甲骨文合集》24542)、 (《合集》37100)，本义指杂色牛（"牛"为义符，"勿"指杂色，既是义符，也是声符），后引申出一系列复杂的义项。[1]

关于其引申义，可大致分作三类。（一）指形色、类属、法度。[2]形色义或由本义所含的毛色义引申而来，类属、法度之义或由本义所含的杂多义引申而来。（二）指事物。世间事物各有形色、各有品类，此或是"物"衍生此义的一个原因。此义比较灵活，范围可大可小，或泛指世间一切事物，或专指人以外的物品，或特指某类对象（常见者有特指人和特指事）。相比于指涉事物之性状的前一类，此类乃指事物本身。为区别之，可将前者称为性状义，而将此类称为事物义。（三）动作义，包括观察、辨认、选择诸种，[3]此是形色义和类属义的动词化。总的来看，"物"在早初含义比较复杂，众所熟知的事物义只是其中的一种；后来随着事物义突显，形色、类属等义渐渐隐退，但它们并未完全消失，而是以

---

[1] 关于"物"义考释，可参王国维：《释物》，收入氏著《观堂集林》，石家庄：河北教育出版社，2003年，第141—142页；裘锡圭《释"勿""发"》，收入氏著《裘锡圭学术文集》第一卷，上海：复旦大学出版社，201年，第140—15页；李若晖：《早期中国的"物"观念》，载《陕西师范大学学报》哲学社会科学版，2017年第1期。

[2] 如《诗·小雅·六月》有"比物四骊"，"物"指毛色；《左传》僖公五年有"必书云物，为备故也"，"云物"指云气的形色。再者，《左传》桓公六年有"是其生也，与吾同物"，《国语·晋语六》有"如草木之产也，各以其物"，此间的"物"指类别。此外，《书·周书·洛诰》有"仪不及物，惟曰不享"，《左传》定公元年有"三代各异物"，此处的"物"谓礼制法度。

[3] 如《周礼·地官司徒·丱人》有"物其地，图而授之"，"物"指考察；《国语·楚语下》有"民神杂糅，不可方物"，"物"谓辨别；此外，"物"有寻求、选择之义，如《周礼·地官司徒·泉府》有"以其贾买之，物楬而书之"，此是说"物色"。此词现今仍常用，其间"物"字所用的正是寻求、选择之义。

不同的形式潜隐在"物"观念中。

在老子言论中，"物"主要用作事物义，动作义并无出现，性状义则有一定体现。由于事物义又含诸种用法，宜作进一步区分。整体而观，可将其间"物"的意义分析为以下几种。

（一）泛指一切事物。见于第21章的"道之为物，唯恍唯惚"和第25章的"有物混成，先天地生"。古书中"S之为物""有物P"的表述比较常见，在此等句式中"物"用作泛指。不宜将此间的"物"归为本体层或据之认为"物"即"道"，确切来说，此语境中的"物"涵括一切事物，包括形上之"道"也在其范围内。

（二）专指与"道"相对的现象事物。此是老子所言"物"的多数情形，见于老子频频言及的"万物"和一些单独出现的"物"（如第16章"夫物芸芸"，第30章"物壮则老"等）。此义中的"物"与形而上的"道"构成老子世界观的基本结构，是以往关于老子之"物"的研究中比较关注的情形。

（三）专指与"人"相对的外界事物。前项是就道物关系而论，此间是就人物关系而论。人物关系包括两种，一是作为群体的人和非人之物的关系，一是作为个体的人和身外之物的关系（为区别之，可将后者称为己物关系）。在此两种关系中，"物"的所指并不一样，后者在非人之物以外，还包括他人。这两种关系在《老子》均有表现，且后者出现较多。前者如第27章的"常善救人，故无弃人；常善救物，故无弃物"，第76章的"人之生也柔弱……万物草木之生也柔脆"。[1] 后者主要见于圣人／侯王和万物的关系，如第2章的"圣人处无为之事……万物作焉而不辞"，第37章的"侯王若能守之，万物将自化"，第64章的"圣人欲不欲……以辅万物之自然"等。

己物关系中的"物"具有伦理上他者的意义。这种关系和道物关系具有某种内在关联，亦即，道物关系的意义不限于通常所关注的宇宙论或本体论层面，此

---

[1] 这里说的关系是宽泛意义上的，此二章中"人"与"物"构成相对关系，并无作用关系。

外它还具有为处理自身和他者的关系提供行动指南的伦理意义。另需指出的是，就"物"所处的关系而言，心物关系也是常见的形式。老子这里虽有"心"的概念，但"心""物"之间尚未构成明显的相对，后来在庄子思想中这种关系才有较显著的表现，这可能和庄子对己物关系的深化思考有关（儒家方面，从孔子到孟子也有类似表现）。

（四）特指人。见于第24章的"物或恶之，故有道者不处"，第29章的"物或行或随"。在人物关系中"物"指非人之物，而此处恰反了过来。此外，"物"特指"事"在早初多见，但此义在《老子》并无明显表现（第二义项中"物"包括"事"，但特指"事"的用法并无明显表现）。

以上是对事物义的分析，可见现象事物义是其基本义，其他几个义项，包括非人之物、己外之物以及特指人的情形，都是现象事物义随语境变化而发生的范围限缩，这体现了"物"在用法上的灵活性。

（五）指形象、形状。老子所言"物"也体现性状义，如：

> 绳绳不可名，复归于无**物**。是谓无状之状，无**物**之象，是谓惚恍。
（第14章）
> 道之为物，惟恍惟惚。惚兮恍兮，其中有象；恍兮惚兮，其中有
物。（第21章）

关于"道之为物"，前文已述，这里关注他处之"物"。结合两章语境，并联系早初"物"义，可知此"物"乃指形状、形象，这是对早初形色义的沿用。这意味着"道"既无形、又有形："道"不是现象事物，没有具体的形状，故说"无物""无状"；但它又是实在，是一种超越普通形象的"大形""大象"，故说"有物""有象"。总体来说，"道"便是"无状之状""无物之象"。[1]所谓"惚恍"，

---

[1]　"无物之象"正是说"无象之象"。"无物之象"在苏辙本《老子》作"无象之象"，字虽有异，其义不变，且正可体现通行本此处的"物"是指"象"。

所谓"大象无形"（第41章），其义要之在此。

这里不仅涉及"物"义，也关乎"有""无"问题。以往多数观点是将"物"和"道"分别对应"有"和"无"，具体到"形"的问题上，则分别对应"有形"和"无形"。但由上可知，"道"乃兼赅"有形"和"无形"两个方面。那种以"物""道"对应"有""无"的观点，随着楚简本"天下万物生于有，生于无"的出现，已渐渐被很多研究者放弃。现今讨论的"无物""有物"，为"道"兼赅"有""无"的结论又提供了一个新的证据。[1]

通行本《老子》中"物"的意义，大概即以上几种情形。"物"的形色义在后来很少被直接使用，但在老子言论中仍有表现。某种程度上，老子"物"论有点过渡的味道。另需指出的是，"物"的性状义在此不仅有直接表现，同时也有间接体现，亦即，当"物"表示现象事物时，它仍和形色、类属有关。首先，"物"表现象事物，意味着所指的都是有形有色的存在，此点虽然在老子处未有明言，但后来《庄子·达生》即对此作出明确界定（"凡有貌象声色者，皆物也"）。此外，现象之"物"既包括作为个体的事物，也包括作为类别的事物。比如"万物"一词，这不仅是说无限多的个体，也是说无限多的种类。如果忽视后者，那么此词所要传达的世界的多样性和差异性，便得不到充分反映。这里的情况并不限于老子，在后来的"物"观念中皆是如此。

二、"道之物"与"有物混成"："物"与"道"的意义结构

如同众多研究者所强调的那样，道物关系理论是老子哲学的一个基础。在此关系中，"物"和"道"既有区别（"道"不是"物"）、又相互融合

---

[1]"道"兼赅"有""无"不仅体现在"形"上，也体现在"名"上。第1章有言"无名，天地之始；有名，万物之母"。"天地"在帛书二本和汉简本中皆作"万物"，义更明确，意味着既"无名"又"有名"的"道"乃是"万物"之"始""母"。

（"道"在"物"中）。可以说，"道""物"之间首先是有界限的，只有此点成立，才有接下来的融合之论。然而，从"物"的意义来看，它在老子言论中也可用作泛指，此语境下"道"也成了一种"物"。这就打破了"物"与"道"的界限，使得二者的意义结构变得有些模糊。当然，我们可以说，道物关系的成立是就多数情形而言，允许存在少数特例。但这样也得承认老子思想中"道""物"的界限并不严明，或者说，老子对"道""物"的理解没有贯彻统一的标准。

简帛诸本为进一步探讨此问题提供了重要信息。"道之为物"和"有物混成"在此情况有异，正可借此作重新考虑。先看第21章的"道之为物"。此句在帛书二本和汉简本中皆作"道之物"（楚简本不见此章）。帛书二本出土后，学者多以"道之物"为古本旧貌，[1] 而后汉简本的情况为此又提供了一个证据。关于"道之物"的含义，学者解释不一，大致有三种：（1）道这个东西；[2]（2）道生万物（解"之"为"出"）；[3]（3）万物从道而来（读"之"为"至"）。[4] 后两种虽不违老子思想，但其解未免迂回。第一种视同于"道之为物"，有待商榷。回到第21章语境，笔者认为"道之物"的"物"和"其中有物"的"物"乃是同指，[5]"道之物"是说"道"的形象。以此解读，可发现此章思路更加清晰：前面说"孔德之容，惟道是从"，后面接着解释"道"的容貌、形象如何（"容""物"义近），对此，老子先概述以"惟恍惟惚"，而后展开不同方面的细说。

接下来看第25章的"有物混成"。此句在帛书二本均作"有物昆（混）成"，

---

[1] 如刘笑敢先生曾言道，帛书甲、乙本皆错的可能性很小，此句很可能是古本旧貌，后来传抄者为求统一的四字句而加"为"字。见氏著：《老子古今》（上），北京：中国社会科学出版社，2006年，第284页。

[2] 参见许抗生：《帛书老子注译及研究》（增订本），杭州：浙江人民出版社，1985年，第107—109页。

[3] 参见高明：《帛书老子校注》，北京：中华书局，2011年，第329—330页。

[4] 参见秦献：《"道之为物"与"道之物"辨》，《社会科学辑刊》，1988年，第4期。

[5] 通行本"其中有物"句在汉简同，在帛书二本缺"其"字。

在汉简本作"有物纶（混）成"，在楚简本作"又（有）𣥺蟲成"。帛书二本、汉简本的情况与通行本无大异。楚简本中，"蟲"是"蚰"之讹，"蚰"即"昆"的本字，在此读为"混"。[1]关于"𣥺"字，笔者赞同丁四新先生的看法，认此为"状"的异体字。[2]据此，"又𣥺蟲成"应释作"有状混成"，其中的"状"义同于第 14 章"无状之状"的后一个"状"。理解时亦可将其视作"象"，义同于"大象无形"的"大象"。至于后面的"混成"，则和"惚恍"义近，意味着"道"这一形象不能以现象之物的形象去类比。[3]

综合上述，其间透露出两个重要信息：一是"道之物"的"物"意指形象，联系前述的指形象之"物"，可知"物"的形色古义在老子言论中多有出现；二是，"物"用以指"道"的情形在老子这里可能是不存在的（"道之物"是说"道"的形象，"物"与"象""状"同义，非指"道"本身）。此间主要关注后一点，若此成立，那么意味着在老子思想中"道"与"物"的意义界限是分明的，"道"不是"物"这一点得到了贯彻。

这里还涉及以何种角度理解"物"的问题。就诸子学来看，对"物"的理解可被概括为三种。一是从形色理解"物"，以"物"为有形者，如《庄子·达生》的"凡有貌象声色者，皆物也"和郭店楚简《性自命出》的"凡见者之谓物"；二是从存在理解"物"，以"物"为存在者，如《公孙龙子·指物论》的"物也者，天下之所有也"和《易传·序卦》"盈天地之间者唯万物"；三是从名谓理解"物"，以"物"为大共名或达名（前者见于《荀子·正名》，后者见于《墨经·经说上》）。这三种角度下"物"的所指并不一致，可以说其范围乃依次扩展（存在者未必有形；作为大共名的"物"可指一切可被言说的东西，所指者未必

---

[1] 参见原整理者的解释。荆门市博物馆编：《郭店楚墓楚简》，北京：文物出版社，1998 年，第 116 页。

[2] 丁四新：《郭店楚竹书〈老子〉校注》，武汉：武汉大学出版社，2010 年，第 175—176 页。

[3] 如上所述，"道之物"代表旧貌的可能性是非常高的。不过，用来推定第 25 章首句的依据相对较少，不排除帛书二本和汉简本此处保留旧貌的可能性。

存在）。

在老子言论中，"物"的基本义是现象事物，这是基于形色角度的理解。[1]
至于泛指一切的"物"，则是从名谓角度出发才能具有，当"物"成为一个遍指
一切的大共名，那么形上之"道"自然也在其间（存在角度也可涵括"道"，而
泛指用法乃从名谓出发）。但通过上文考述，此情形在老子言论中可能是不存
在的。若此成立，则意味着老子言"物"其实遵循了统一的标准，在此标准下
"道"非"物"这一点得到了贯彻，而作为其世界观基本结构的道物关系的成立，
并不需要承认少数特例的存在。

三、"物形之"与"器成之"："物"之生成的两个层次

在老子"物"论中，一个重要内容是解说现象事物如何生成。其间，第42
章的"道生一，一生二，二生三，三生万物"，第40章的"天下万物生于有，生于
无"（此从楚简本，见第一节），是两处典型的言论。前者关注万物生成的过程性，
后者则强调万物生成中"有"和"无"的相互作用。在此之外，老子还提供了另
一种解说：

> 道生之，德畜之，物形之，势成之。是以万物莫不尊道而贵德。道
> 之尊，德之贵，夫莫之命而常自然。故道生之，德畜之：长之，育之，亭
> 之，毒之，养之，覆之。生而不有，为而不恃，长而不宰，是谓玄德。

---

[1] 郑开先生曾指出，早期哲学思考是通过形色把握"物"，而老庄却拈出"自然"和"玄德"，试
图从最为本质的层面把握"物"（《道家的自然概念——从自然与无的关系角度分析》，《哲学动态》，
2019年第2期）。这是非常有启发的洞见。老庄对"物"开展了更深入的思考，但同时也沿承了以形
色言"物"的思路。本文此处关注的是后者，这有助于澄清"道""物"之间的结构。

11

不同于前两种，这里出现了"德"和"势"的概念。在通常印象中，"德"是一个人事概念，但此处是出现在万物生成语境。关于"德"的这种表现，研究者已有关注，[1] 笔者也曾有过讨论。概言之，"德"在此是指"道"之作用、功德（对万物而言），这一功德既包括"生"万物，也包括"养"万物。[2] 老子在此章主要讲"养"，为了强调这种"养"，乃将它和"生"各归于"德"与"道"，仿佛存在两个根源，但究其实质言，根源只有一个，就其体言是为"道"，就其用言是为"德"。[3]

"势"在帛书二本作"器"，在汉简本写为"热"，一般认为借为"势"（楚简本不见此章，传世本一般作"势"）。汉简本和帛书二本可能传自不同的版本系统，目前难以确定何者为是。当然，从《老子》全书用词来看，作"器"的可能性应更高些。《老子》中"器"字多见，而"势"字唯此一处，不排除后世受黄老和法家影响、改"器"为"势"的可能。此外，开头几个短句在帛书甲本中的句式也有点不同："道生之而德畜之，物刑（形）之而器成之"（帛书乙本无第一个"而"字）。汉简本和通行本均无"而"字，或是后世传抄者为求句式的简洁而有此调整。[4] "道生之而德畜之"的"之"指代万物，"物形之而器成之"的"之"则是补足音节的助词，并无实义。[5] 后者是说各物出现形体（"形"是动词）、诸

---

[1] 如白奚先生认为，这个"德"就是存在于万物之中的"道"，它是万物存在的内在根据（《从"辅万物之自然"到"无以人灭天"——道家对人类中心观念的反思》，《诸子学刊》，2012 年总第七辑）。郑开先生认为，有别于第 42 章"道生一"所代表的宇宙论模式，这里隐含了一种通过"性"把握"物"的道物关系的新思维（《试论老庄哲学中的"德"：几个问题的新思考》，《湖南大学学报》社会科学版，2016 年第 4 期）。曹峰先生认为老子生成论包括生和成两个序列，一个是"道生之"，一个是"德畜之"（《〈老子〉生成论的两条序列》，《文史哲》，2017 年第 6 期）。

[2] "畜"指"养"，即后来常说的化育万物。此章从"长之"到章末，都是解释如何"养"。"生"和"养"都是隐喻，前者关注的是万物何以出现，而后者则关注万物何以活动、何以成就自身。

[3] 参见拙文《从形而下到形而上——先秦道家物德观念的多层意域》，《哲学动态》，2018 年第 2 期。

[4] 参见刘笑敢：《老子古今》（上），第 530 页。

[5] 此章"之"字多见，共有三种用法：一为代词，指代万物；二为连词，表示之所以，见于"道之尊，德之贵"；三为补足音节的助词，见于"物形之而器成之"。第三种多见于古书，如《左传》昭公二十五年有"鸲之鹆之，公出辱之"，《孟子·梁惠王上》有"苗勃然兴之矣"，《礼记·乐记》有"不知手之舞之，足之蹈之也"。此用法在《老子》他处亦有出现，如第 1 章的"玄之又玄，众妙之门"（前一个"之"），第 20 章的"唯之与阿，相去几何？善之与恶，相去若何"。

器得以落成，为了和前文句式一致，故加补足音节的"之"。[1]《老子》言辞多有诗韵风格，为求对仗、押韵而调整表述的地方比较多见。

其他关于万物生成的解说到了"物"这一步就已完成了，但为何此章又言"器成之"呢？相对来说，"物"是就形色言事物，而"器"则是就功用言事物，亦即，有形有色者便是"物"，有用之"物"乃是"器"。老子描述二者时分别采用"形"与"成"，即见二者之重点不同。关于老子所论"器"，王玉彬曾指出，"器"意味着人文之始，人的"制器""用器"衍生出"制"与"名"，"名制"是人文的顶级表现型态。[2]此论关注到"器"在人文历程上的关键意义，颇具启发性，但要进一步注意的是，"器"的意义可能更宽泛些，它除了指具体器物，还可以指抽象的名物制度之类。

综合考察老子所论"器"，大致有两种意义。一是具体义，指各种器物、器具，如第11章的"埏埴以为器"、第31章的"兵者，不祥之器"、第57章的"民多利器"、第80章的"使有什伯之器而不用"，皆为此义。二是抽象义，此是器物之"器"的比喻义或引申义。如第36章有言"国之利器"，此"器"喻指权力机构；第29章有言"天下神器"，第67章有言"不敢为天下先，故能成器长"，此是以"器"喻"天下"；第41章"大器晚成"的"器"除了指器物，也喻指伟大的事物。

"器成之"的"器"是一种宽泛使用，既包括具体器物，也包括人类社会中诸种抽象的物事，是对所有人文事物的概括。由此而观之，"物形"和"器成"乃展示了"物"之生成的两个层次，前者就着形体解释事物的出现，此生成是自然意义上的（此自然是现代意义），后者乃就着人事功用解释事物的成就，此生成是人文意义上的。这提示着，老子的万物生成论非仅就宇宙自然的起源和演化而言，同时也包括对人文现象何以生成的思考。在第40、42章等处，逻辑

---

[1] 就通行本而言，"物形之，势成之"也应作类似理解，这是说万物出现形体、其活动之势得以成就。这里的"势"不是指四时之势或环境，而是指万物的动势。

[2] 王玉彬：《自然与人文之间——老子"器"论的思想意蕴》，《人文杂志》，2017年第9期。

上也包括对人文生成的解释，而第 51 章则明确将此标示出来。是"道生""德畜"的根源性作用让人文事物得以落成，这也意味着人文事物的正常开展离不开"道生""德畜"的前提。老子曾言："始制有名，名亦既有，夫亦将知止。"（第 32 章）对于"名制"这一顶级人文现象（借用王玉彬之言，见上），老子并无完全反对之意，但主张"知止"，这一"止"的标准便是这里所讲的"道生""德畜"。

从"道"到"器"的叙说，容易让人联想到第 28 章的"朴散则为器"。初看起来，似乎"道—德—物—器"的过程正是"朴散则为器"的具体化。但结合两处语境来看，乃知它们是解说不同的问题。针对"朴散则为器"，联系该章前后文可知这是对"朴散"（纯朴离散）的一种批判，"器"在此带有贬义（指过度人为的事物）。脱离纯朴的事物应"复归于朴"，圣人运用此理，辅助事物重归应然之态。[1] 此外，从"道"到"器"的叙说也容易让人联想到《易传·系辞上》的"形而上者谓之道，形而下者谓之器"。如池田知久先生将二者结合，认为由此可发现老子哲学中存在一种"道器论"。[2]《易传》该句中的"器"是广义上的使用（指现象事物），而老子此句的"器"意义不同；并且，我们一直所关注的老子的"道物论"正是类似于"道器论"的理论，似无必要以此专门呈现老子的"道器论"。

综上所述，如果说其他生成模式是关注"物"之"前"的情况，那么"物形之而器成之"此说则是展示"物"本身的两个层次，分别解释"物"的自然生成和人文生成。在老子看来，不管是"物形"还是"器成"，皆以"道生""德畜"为前提，这不仅是强调"道""德"的根本作用，同时也在提示，若偏离"道""德"，则万物的活动将会走向异常状态。

---

[1] 正如王中江先生曾指出的，"朴散则为器"是说事物从纯朴到异化的过程，而圣人的伟大治理（"大制"），是让大家回归纯朴（"不割"）。见王中江解读：《老子》，北京：国家图书馆出版社，2017 年，第 109—110 页。

[2] ［日］池田知久著，王启发、曹峰译：《道家思想的新研究——以〈庄子〉为中心》，郑州：中州古籍出版社，2009 年，第 244—247 页。

四、"奇物""法物"与"天物":"物"的异化与复归

老子常论及"物"的异化问题。根本上来说,"物"的异化意味着其活动偏离了"道""德"的"生养"。在其他地方,老子对此提供了更具体的解释——"侯王若能守之,万物将自化;化而欲作,吾将镇之以无名之朴"(第37章)。在此,"欲作"便是异化的一个重要原因。由于"欲作",事物从正常的"自化"状态走向异常,故需侯王"镇"其欲,辅助它重回常态。老子似乎默认了"物"不完全具备自行回归的能力,故主张圣人助其复归,所谓"镇之以无名之朴""辅万物之自然",[1]其义要之皆在此。在"物"的所指上,宽泛而言,它是指圣人所面向的一切他者(己物关系中的物);当然,老子更关心的是世人的处境,这里的"物"在很大程度上是指有待圣人助其复归的所有世人。[2]

在关于"物"之异化的论说中,还有一处情况比较特别,这出现在第57章:

> 天下多忌讳,而民弥贫;民多利器,国家滋昏;人多伎巧,奇物滋
> 起;法令滋彰,盗贼多有。

上引是王弼本文句。"法令"在河上本作"法物",此情况在以前未引起很多关注。后来大家发现楚简本、帛书乙本、汉简本中"法令"皆作"法物"(帛甲此处残缺),于是这一异文愈发受到重视。在此引录楚简本文句以供后文

---

[1]"与"指帮助。关于此句意义,参见王中江解读:《老子》,第217—218页。

[2]关于老子哲学中"物"的异化问题,王中江先生有专门探讨。见氏著:《根源、制度和秩序——从老子到黄老》,北京:中国人民大学出版社,2018年,第1—27页。本文此处结合简帛情况,尝试就此问题作进一步讨论。

讨论：

> 夫天多期（忌）韦（讳），而民尔（弥）畔（叛）。民多**利器**，而邦慈（滋）昏。人多智（知）天〈而〉**戟（奇）勿（物）**慈（滋）**记**（起），**法勿（物）**慈（滋）章（彰），眺（盗）恻（贼）多又（有）。

多数意见认为此处应原作"法物"，但对它的解释则意见不一，要之有两类：一是往法令的意思解释；二是延续河上公的解释（法物即好物）。[1] 笔者大致赞同后一类，但具体看法不同。"法"在此是指合乎法度的，亦即正常的，义与"奇"相对。"法物"指人们觉得正常的事物，而"奇物"则指人们觉得奇怪的事物。

楚简本中"人多智"[2] 后面的"天"，一般认为是"而"的讹字（帛书二本、汉简本皆作"而"）。裘锡圭先生指出，"而"后三个小句都是"人多智"的结果。[3] 李零先生从之，并认为后三个小句是一种并列关系。[4] 这些看法值得注意。在几个短句的关系上，我们已习惯了通行本所见的因果关系：

> 人多伎巧——奇物滋起；
>
> 法令滋彰——盗贼多有。

就此而言，王弼本与河上本并无不同。但楚简本提醒我们，此处原来很可能是另一种关系：

---

[1] 此间诸说可参丁四新：《郭店楚竹书〈老子〉校注》，第163—166页。

[2] 楚简《老子》整理者读"智"为"知"，笔者认为不宜改读，详见后文叙述。

[3] 裘锡圭：《郭店〈老子〉简初探》，《道家文化研究》第十七辑，北京：生活·读书·新知三联书店，1999年，第55页。

[4] 李零：《郭店楚简校读记》（增订本），北京：中国人民大学出版社，2007年，第13页。

人多智——奇物滋起、法物滋彰——盗贼多有。[1]

后三个小句皆为"人多智"的结果，但它们不是并列关系，而是一种递进关系。这几个短句的意思和第3章的"不贵难得之货，使民不为盗"正好两相呼应："法物"也好，"奇物"也罢，都是"人多智"而制造出来的东西，这类东西越是增多，越是诱使人们为盗，故应"不贵"（不去推崇它），杜绝人们为盗的可能性。"人多智"前面还讲到"民多利器，而邦滋昏"，这里的"器"是指器具，世人用各种"利器"制造出很多"奇物""法物"，导致"盗贼多有"，社会秩序变得愈发混乱。

就此间"物"义来说，它是指人为制造的各种事物。"奇物滋起、法物滋彰"是说人为之"物"的异化情况，此情况导致"盗贼多有"，"邦滋昏"。而此等异化的背后，其实是"人"的异化——"人多智"。在"欲作"以外，这里可以发现有关异化的另一个原因。可以说，在异化过程中"多智"和"欲作"是两个相互配合的因素。正因如此，老子才会有"无知（智）无欲"的主张（第3章）。[2]此外，老子还说："古之善为道者，非以明民，将以愚之。民之难治，以其智多。"（第65章）这里的"愚之"，长期以来被视作老子主张愚民的证据，事实上，当我们将其置于上述背景中，可知这是老子关于克服异化、回归常道的一种积极主张。

针对"物"的异化，老子的基本主张是"复归于朴"。在第16章中，老子还有如下说法：

万物并作，吾以观复。夫物芸芸，各复归其根。

---

[1] 汉简本也体现这样的关系。帛书二本此处有缺字，但结合两个本子来看，它们也应是体现此种关系。

[2] 通行本的"无知无欲"在帛书二本同，在汉简本作"无智无欲"。汉简本整理者读"智"为"知"，笔者认为不宜改读，且通行本和帛书二本的"知"应读作"智"。

这里的"作"不是指一般意义的活动，而是和"欲作"有关；"复"则指示万物活动的应然方向。"夫物"在帛书二本和汉简本中作"天物"，在楚简本中作"天道"。通行本的"夫"应是"天"之讹变。此处有可能原作"天道"，后来改"道"为"物"，也有可能原作"天物"，楚简本属抄写讹误或有意改动。联系前后文来看，作"天物"的可能性更高一些。"根"亦即"道"是万物复归的方向，"芸芸"和"复归"的主语应都是"物"。[1] 此外，"天物"一词在先秦已有使用，[2] 在《老子》书中出现也不足为奇。

关于"天物"，徐志钧先生解为自然生长之物。[3]"天"有"自然"义，但此处非关"物"的自然属性，而是要说明"复归其根"乃是回归"自然"的过程。此外，在老子话语中，"天"用作修饰语时一般是表示正面的判断，如第77章有言"天之道，损有余而补不足；人之道，则不然，损不足以奉有余"。"天物"的"天"有类似功能，它指示"物"的良好状态，这和"并作"的"万物"构成相对，也和异化的"奇物""法物"构成相对。

总言之，"物"的异化和复归是老子"物"论的又一个关注点。在异化原因上，"奇物""法物"之说促使我们发现"欲作"以外的另一种解释。"人多智"，造出各种"奇物""法物"，导致"盗贼多有""邦滋昏"，这是人和非人之物互相异化、愈演愈烈的现象。"欲作"和"多智"是造成异化的两个相互配合的因素。"智"在老子思想中之所以扮演负面角色，其原因主要在此，"非以明民，将以愚之"也应基于这一场景进行理解。针对"物"的异化，老子的基本主张是"无知（智）无欲""复归于朴"。这是一个重归"自然"、回到"道生""德畜"之常态的历程，也是"天物"的旨向所在。

---

[1] 楚简本中"天道"之后是"员员"。"员"或是"𪾢"之借字，"𪾢𪾢"和"芸芸"义同。

[2] 如《礼记·王制》有"田不以礼，曰暴天物"，《商君书·算地》有"夫弃天物，遂民淫者，世主之务过也"等。宽泛考察之，也见于古文《尚书·周书·武成》的"今商王受无道，暴殄天物，害虐烝民"。

[3] 徐志钧：《老子帛书校注》，上海：学林出版社，2002年，第208页。

五、结　语

至此，我们结合简帛《老子》对老子"物"论作了新的探讨。针对第一节提出的分析，可知其泛指用法在老子这里可能是不存在的，老子思想应是贯彻了"道"非"物"这一点。老子"物"论的一个关注点是现象事物何以生成，对此他提出了多种解说模式。其间，"物形之而器成之"此说需引起注意，这里展示出"物"之生成的两个层次。"物形"与"器成"皆以"道生""德畜"为前提，这提示着，若偏离"道""德"，则万物的活动将会走向异常。"物"的异化和复归问题，是老子"物"论的又一个关注点。"多智"和"欲作"是造成异化的两个相互配合的因素；对于异化者，老子的主张是"无知（智）无欲""复归于朴"，尤其希望圣人能够承担起"与物反矣"的责任。在此情形中，"物"是指圣人所面向的一切他者。老子论"物"不仅是出于对世界现象及其起源的思考，也是出于对他者境域的关切，后者集中体现了老子哲学的伦理向度。

诸种简帛《老子》的陆续出现，为进一步探讨老子思想提供了丰富的新材料，这是研究当中需要重视的情况。这不意味着将用简帛本取代通行本，也不意味着四种简帛本中某种本子具有必然的优先性。《老子》文本的形成过程很复杂，诸种古本可能传自不同的版本系统，目前很难说哪种本子必然反映原貌。但综合考察之下，我们能够从中发现一些重要信息，有助于处理相关的问题。在以上讨论中，我们围绕老子"物"论作了一种尝试，其间有些情况在目前条件下仍难以确定，本文主要是将可能的理解方向尽量揭示出来。

"知"与"物"的四个层次

——《庄子·齐物论》的知论与物论

赖区平[*]

摘　要：《庄子·齐物论》谈到关于"物"的四层知，这首先是与人相关的、浸透了生命体验的人间世认知。认知的层次升降或世界观的改变，并非无足轻重的头脑游戏，而是伴随着生活方式的深刻转变。这一生活方式可以是个人的生活方式，也可以是普遍的生活方式，后者意味着基本的政教制度或文明形态。不同层次的认知或生活方式的转变，就构成动态的人生轨迹。从普遍的社会生活来看，这也就意味着制度的递嬗或文明形态的演变，也可以就是历史。古典思想中的"皇帝王霸"说描述了有关政教、文明的四种类型及其历史演变。从对"物"的姿态或生活方式的角度看，《齐物论》所说的四层知与古典的皇帝王霸说有一种隐秘的对应。这可为理解庄子的知论和物论，增添历史的和文明的厚度感。

关键词：庄子；知；物；生活方式；皇帝王霸

---

* **作者简介：**赖区平，中山大学哲学系暨东西哲学与文明互鉴研究中心副教授，主要研究先秦儒学、宋明儒学。

庄子对纷纷物论表示怀疑，主张"以道观之"而齐同物论，从道的方向来观看物和世界。这也是《庄子·齐物论》的主旨所在。对此，一般会涉及"齐同物论"还是"齐物之论"的篇名理解。不过，篇中还谈及对"知"的认知，也就是知论，而知论恰恰是关联于物论而展开的。这最明显地见于下面一段话：

> 古之人，其知有所至矣。恶乎至？有以为未始有物者，至矣，尽矣，不可以加矣。其次以为有物矣，而未始有封也。其次以为有封焉，而未始有是非也。是非之彰也，道之所以亏也。道之所以亏，爱之所以成。果且有成与亏乎哉？果且无成与亏乎哉？有成与亏，故昭氏之鼓琴也；无成与亏，故昭氏之不鼓琴也。

这里谈到四个层次的知：第一层知，以为"未始有物"，此为至知；第二层知，认为有物而没有封，封即封界、分界、分别；第三层知，认为有封而没有是非；第四层知，是非之知，也就是"辩"。"是非之彰也，道之所以亏也"，可见这最后一层知是道亏之知，而前三层知虽高低有别，但还可统归于有道之知，当然对道的接近程度有所不同。

这四层知究竟是什么意思？它们之间有怎样的关联和差别？一方面，庄子论"知"层次分明但又惜字如金；另一方面，《齐物论》汪洋恣肆而又精思缜密，[1]其所说当有深意，必非偶然。下面尝试结合篇内、书内以及相关注疏、研究文献，[2]探其究竟。首先，明确知的对象和性质问题。知是对物的认知，但物是与人相关的物，而知也是一种浸透了人整个生命体验的体知。其次，从知与物的关系来看，这四层既指向物又关联于人的体知，分别彰显或对应物（世界）和生活

---

[1] 《齐物论》有严密的谋篇布局，参张永义：《〈齐物论〉的义理脉络》，《古典研究》，2013年春季卷。

[2] 关于四层知尤其是第一层至知的研究文献概述，参李凯：《从〈齐物论〉论"至知"看以佛解庄之合理性》，《中州学刊》，2016年第4期，第108—109页。

方式的四个层次。将言简意赅的"知"的层次，落实在具体的物和生活方式方面来看，未尝不是把握此说的有效途径。关键在于，物（世界）的四个层次不是虚幻或想象的，而是体知者真切"看"到的。再次，通过《齐物论》所论"言"的四个层次与"知"的四个层次的对应，进一步辅证此处所说。最后，从"物"的姿态和生活方式的角度，来对四层物之知与古典的皇帝王霸说作一对照，以进一步领会《齐物论》的主题：知论与物论。

一、知的性质

知是关于什么的知？前二层知都直接谈到物。第二层说"以为有物矣，而未始有封也"，这个"封"接着"有物"来说，即指物与物之间的分界。第三层说"以为有封焉，而未始有是非也"，"是非"也接着"有封"来说，即指关于物的是非，也就是《齐物论》要齐同的"物论"。由此来看，这里的知都是关于物（或无物）的知。

但是，这里的知—物并非纯客观的、价值无涉的知—物，而是与"人"有关。这里谈论物之"知"的问题，可以说属于认识论，但并不是一般说的纯认识论。[1]"且有真人而后有真知"（《庄子·大宗师》），"真知"从"真人"那里出来，浸透了人的整个身心体验，[2] 故不是单纯的思辨，而是一种生命体证性认知，或曰"体知"。即使是庄子所否定的片面性认知或是非，也有关利益功用、仁义礼乐，例如儒墨之是非，即关于仁义礼乐天命鬼神的争论，哪怕是名家之言、墨辩之论，也是"务为治者也"（《史记·太史公自序》）。这样，《齐物论》的核心论题齐"物论"，即对物论是非的齐同式认知，也伴随着对一般功利仁义的超越，抵

---

[1] 这一点可谓学界公认看法。参陈少明：《〈齐物论〉及其影响》，北京：北京大学出版社，2004年，第71—72页；郑开：《庄子哲学讲记》，南宁：广西人民出版社，2016年，第124页。

[2] 郑开：《庄子哲学讲记》，第122—123页。

达篇首所说形如槁木、心如死灰的"吾丧我"境地，或篇末说的"物化"之境。与此相应，体知所知的"物"也浸透了人的生命体验，与物之知有关的"真"（真理、真相）也是浸透了生命体验之真。[1] 总之，知、物都跟人有关。对物的认知（物论或齐物论）或世界观，也包含对人或人间世的认知，体现了一种人生境地或方式。认知的层次升降或世界观的改变，并非无足轻重的头脑游戏，而是伴随着生活方式的深刻转变。

这并非无据。陈少明先生提出理解庄学思想结构的三个关键词：物，心，道。"几乎每个词都有双重含义。'物'有众物和纯物两层含义。'心'包知与情，而'知'与'情'也对应的分别具备两种意义。知有'无知'之知和'至知'之知，情则有'无情'之情与'至情'之情。其中第一层次的知与情同第二层次的知与情，分别与'众物''纯物'相联系。'道'则是'以道观之'的道与'无所不在'的道，它又分别同心与物的某个层次联结，前一个'道'同'至知''至情'相通，而后一个'道'则是'纯物'的另一种表达。前者着眼于'通'（'道通为一'），后者刻画其'无'（纯有若无，'物物者非物'）。在这一思想结构中，关键的环节是'心'。"[2] 也就是，心（知、情）、物有层次上的对应关系。"无知"之知、"无情"之情，指要去掉的是非之知、逐物之情。至知，即《齐物论》"以为未始有物"的至知。至情，是"自喻适志与！不知周也""鲦鱼出游从容，是鱼乐也"的自得自乐。这是就道的层次和是非层次这两大层次来看。进一步，就《齐物论》说的关于物的知的四个层次来说，也可以说存在与之对应的物（世界）的四个层次，以及心（包含知与情，这里代指整个身心体验）或相应的生活方式的四个层次。这一生活方式可以是个人的生活方式，也可以是普遍的生活方式，后者意味着基本的政教制度或社会形态。这就像达到至知的"古之人"可以是少数个人，但也可以指整个太古之世的民众，后者意味着整个时代的普遍认知—生活方式。下面具体来看。

[1] 刘黛、王小超：《〈庄子〉言"真"的两个维度》，《中国哲学史》，2014 年第 1 期，第 26—27 页。
[2] 陈少明：《〈齐物论〉及其影响》，第 86 页。

二、四层"知"与四类"物"

根据知的生存体验性质，这四层知都不是虚幻、空想或纯思辨游戏，而是浸透了人的生命体验，切身、切实的认知。

首先，"以为"未始有物，不是"觉得"没有物，或"想象"一幅无物的景象，而是确确实实体知到"无物"，以道观之而"观"到无物。"以为未始有物"就是知无物或知无，无物亦无知，这其实就是忘物、"丧我"，如郭象注："此忘天地，遗万物，外不察乎宇宙，内不觉其一身，故能旷然无累，与物俱往，而无所不应也。"[1]也即物我皆忘。成玄英用佛教式的话说"世所有法，悉皆非有，唯物与我，内外咸空"[2]，章太炎说"无物之见，即无我执、法执也"[3]《药地炮庄》则说："未始有物一语，三教宗本。但人所证有浅深。"[4]总之，物我双遣，这是无为自然之最高境地，就知而言即无知之知、至知。[5]"在《齐物论》中，从有到无的思想线索是：把具体的有分别的物看作纯粹无差别的'物'，众有变成一有或纯有。而纯有从日常生活而言，抽象而缺乏利用价值，在功能上等于无。故'无'不是经验论意义上的不存在，而是生存论上的价值体验。"[6]知无、知有都是意味着某种生存方式的知。

其次，"以为有物矣，而未始有封也"，同样是真切的"以为"，即认为物是

---

[1] 郭庆藩：《庄子集释》，北京：中华书局，1961年，第75页。

[2] 同上。

[3] 章太炎：《齐物论释》，《章太炎全集》第六册，上海：上海人民出版社，2014年，第29页。

[4] （清）方以智：《药地炮庄》，北京：华夏出版社，2016年，第135页。

[5] "道之不全，自有是非起"，"有是非而无为之道亏"[（清）陆树芝：《庄子雪》卷二，儒雅堂本]。道是无为之道，知是自然之知。牟宗三先生也提到："无为境界，是无可说、不可思议的。"（牟宗三讲演：《牟宗三先生讲演录（4）：庄子·齐物论》，台北：鹅湖出版社，2019年，第190—191页）这是超越了一般理性认知的无知之知。

[6] 陈少明：《〈齐物论〉及其影响》，第84、85页。

有的，但并无分界。这是将万物看作一物而不加区分，如《齐物论》后文所说"天地与我并生，而万物与我为一"，也就是天人合一、万物一体。万物一体不是假装万物是一体的，而是真真切切体认到万物本是一物，将世界原发地"看作"一体。[1]"如果我们取现代科学的立场，将视天地万物为天地万物归属为'原发的看作'，那么，儒者将天地万物视为一体尽管与此'原发的看作'有着重要的区别，但却不能归属为'次发的看作'范畴，因为视万物为一体最终牵涉到人生方式的根本转变，此种生存论的性质是'次发看作'所根本未曾拥有的。"[2]无疑，这对于道家庄子也是一样的。[3]这样的知并非无关痛痒，而是有厚度的知，关涉"人生方式的根本转变"。

而且，根据庄子所说，万物一体之知与万物有别之知，可以说归属不同的认知层次。从知的层次来看，四层知都属于"原发的看作"，也即有四个层次的"原发的看作"：（1）常见的将天地万物视为各有分别的天地万物，"除非是眼花或心术不良，不然我不会把鹿看作是马"，[4]这属于第三乃至第四层知或原发的看作，这两层的具体差异下面再说。（2）以万物为一体，体认到"天地与我并生，而万物与我为一"，但未能忘其为一物或一体，未能忘其为一，但这毕竟是一体之感，还没有封界分别，有"一"的意识而无"分"的意识，这属于第二层原发的看作、原发的知。没有分界，具体包括没有人我之分、物我之别，例如物与我一样都是有精灵的，物不是或不只是作为我的工具被使用，物也不分你我地被共享，而他人也并不

---

[1] 维特根斯坦谈到"See as"（看作）的问题。陈立胜先生分别了两种"看作"：原发的看作和次发的看作，前者例如"我把天空中飘游的絮状物看作是一朵云"，后者如"我把这一朵云看作是一只独角兽"。参陈立胜：《王阳明"万物一体"论——从"身—体"的立场看》，上海：华东师范大学出版社，2007年，第190页。

[2] 陈立胜：《王阳明"万物一体"论——从"身—体"的立场看》，第192—193页。

[3] 宋代青原惟信禅师自述一生所"见"的三个层次："见山是山，见水是水"，"见山不是山，见水不是水"，"见山只是山，见水只是水"[（宋）普济：《五灯会元》，北京：中华书局，1984年，第1135页]，这里的"见"虽分三层，但也不是虚幻或想象，而是当身体验，是原初地看见。儒释道之见都是如此。

[4] 陈立胜：《王阳明"万物一体"论——从"身—体"的立场看》，第191页。

低于或高于我，天地万物合而为一，作平等观。（3）而对万物一体的体知达到极致自然，就是物我皆忘，连一体感都忘了，以无知之知把握到无物之物，此即第一层次“以为未始有物”的无知之知，最高层次“原发的看作”。这是“古之人”所达至的无为之知。其中，第一、二层次的知，差别极微妙，有的注家以无极和太极来分别。而用佛教术语来说：第二层知是无“人我相”，而第一层知“即佛教无我相，无无我相之意。盖由有是非之后，而原其初，本无是非也。无是非又本非有意于无也。无意于无，又初不自知其为无意于无也”。[1] 相较于至知，第二层知有所逊色，仍未能无意、未能忘一，未能忘其无分。

相应地，这四层知、四层“原发的看作”，同时也意味着被看到的四类“物”或四层“世界”，它们同样是真切体知到的，而非假想、想象出来的。这就像维特根斯坦分析过的、格式塔心理学中的“兔鸭图”，无论“看作”是兔子还是“看作”是鸭子，都是真正地看到，而非想象。只不过兔鸭图中的兔、鸭是并列的，而庄子这里则更进一步，通过四层知所看到的四种物—世界，有层次高低之别。

再次，等而下之，就是“以为有封而未始有是非”，将万物视为各有界限、相互分别之物，“分”的意识已经流行。这个“封”是“物”之间的分界，而物与人脱不了干系，并且人也是万物之一。完整地说，“封”是与人相关的物之分界。古来注家也多指出这点，郭象注“未始有封”时说：“虽未都忘，犹能忘其彼此。”[2] 林希逸说为无“物我”之分，[3]《南华发覆》说“虽适有形，犹知识未凿，此心纯朴，尚未有人我之封。封，界限也”[4]。《南华本义》说：“有物而未

---

[1]（清）陆树芝：《庄子雪》卷二，儒雅堂本。按此是“有始也者……有未始有夫未始有无也者”一段下的注语，意指破除是非之知，回归到“以为未始有物”之至知。

[2] 郭庆藩：《庄子集释》，第 75 页。宣颖《南华经解》、王先谦《庄子集解》、钟泰《庄子发微》都依此说。

[3]（宋）林希逸：《庄子鬳斋口义》，北京：中华书局，1997 年，第 28 页。《南华通》也直接说：“封，界也，彼我之界也。”（孙嘉淦：《南华通》，《四库全书存目丛书》子部第 257 册，第 522 页）

[4]（明）释性涵：《南华发覆》，《续修四库全书》第 957 册，第 22 页。明代沈一贯说“虽不能无物，然犹博观并容，无人我相，未始有所封聚也。”[（明）沈一贯：《庄子通》，《续修四库全书》第 956 册，第 323 页]

始有封，无彼此封疆之界也。下文'为是而有畛'，有畛即有封之义。"[1] 这里将"有封"与《齐物论》下文"有畛"之八德关联起来说，八德之畛都相关于人我之分。[2] 郭象说的"彼此"，还不很明白突显人我、物我，其他注解则明言"封"指彼我（物我、人我）之分界，与"我"有关。事物之间的分界，出于人我（物我）之间的分界。正因为"一体"消失了，"发现"了人我之分，所以也出现了关于物的所有问题，此物归我所占有，彼物则属于别人，而非我所有；同时也突显了物我之分，现在，物并非与我为一体，而主要是为我所用的工具，具有某种有利或不利于"我"的功能特性；这样，也有了事物之间的分别，体现为不同的功能特性、有用性。这表明，"物"之间的分别实质仍与"人"有关。也因此，庄学特意提出物性的问题："牛马四足，是谓天；落马首，穿牛鼻，是谓人。"（《庄子·秋水》）物的本性在于其天性而非对人类的有用性。

可见，在"有封"的层面，已出现物的所有权和工具性使用问题，在"未始有封"层次，物我一体、人我一体，还没有分界问题，这实质指没有（与人相关的）物之所有权问题，同样，物的工具性使用也未成显要问题。

最后，知的第四层次，即是非之辩。虽然"有封"显示人物之分、物我之别，但这种分界仍是确定的，无须争辩。"分"有两个读音，指分别和职分两个相关联的意思：界限分别清楚了，职分也就确定了，所以又叫"分定"。这从物的所有权和工具性使用方面来看，关于物的人我分别虽然出现，但归谁所有和使用的问题是确定的，本身不会发生纠纷，体现在物的制度上，这意味着形成了固定的集中再分配方式。不过，分界既然是由人议定的，哪怕作为标准由某种强力保证、强制施行，但这本身表明争议以及重新议定分界的可能性。这样，一旦强制力衰弱、时机合适，就会出现是非之辩，即质疑原有分界、否定

[1]（清）林仲懿：《南华本义》，《四库全书存目丛书》子部第257册，第574页。
[2]"畛"也有界限、界畔之义，郭象于"有畛"处注："道无封，故万物得恣其分域。"成玄英疏指出"畛，界畔也。……畛分不同。"关于八德（左、右、伦、义、分、辩、竞、争）的含义，参刘黛：《〈齐物论〉"八德"新诠》，《现代哲学》，2020年第1期，第141—146页。

原有的标准或规则本身，同时尝试划定新的分界，给出新的标准、规则。在原有封界（标准）之内产生纠纷，例如某个行为是否越界，某次划界是否超出原定的标准，都是在"有封"之内发生的正常现象，并非这里说的作为第四层知的"是非之辩"。但是，当分界本身不确定，标准法则本身发生动摇，这就导向了是非之辩。从物的方面来看，就意味着所有权发生不稳定的交易转移。原先关于物的所有权是恒久确定的，不会轻易发生转移，但现在，从前属于我的物，转归别人所有了，原先确定的分界本身发生了改变。分界不再是确定的，是非之辩也就形成了。从制度方面来看，就是原先确定的制度被质疑和推翻了。这不是细部的改动，而是两种不同性质的制度更迭。原来的制度旨在明确和维持物的所有权的稳定性（分定），而新的制度则承认和推动物的所有权的交易，并确保这种交易的有序进行。

由此来看，如果生活在这样的物权有定的社会，那么人就可以"看见"一个有封的世界。如果有这样的物权未定的制度，那么人也可以"看见"一个有是非的世界。就个人而言，人们同样可以认为物是有封的，也可以认为物是有是非待辩明的，并照此而构建自己的生活方式。这并非想象，都是有实感的世界，真切的物。

值得注意的是，除了知的四个层次，《齐物论》还谈到语言的不同层次：

> 六合之外，圣人存而不论；六合之内，圣人论而不议。春秋经世先
> 王之志，圣人议而不辩。故分也者，有不分也；辩也者，有不辩也。

这里提到跟圣人语言相关的四个层次：存、论、议、辩。它们是日常生活和政教生活中的语默（言或无言），可导向进一步的举动，甚至语言本身已是一种行为。同样，这种语言观（包括无言观）也超越了冷的纯认识论，而具有生命的温度。不少人认为言的四个层次正对应于知的四个层次。其一，"以为未始有物"，这是对无物之物的无知之知或至知，"相当于未始有言，即'存而不论'的存"；

其二，"以为有物"而"未始有封"，有一体而无分界，"这在语言上相当于有言但尚未界定，即'论而不议'"；其三，"以为有封"而"未始有是非"，有分界意识而无是非之辩，"在语言的层次中，'议'是定边界，'辩'是辩是非，所以这一层对应'议'"；最后，彰显了是非的"辩"，跟语言层次中的"辩"一致，"庄子谓是非之彰将使道亏损，与此相应，'辩'是最背离'道'的。这里知的层次与语言的层次完全吻合，知的下降序列亦是语言的下降序列，可以说四种语言层次是完全有其认知基础的。"[1]可见，有关语言的存论议辩四个层次，也为四层知的论说提供了一种辅证，这种层次分类并非随意。

三、四层知与皇帝王霸四种道——从"物"的角度看

不应忽视的是，这种关于物之"知"的层次，或关于世界之"言"的层次，也意味着了物（世界）、心、生活方式和政教制度的相应层次。一种生活方式如果是普遍的，实际上意味着贯彻到社会生活各个方面的基本制度，或者说某种具体的文明形态。而不同层次的认知或生活方式的转变，就构成动态的人生轨迹，这从普遍的社会生活来看，也就意味着制度的递嬗或文明形态的演变，而这可以说即是历史。对于政教、文明及其历史演变，古典道家和儒家有着意指各别的深入思考，但其所用术语也有相同之处，如皇帝王霸之说。

"皇、帝、王、霸"意味着几种不同类型的政教制度、文明形态，从动态角度看，即几个不同的历史阶段。四者的基本差别首先集中在"德"的方面，如《白虎通》所说："帝、王之德有优劣。"大致而言，皇帝王霸说有三种思路，其中以汉代经学为代表的战国两汉早期思路认为，皇帝王霸分别主于道（无为）、德（禅让）、义、智（力）；以宋儒邵康节为代表的融合思路，结合早期思路，进

[1] 刘黛：《〈齐物论〉中圣人使用语言的层次》，《中国哲学史》，2015年第4期，第27页。

一步以"道、德、功、力"和"仁、礼、义、智"来刻画皇帝王霸，在此，皇主于道、仁，帝主于德、礼（礼让、禅让）。[1]

进一步，皇帝王霸之"德"并非空言，而是落实在政教制度、文明形态，并可更具体地从"物"的方面，具体包括财物利益及其所有权、使用权的分配来看，由此可更切实把握到皇、帝、王、霸之道的实质差别：王、霸之道都涉及所有权（因而包括使用权），但二者姿态不同。霸道崇尚形式平等，维护对物权的公平追逐和交易变更；王道则力求在实质上确保对人民的正义、确保正当的去取，这通常倾向于通过确保稳定的物权制度（如井田制和贡助制的结合）以保障民众正常生活。与此相对，帝道已超越所有权的纷争，而专注于使用问题（如以礼物交换方式来达到共享使用）；皇道则不仅无所谓所有权问题，也无所谓使用权转移问题，与二者都无涉，要在各尽所能、各取所需，体现一种自由的支配和分配。总之，古典思想中的皇、帝、王、霸之间的德性优劣，并非空穴来风，而是有坚实的"物质基础"。[2]

对照来看，庄子说的四层知、四层对待物的方式，与皇帝王霸对"物"的四种态度，如出一辙。换言之，庄子说的物之知、生活方式的四个层次，实质上与皇帝王霸四个层次相通。

具体来看，第一层的无知之知，表明对物、我、人的完全融合为一体，乃至连一体的执着都消除了，"游心于物之初"（《庄子·田子方》），物的所有权和工具性使用问题完全不存在，这是自然无为的生存方式。——这正类似于与所有权和使用权都无涉的皇道。

第二层次的知，有物无封，有一体之实感而无分界之意识，在语言上表现为自由松散的"论"，这是人人可得而言的围观式谈论。就人类而言，人与人之间

---

[1] 此外还有魏晋至隋唐时期以孔颖达等经师为代表的经疏思路，以《老子》的道、德、仁、义来描述皇、帝、王、霸之别。笔者有另文详论，参拙文：《政教与历史的古典叙述——论皇帝王霸说的三种思路》（未刊稿）。

[2] 详参拙文：《德物之间的文明谱系与世界历史——论皇帝王霸》（未刊稿）。

缺乏等级之别，就物世界而言，天地万物都含有精灵，物在一体世界中以某种方式被共享使用，这里的主要关切是使用权的转换，而非所有权的焦虑。——这正类似于通过礼物交换来共享使用物品、相关于使用权的帝道。

第三层次的知，有分界之实感而无是非之纷争，"分界、分别"与"职分、分定"二义相结合，在语言上即对天地万物的归属、人的位置有所"议"定和强力裁断，并通过议定维持物之稳定性的政教制度来强力保证。人与人之间已有稳固的等级之别，物也在人群中形成确定的所有权，并形成稳固的关于物的分配使用方式，人们过着高低有别但职分有定的生活方式。——这正类似于以正当裁断方式来分配物、追求稳固的所有权和使用权的王道。

第四层，是非之言辩，不仅有分界意识，而且对物的所有权等基本分界问题、标准问题有所质疑和争辩，最终消解了确定的分界，否定了主张物权稳定性的制度，而塑造了肯定物权交易变动的制度，由于物的所有权不确定，物的使用权也随之变动，人与人之间也围绕"物"产生纠纷和辩讼，形成了更不确定的关系，形成一种以"辩"为基础、缺乏统一确定标准的生活方式。——这正类似于以形式平等的制度确保物权的自由竞逐和交易的霸道。

无疑，《庄子》一书虽然谈及三皇五帝，但未必有后世那样系统清晰的皇帝王霸思考。并且，皇帝王霸说虽然大致有儒家、道家两种倾向，但道家更常只论及以帝为首的"帝王霸"系统。尽管如此，庄子谈论对关联于人之物的四层认知、对世界的四种言说方式，在内涵、层次、性质、结构上都确实与皇帝王霸之说有一种隐秘的对应，同时也对应于所体知到的四层物—世界，四层生活方式（少数个体的生活方式，或普遍的生活方式），这一点十分有趣。思想的道路有其相通之处。无论是否谈及皇帝王霸，这一四分类的层次结构和精神实质，可以通过不同路径而被把握。这也为我们理解庄子的齐物论，理解庄子的知论、物论，增添了某种历史的和文明的厚度感。无论庄子是道家的庄子还是儒门内的庄子，其对物的世界和人的基本生活方式有深刻的洞见，这是毫无疑问的。

王阳明思想中"格物"的多重含义及其特色

傅锡洪*

摘　要： 朱子直接根据《大学》的文本主张"致知在格物"，阳明则基于孟子有关本心的思想重新诠释《大学》，主张致知以格物。在朱子处，格物属于知而不是行，是本心之知主导意识的前提。阳明所说格物则以本心之知为前提，是对本心之知的落实，已不仅是知而且是行。从工夫阶次的角度来看，格物在阳明这里主要有两种含义，即为善去恶与勉然去欲。含义一通贯勉然与自然两层工夫，含义二则主要指第一层的工夫。与阳明不同，象山否定勉然的积极作用，主张工夫直接从自然入手，阳明批评这扩大了自然做工夫的适用范围。阳明后学中包括王龙溪、王塘南等在内的不少人接近于象山而异于阳明。

关键词： 工夫；格物；致知；勉然；自然

　　明代中期的王阳明虽然批评朱子学，不过却和朱子一样围绕《大学》展开工夫论述。钱穆先生说："阳明讲学，自己也还不能免于拘牵文义。到底是他受朱

＊　**作者简介：** 傅锡洪，中山大学博雅学院副教授，主要研究宋明儒学和东亚儒学。

子的影响太深了，他早年曾依朱子《格物补传》切实下过工夫的，他虽失败了，在他胸中终于洗不掉'《大学》为入德之门'的一个见解。因此他在龙场一悟，也还只悟到格物致知的义解上去。此后阳明讲学始终脱不掉那一套格物、致知、诚意、正心的话头。他还要复位《古本大学》，还要替朱子搜集他的晚年定论，可见阳明平素在他内心深处，确实信仰《大学》，信仰朱子。他自己有了启悟，也必祈合之于朱子和《大学》而后快。他内心似乎感到必如此，'夫然后吾心快然，无复余憾而自慊矣'。"[1]一般认为阳明反对朱子而以自己的心学思想来诠释《大学》，钱先生此说则指出另一面，即阳明一旦有了领悟以后"必祈合之于朱子和《大学》而后快"，应该是贴合他的心理的。当然，由此进一步说他"信仰《大学》，信仰朱子"，则又未免减杀了他思想的批判力和创造性。

事实上，虽然阳明深受朱子影响，并围绕《大学》展开工夫论述，但他的工夫论与朱子有重大区别。不仅如此，他的工夫论与同属心学阵营的陆象山也有不容忽视的差异。在《大学》的八条目中，居于首位的是格物。本文即欲探讨阳明的格物论，指出其与朱子存在致知以格物还是格物以致知的区别；其所说的格物既可以泛泛地指为善去恶，也可以专指勉然去欲，由此反映出其两层工夫的主张；而以勉然的方式去欲的主张为象山所反对，我们由此也可看出陆王工夫论的差异。[2]

一、朱王格物论的区别

对格物和致知孰为优先的不同看法，可以展现朱子与阳明对工夫的不同理

---

[1] 钱穆：《阳明学述要》，北京：九州出版社，2015年，第98页。

[2] 关于朱陆王工夫论的异同，可参笔者的系列研究，主要包括傅锡洪：《朱王工夫论的结构差异——兼谈朱陆之争》，《学术研究》，2022年第1期，第41—47页；《朱陆王工夫论的结构差异》，《中南大学学报》，2022年第5期，第1—10页；《朱陆王的工夫阶次论》，《中州学刊》，2022年第10期，第8—14页。

解。朱子直接根据《大学》的文本主张"致知在格物"，阳明则基于孟子有关本心的思想重新诠释《大学》，主张致知以格物。前者突出格物之于致知的作用，后者则突出致知之于格物的作用。朱子认为本心之知的诚明有赖于对事物之理的了解，工夫的真正突破口在格物而非致知。格物又称为穷理，其所要解决的问题不仅有认识何为善何为恶的问题，更有虽然知道何为善何为恶但却不为善不禁恶的问题，亦即不按照本心来行动的问题。因此其目标不仅是了解理的内容，更是体认和确信理的必然性和迫切性。而若要实现对理的必然性和迫切性的体认和确信，作为理的具体承载者、展现者的事物是不可或缺的，故他特别重视格物。不过格物和致知虽为两个条目，看似是两个前后相继的工夫，但本质上是一个工夫，而不是在格物之外另有什么致知的工夫。朱子解释《大学》"致知在格物"时便道出了为什么说它们只是一个工夫的原因："格物所以致知，物才格，则知已至，故云在，更无次第也。"[1] 致知不需要单独实施，物格了便可知至。亦即对事物之理获得不容已和不可易的体认和确信，便可同时带来对本心之知的不容已和不可易的体认和确信，以至于不需要另外再实施致知工夫。之所以一个工夫需要两个条目来表达，则是因为单纯致知只能表达出人心固有之知得以呈现和主导意识的意思，而不足以表达出了解外在事物之理的意思。由此，尽管本质上是一个工夫，然而格物和致知仍然有着各自的内涵，两者不可化约为一。

阳明则认为本心之知自然呈露，可以直接凭借本心之知以端正意念、为善去恶。凭借本心之知以端正意念、为善去恶就是格物，而无须在此前做求理于事物的工夫。工夫的关键在致知而非格物。《大学》的"致知在格物"应该理解为致知通过格物的方式得以具体落实，即在具体事务中为善去恶是本心之知得以落实的具体方式。正如阳明所说："然亦不是悬空的致知，致知在实事上格。如意在于为善，便就这件事上去为；意在于去恶，便就这件事上去不为。"[2] 如果每件事情

---

[1]（宋）黎靖德编：《朱子语类》卷十五，北京：中华书局，1986年，第309页。

[2]（明）钱德洪编：《传习录》第317条，吴光等编校：《王阳明全集》（以下简称《全集》）卷三，上海：上海古籍出版社，2014年，第136页。以下引《传习录》仅随文注出条目和页码。

相关的人和物都得到妥善安顿，那么格物的目标就达到了。阳明说："致吾心之良知者，致知也。事事物物皆得其理者，格物也。"（135，51）当然，最后的"格物"更准确说是"物格"。

在阳明这里格物可以分别理解为端正意念和使现实物获得妥善安顿。北方王门的尤西川便注意到了在他这里"物"有两种不同含义，并且认为两种含义是内在统一的："阳明格物，其说有二。曰：'知者意之体，物者意之用，如意用于事亲，即事亲为一物，只要去其心之不正，以全其本体之正，故曰"格者正也"。'又曰：'致知在格物者，致吾心之良知于事事物物也。致吾心之良知于事事物物，则事事物物皆得其理矣。致吾心之良知者，致知也。事事物物皆得其理者，物格也。'前说似专指一念，后说则并举事物，若相戾者，然性无内外，而心外无物，二说只一说也。"[1] 牟宗三先生将两种含义分别叫作"行为物"和"存有物"："物是事。事是行为，故吾亦曾以'行为物'说之。扩大言之，亦可以是'存有物'。"[2] 存有物即一般所说的现实物，包括人始终需要与之打交道的人和物。念头或者行为物是人在任何时候都无法离开的，即便什么都不做，不做本身也构成了一种行为，故阳明有"实无无念时"（202，103）之说。由此就行为物而言，人时时都有格物的任务，即端正意念。不过端正意念也涉及现实物，而不是脱离开现实物而单独存在端正意念的工夫。

阳明认为朱子最大的失误是绕开了本心，没有发挥本心的作用。他说的"外心以求物理"，即是指朱子的工夫论避开了本心而忽视了本心的作用。他说："夫外心以求物理，是以有暗而不达之处，此告子'义外'之说，孟子所以谓之不知义也。"实则仁义礼智均为本心所固有，原本不必外求。本心自然会有的恻隐、得宜、条理等就是人有仁、义、礼等本性的表现，所谓"心一而已，以其全体恻隐而言谓之仁，以其得宜而言谓之义，以其条理而言谓之理"（133，48）。既然人有本心，那需要做的就是将其落实，或者说依循本心之知而行。这就是致知。

---

[1]（清）黄宗羲：《明儒学案》卷二十九，北京：中华书局，2008年，第643页。

[2]牟宗三：《从陆象山到刘蕺山》，长春：吉林出版集团有限责任公司，2010年，第148页。

不过，阳明也无法回避朱子面临的问题，那就是人虽有本心但却不按照本心行动的问题。朱子由此诉诸勉强以落实本心所知之理的同时，主要是诉诸格物以获得对事物之理的必然性和迫切性的体认和确信，而对事物之理的必然性和迫切性的体认和确信，同时促成对本心之知的必然性和迫切性的体认和确信。阳明则主要诉诸勉强落实本心。根据克除私欲、落实本心的难易，可以将阳明倡导的工夫划分为以勉然为主与以自然为主两层。后者主要依靠直接发自先天本性的良知的力量，前者则在良知的力量之外还要依靠后天的努力。耿宁先生便注意到了阳明区分了"艰苦的学习者"和"已觉悟者"的不同立场。阳明站在前者的立场上时，"在他那里，'本原知识'的或多或少清晰的明见与'确立的意志'仍然表现为两种不同的力量。但即使在他这里，完善的'本原知识'（作为其始终完善的'本己本质'的'本原知识'）的观念也还是扮演着重要的角色"[1]。可以说，耿宁先生事实上已经注意到阳明的两层工夫以及工夫可以依靠的两种力量。

工夫熟后自然为善，或许可以说就是已经养成德性，拥有美德。因此，第二层的工夫不仅可以从行为，而且可以从美德的角度加以解释。美德的外在表现主要是使万物得到妥善安顿。人如果要能自然而然地做到为善去恶，关键就在于人的意识与现实物达到高度协调。因为协调，所以不必刻意、执着，便可自然而然使之得到妥善安顿。使现实物得到妥善安顿即是万物一体，而这实际上构成了工夫的最终指向。诚如前述尤西川所说"性无内外，而心外无物"，人的心性原本非内，现实物内在于人心，与人构成一体无间的关系。这是人能够与现实物达到高度协调的根本条件，亦即人在本性上是可以做到使现实物得到妥善安顿的。不过这只是潜在条件，现实条件则是既要有强大的意志力，不受私欲干扰，又要有长期实践锻炼，对有关的事物之理熟稔于心。亦即只有经过长期的工夫磨炼，人与万物的原初关联才能现实地建立起来。要言之，无论端正意念还是使万物得到妥善安顿，都涵盖了以勉然为主和以自然为主的两层工夫，而自然而然地端正意

---

[1] ［瑞士］耿宁著，倪梁康译：《人生第一等事：王阳明及其后学论"致良知"》，北京：商务印书馆，2014年，第264页。

念，使万物得到妥善安顿则标志工夫迈上了较高阶次，达到了纯熟的程度。

阳明对工夫的两层划分有着儒家经典作为坚实的基础。并且，原本朱子并非不了解工夫可以分为两层。孔子一生为学历程可以简括为勉然与自然两层，两层的划分在《中庸》《孟子》等文献中都有明确体现。而一生致力于注释《四书》的朱子对这种划分有深入、详细的了解。如《中庸》以"诚"和"诚之"分别表示自然和勉然的工夫，两者实际上分别是圣人和圣人以下人的工夫："诚者天之道也；诚之者人之道也。诚者不勉而中，不思而得，从容中道，圣人也。诚之者，择善而固执之者也。"朱子解释此段说："不思得，生知也。不勉而中，安行也。择善，学知以下之事。固执，利行以下之事也。"[1]"生知"和"学知"的说法源自孔子对人的先天禀赋以及后天努力的四层区分："生而知之者，上也；学而知之者，次也；困而学之，又其次也；困而不学，民斯为下矣。"[2]《中庸》在知之外补充了行的维度，构成了"生知安行""学知力行"和"困知勉行"三个不同层次。其言曰："或生而知之，或学而知之，或困而知之，及其知之一也；或安而行之，或利而行之，或勉强而行之，及其成功一也。"[3]这三层被朱子收束为"生知安行"和"学知力行以下"两层，以与《中庸》的划分相对应。从朱子的角度来看，之所以需要划分，首先是因为人的气质存在清浊、美恶的不同，由此人有了智愚、贤不肖的差别。其次则是因为人所处的为学阶段不同。可以说，他以下说法点到了这两方面的原因："生而知者，气极清而理无蔽也；学知以下，则气之清浊有多寡而理之全缺系焉耳。"[4]气质清而美，或者已经处在较高的阶段，对理有充分的认识，则私欲对人的本性的阻碍较小，因而可以自然发用，主导为善去恶的工夫；气质浊而不美，或者尚且处在初学阶段，对理的认识还不充分，私欲对本性的阻碍较大，本性无法自然发用，只有加倍努力，才能做到为善

［1］（宋）朱熹：《中庸章句》，《四书章句集注》，北京：中华书局，1983年，第31页。

［2］（宋）朱熹：《论语集注》卷八，《四书章句集注》，第172—173页。

［3］（宋）朱熹：《中庸章句》，《四书章句集注》，第29页。

［4］（宋）朱熹：《答郑子上》十五，《晦庵先生朱文公文集》卷五十六，朱杰人等主编：《朱子全书》第23册，上海：上海古籍出版社，合肥：安徽教育出版社，2002年，第2691页。

去恶。由此工夫呈现出自然与勉然的差别。

孟子反复提及对人两种不同层次的划分，其核心区别即是以自然还是勉然的方式达到仁义本性的要求。如："舜明于庶物，察于人伦，由仁义行，非行仁义也。"朱子解释道："由仁义行，非行仁义，则仁义已根于心，而所行皆从此出。非以仁义为美，而后勉强行之，所谓安而行之也。此则圣人之事，不待存之，而无不存矣。"[1] 孟子又说："尧舜，性者也；汤武，反之也。"朱子解释说："性者，得全于天，无所污坏，不假修为，圣之至也。反之者，修为以复其性，而至于圣人也。"[2] 孟子又说："万物皆备于我矣。反身而诚，乐莫大焉。强恕而行，求仁莫近焉。"[3] 朱子在解释中明确提到了"两截工夫"："这章是两截工夫。'反身而诚'，盖知之已至，而自然循理，所以乐。'强恕而行'，是知之未至，且恁把捉勉强去，少间到纯熟处，便是仁。"[4] 因为"自然"，所以谈不上前面提到的"修为"，可以说这已经是最高的境界了；但毕竟所思所行又"循理"，所以也可以称为"工夫"，而不是无工夫可言。勉然和自然两个阶段不是单纯工夫与境界的关系，而同时也是工夫的两个不同阶段的关系，故朱子称其为"两截工夫"。

朱子注意到并承认工夫可以分为两层，在这一点上他与阳明是相同的。只是他不以此作为自身工夫论的基本框架，他工夫论的基本框架是《大学》的八条目以及始终伴随八条目而作为其保证的居敬。上述勉然与自然的划分融摄在这个框架中，成为理解其内涵的一个方面，而不是基本框架。在八条目中，格物致知属于知，诚意以下属于行。在上述引文中，朱子就将孟子所说"万物皆备于我"纳入自身以居敬以及《大学》格物致知两者为优先的工夫论中来把握。他倡导的工夫论是沿着《大学》的八条目层层推进的，这是他不同于阳明工夫

---

[1]（宋）朱熹：《孟子章句》卷八，《四书章句集注》，第294页。

[2]（宋）朱熹：《孟子集注》卷十四，《四书章句集注》，第373页。

[3]（宋）朱熹：《孟子集注》卷十三，《四书章句集注》，第350页。

[4]（宋）黎靖德编：《朱子语类》卷六十，第1436页。

论之处。

二、阳明两层工夫论中的格物

两层工夫的差异直接体现在格物的含义中。从工夫阶次的角度来看，格物在阳明这里主要有两种含义，第一个是为善去恶，第二个是勉然去欲（或说勉然去恶）。含义一通贯勉然与自然两层工夫，含义二则主要指第一层的工夫。

阳明以不同的方式表达格物的第一层含义。其中最简洁的是四句教最后一句"为善去恶是格物"（315，133）。他认为包含这句在内的四句教："此是彻上彻下语，自初学以至圣人，只此功夫。"[1] 与为善去恶类似的是："格者，正也。正其不正，以归于正也。"（85，28）如果要对应的话，"正其不正"是去恶，"归于正"则是为善。阳明以下说法进一步明确点出格物是就意念而言，指端正意念的工夫。如果放在朱子的思路中来理解的话，那么阳明所说的格物已经是诚意，是行而不是作为行的准备的、服务于行的知了。阳明说："'格物'如《孟子》'大人格君心'之'格'，是去其心之不正，以全其本体之正。但意念所在，即要去其不正以全其正，即无时无处不是存天理，即是穷理。"（7，7）以下则提供了一个说明格物是在具体事务中依循良知、落实良知的具体例子："知得轻傲处，便是良知；致此良知，除却轻傲，便是格物。"[2] 另一个例子是："明道曰：'某写字甚敬，非是要字好，只此是学。'既是非要字好，所学又是甚事？知此可以知格物之学矣。"[3] 格物是正念头、调摄此心。这是格物之学之为格物之学的关键，格物的关键不在于向外获得了多少知识，或者掌握了多少技能。进一步说，调摄此

---

[1]（明）钱德洪编：《年谱》三，《全集》卷三十五，第1443页。

[2]（明）王守仁：《寄薛尚谦·癸未》，《全集》卷五，第222页。

[3]（明）钱德洪编：《遗言录》下第47条，吴光等编校：《王阳明全集（新编本）》卷四十，杭州：浙江古籍出版社，2010年，第1606页。

心，此心发用，也不是离了写字之类事情而别为一事。

阳明以下说法涉及格物的第二种含义："只是这个灵，能不为私欲遮隔，充拓得尽，便完完是他本体，便与天地合德。自圣人以下，不能无蔽，故须格物以致其知。"（118，39，标点有改动）面对圣人以下私欲遮蔽较重的情况，需要格物才能做到致知。这里的"格物"指的就是诉诸勉强以去除私欲，"致知"则是做到依循本心之知。由此两层工夫也可以表述为不需要格物便可致知和需要格物才能致知。这里的"格物"只能理解为勉强去欲。以下就以是否需要格物才能致知的形式，表达了两层工夫："若良知之发，更无私意障碍，即所谓'充其恻隐之心，而仁不可胜用矣'。然在常人不能无私意障碍，所以须用致知格物之功。胜私复理，即心之良知更无障碍，得以充塞流行，便是致其知。"[1]（8，7）阳明在此区分了是否有"私意障碍"两种情况。私意即私欲。无私欲障碍则良知自然发用，这无疑是致知。有私欲障碍，则有必要克服私欲的障碍。克服私欲的障碍而使良知发用及是格物的第二种含义。由此工夫区分为单纯致知和需要格物的致知两层。格物的有无实际上就是致知在意识中显题化与否，显题化即是勉然致知，未显题化则是自然致知。

阳明曾说："'先天而天弗违'，天即良知也；'后天而奉天时'，良知即天也。"（287，125）在此并未提到格物，不过刘蕺山在评论这句话时提到了格物："先生言致良知以格物，便是先天而天弗违；先生言格物以致其良知，便是后天而奉天。"[2]此处两个"格物"的意思是不同的。前一个是为善去恶的意思，后一个是勉强去蔽的意思。阳明在此讨论的是两层工夫的问题。"先天而天弗违"是在讨论完全出于本体的工夫，"天即良知"是说出于天之自然便可达到良知好善恶恶的要求。"后天而奉天时"是在讨论部分出于本体的工夫，"良知即天"是说部分出于良知本体的工夫也符合天之自然，因为勉然做工夫即是此种条件下的自然。牟宗三先生在解释《中庸》"诚者，天之道也；诚之者，人之道也"时说：

---

[1] 按：此条为徐爱所录，是《传习录》条目中最早直接提到两层工夫的记录。

[2]（清）黄宗羲：《明儒学案》卷十，第214—215页。

"依《中庸》，'诚者，天之道也'并非说诚是属于彼天之道，此只言'尧、舜性之也'之义，意即从性自然而行，不须加择善固执之'诚之'之工夫便是'天之道'。天者自然义，'安而行之'之义，濂溪所谓'性焉安焉之谓圣'是也。是则天者是副词，不是指天地之'天'之实字。'诚者，天之道也'即是后来王学所说'即本体便是工夫'。此则在天在人一也……至于'诚之者，人之道也'，此亦并非说'诚之'之工夫是属于人之道，其意是'汤、武反之也'之义，言不能自性安然而行者，便须加择善固执之'诚之'之工夫。'诚之'之工夫即是'反之'之工夫，濂溪所谓'复焉执焉之谓贤'是也。是则'人之道'之'人'是对自然安然而说，是加工作意之谓，亦是副词义，不是指实之实体字。'诚之者，人之道也'即后来王学中所谓'即工夫便是本体'也。'复焉执焉'（诚之）是人之作意之道，'性焉安焉'（诚）是人之自然之道。"[1] 其说甚是。此外，冈田武彦先生如下对阳明后学中的修证派工夫的描述是比较接近于阳明自身的工夫主张的，"修证派以尽良知之情意为'致良知'，并倡导阳明所谓的'真诚恻怛'，倡导诚和诚意"[2]。这个说法既点到了作为本体的良知和诚，也点到了作为工夫的"尽"与诚意，而真诚恻怛则可以既是本体，也是工夫。因此说他描述的修证派的这些主张较为接近阳明自身的工夫论。

质言之，无论格物采取哪种理解，都以本心之知为前提，是对本心之知的落实，参照朱子的划分，则已不仅是知而且是行。这是阳明这里格物的两个根本特征。与之相反，在朱子那里，格物是本心之知主导意识的前提，格物属于知而不是行。相应地，在阳明这里，致知主导了格物，而不是伴随着格物同时发生，参照朱子的划分，致知是行而不仅仅是知。在朱子那里致知伴随格物同时发生，是知而不是行。这是双方格物致知理解的不同之处。

如此，则阳明似乎取消了知的环节。对此可以从两个层次来回答。首先，本

［1］牟宗三：《心体与性体（中）》，长春：吉林出版集团有限责任公司，2015年，第217页。

［2］［日］冈田武彦：《王阳明与明末儒学》，吴光、钱明、屠承先译，重庆：重庆出版社，2016年，第137—138页。

心之知意义上的知是存在的，但不构成一个单独的环节，因为本心之知可以自然呈现，具有直接性。如他说："知是心之本体。心自然会知：见父自然知孝，见兄自然知弟，见孺子入井自然知恻隐，此便是良知，不假外求。"（8，7）其次，至于一般理解的事物之理，阳明也不忽视，只是认为这不是首要的，首要的还是让本心之知能主导意识。阳明采取的是由一驭精、以约统博的思路。如他说："若只是温清之节、奉养之宜，可一日二日讲之而尽，用得甚学问思辩？惟于温清时，也只要此心纯乎天理之极；奉养时，也只要此心纯乎天理之极。此则非有学问思辩之功，将不免于毫厘千里之谬，所以虽在圣人，犹加'精一'之训。"（4，3—4）"此心纯乎天理之极"，即是说本心主导意识而不受私欲干扰，这才是问题的关键。至于具体的知识则并不难了解。即便自己不了解，在"此心纯乎天理之极"的引导和推动下，自然会去通过探索以及询问他人等方式获得所需的知识。

做到"此心纯乎天理之极"即是致知。阳明在嘉靖二年（1523）对《大学古本序》作了修改，将工夫最终归结为致知，突出了其地位："《大学》之要，诚意而已矣。诚意之功，格物而已矣。诚意之极，止至善而已矣。止至善之则，致知而已矣……乃若致知，则存乎心；悟致知焉，尽矣。"[1]"而已矣"表示"已经足够"的意思。这几句突出了致知对于工夫而言是充足的。阳明在给弟子薛中离的信中提到了改本序的背景及其意义："致知二字，是千古圣学之秘，向在虔时终日论此，同志中尚多有未彻。近于古本序中改数语，颇发此意，然见者往往亦不能察。今寄一纸，幸熟味！此是孔门正法眼藏，从前儒者多不曾悟到，故其说卒入于支离。"[2]"从前儒者"主要指朱子。改本序的背景是"从前儒者多不曾悟到"致知的根本地位，以至于使工夫陷入了支离。"支离"即是偏离根本，在这里具体指朱子诉诸格物，以至于忽略了本心的作用。"从前儒者多不曾悟到"的致知，

---

[1]（明）王守仁：《大学古本序·戊寅》，《全集》卷七，第270—271页。按：此为嘉靖二年的改本，而非正德十三年（1518）的初本，故不当标"戊寅"。

[2]（明）王守仁：《寄薛尚谦·癸未》，《全集》卷五，第222—223页。

不是作为第二层工夫的自然致知，更不是无私欲需要克除的极致状态（因为即便圣人也无法完全避免滑向私欲的问题），而就是通贯工夫所有阶段，使本心无私欲之蔽的致知。

目前学界在改本序末句的断读和理解上存在分歧。[1]"乃若致知，则存乎心；悟致知焉，尽矣"，应该断读为"乃若致知，则存乎心悟。致知焉，尽矣。"以下一段话便出现了"致知焉尽之矣"的表述，对我们了解改本序末句的断句和句意非常关键：

> 或问："致良知工夫，恐于古今事变有遗？"先生曰："不知古今事
> 变从何处出？若从良知流出，致知焉尽之矣。"[2]

事情本身是心之所为，事情之准则也是发于心。"致知焉尽之矣"只是说致知不是人们想象的那样无法应对纷繁的事务，致知就足以应对纷繁的事务而提供相应的准则。"尽"不是说致知就是工夫的最高阶段，而是说单纯致知便足以使人应对纷繁的事务。改本序"致知焉尽矣"表达的也是这个意思。单纯致知便可以使人应对纷繁的事务，这一点是很反直觉的，多数人不能相信其可能性和必要性。故阳明需要强调"致知则存乎心悟"。"致知则存乎心悟"只是说意识到致知就已足够的可能性并不容易，得切实领悟，得切实体察，不是单纯凭借口耳之间的学问就可以把握的。而世人经常恰恰止步于口耳之间的学问。领悟和体察起来如果很容易的话，圣人也就没有必要"惧人之求之于外也，而反覆其辞"[3]了，包括朱子在内的儒者就不会出现偏差了。提出"致知则存乎心悟"，是希望学者对致知的把握不仅不要停留在口耳之间，更不要徒然无益地掀起争论。要言之，改本

［1］ 相关讨论参方旭东：《悟致知焉尽矣——禅学对诠释王阳明思想的一个启发》，《贵阳学院学报》，2020年第5期，第6—12页。

［2］ 陈荣捷编：《传习录拾遗》第33条，《全集》卷三十二，第1297页。

［3］ （明）王守仁：《大学古本序》，《全集》卷七，第271页。

序的说法有助于从根本上扭转朱子学支离的问题。之所以说是"从根本上扭转",是因为阳明在正德十三年（1518）完成的初本序,即已提出扭转朱子学支离倾向的问题,只是因为没有提出致知,所以还不够究竟。他当时只是指出工夫之初即可做端正意念的诚意工夫,即工夫之初即可以做到让意念与本体一致,而不必先做求理于事物的工夫。至于之所以工夫之初即可做端正意念的工夫的原因,则没有直接点出。其原因便是本心之知的存在。当然毫无疑问,阳明当时并非不明白本心之知的存在,他只是没有直接点出这一点而已。当然,这里的悟不是后文会提到的象山主张的顿悟,它并不以本心的充分发用为直接目标,而是以当下发用的本心的落实为目标。

三、陆王工夫论的差异

面对不能使本心之知得以落实的问题,阳明并没有和象山一样直接诉诸本心的充分发用。当然,他并不是从根本上否定象山的思想学说,毋宁说他对象山在整体方向上是完全认同的,并评价"陆氏之学,孟氏之学也",而孟子之学正是"圣人之学,心学也"的典范。[1]不过在具体工夫进路上他对象山又持保留态度。象山的观点如果用他的话来说,那就是:"利根之人一悟本体,即是功夫,人己内外,一齐俱透了。"而阳明认为这样的利根之人太难遇见了:"利根之人,世亦难遇,本体功夫,一悟尽透。此颜子、明道所不敢承当,岂可轻易望人!"如果一味采取这种进路来指点根器不够的学者,那结果很可能是:"一切事为俱不着实,不过养成一个虚寂。"（315,134）象山诉诸本心充分发用的施教方式,可以说是向中等以下的人宣扬中等以上的道理。阳明对此并不赞同:"人的资质不同,施教不可躐等。中人以下的人,便与他说性说命,他也不省得,也须慢慢琢磨他

---

[1]　分别见（明）王守仁:《象山文集序·庚辰》,《全集》卷七,第274、273页。

起来。"（251，117）也就是说，中人以下还是需要通过勉然工夫加以雕琢，不能直接让他们做完全出于本心的工夫。以下虽然落脚在勉然工夫可以最终成功这一点上，但也说明了对资质一般的人来说从勉然入手是必要的："人之气质清浊粹驳，有中人以上，中人以下，其于道有生知安行，学知利行，其下者必须人一己百，人十己千，及其成功则一。"（99，32）

象山高足杨慈湖"不起意"的主张是对象山以自然为要旨的工夫的继承。"不起意"不仅是工夫修持的结果，同时本身就是修持方法。以下说法主要强调了前者，"如果我们能够通过修持工夫保持本心的常觉常明，意念便可顺着本心而自然流出，应物而无累"。[1] 阳明明确表达了对慈湖不以为然的态度："杨慈湖不为无见，又着在无声无臭上见了。"（310，131）"无声无臭"可以指代"不起意"。阳明认为慈湖太执着于不起意的观点，亦即慈湖扩大了其适用范围，一味地以之来指点学者，不免太拘泥于这个观点，以至于没有做到适应不同学者的具体情况。慈湖的问题应该就是阳明以下所批评的工夫指点超过学者的阶次："与人论学，亦须随人分限所及。如树有这些萌芽，只把这些水去灌溉。萌芽再长，便又加水。自拱把以至合抱，灌溉之功皆是随其分限所及。若些小萌芽，有一桶水在，尽要倾上，便浸坏他了。"（225，109）

此外，阳明对友人的一个提醒很值得玩味，从中可以看出他虽非直接反对象山，但却对过早放松以及单纯凭借本心持反对态度。他说："学绝道丧，俗之陷溺，如人在大海波涛中，且须援之登岸，然后可授之衣而与之食。若以衣食投之波涛中，是适重其溺，彼将不以为德而反以为尤矣。故凡居今之时，且须随机导引，因事启沃，宽心平气以薰陶之，俟其感发兴起，而后开之以其说，是故为力易而收效溥。"[2] "援之登岸"比喻引导其去欲，使其脱离私欲的牵累。"授之衣而与之食"意味着指点其本心，因其有本心而给予其肯定与支持，使之可以按照本

---

[1] 陈碧强：《从"意"概念的二重性看杨简的"不起意"学说》，《哲学分析》2017年第4期，第82页。

[2] （明）王守仁：《寄李道夫·乙亥》，《全集》卷四，第185—186页。

心自由发挥，不必勉强。这两点中，前者是收，后者是放。不先收就采取放的教导，其流弊一定是以私欲为本心，在本心的名义下纵欲，其结果势必比尚无本心名义时更加陷入私欲的泥潭，所以阳明说"适重其溺"。"俟其感发兴起"，即是等带学者私欲已经有所收敛，本心已经有所呈露。"开之以其说"即是以本心学说教导之，提醒其切实落实本心。面对"声色货利是良知所有的否"的问题，阳明在回答中既肯定了这一点，也要求学者在初学阶段加以克治："固然。但不出于有我之私，顺应之可也。若初学用工，却须纯去扫除，则适然来遇，此始不为累。"[1]意思是一开始必须收敛，甚至略有过度也无妨。阳明又说："古人讲学，头脑须只一个，却是因人以为浅深。譬如这般花只好浇一瓶水，却倒一桶水在上，便浸死了。"[2]每个人良知的开悟有早晚迟速的区别。如果在为学之初就告诉人随着自己的心性而行，而不必有所勉强，那就像是用大水把尚且处于幼苗阶段的花草淹没了。

当然，须指出的是，象山之所以强调不必勉强而随顺自己的心性而行，是有原因的。第一，本心能够自然呈现，太过刻意、执着，反而容易遮蔽本心，因此人只在放松的情况下才能真正使本心充分呈露，从而有可能主导人的意识和行动。也就是说，强调自然的目的是为了本心的充分呈现并主导意识，进而由本心来主导为善去恶。第二，本心自然呈露而主导人的意识和行动，中间经历了顿悟的过程。此一过程即是先立其大的过程，而其实质便是心甘情愿地接受本心对人的意识和行动的主导。此一顿悟使得意识和行动可以自然纳入本心的轨道。唐君毅先生便强调了象山工夫以先立其大为前提："此则赖于人心有一'打开蔽障，或自其中直下超拔而出之，以自升起其心'之工夫。此一工夫，即象山所谓'先立乎其大者'之工夫，而为象山所视为一切工夫之本者。"[3]由此象山的工夫呈现出简易直截的特征，并属于顿教的形态。唐君毅先生说："依象山之教，自作主

---

［1］（明）钱德洪编：《遗言录》下第6条，《全集（新编本）》卷四十，第1603页。标点有改动。

［2］（明）钱德洪编：《遗言录》下第37条，《全集（新编本）》卷四十，第1605—1606页。

［3］ 唐君毅：《中国哲学原论（原教篇）》，北京：中国社会科学出版社，2006年，第155页。

宰，即满心而发，无非是理，自然者即当然，此固为一最简易直截之顿教。"[1]

因为本心主导，而本心具有不容已的动力，可以推动人为善去恶，所以自自然然与兢兢业业是可以并存而非矛盾的。唐君毅先生即指出了这一点："此等高明之义，皆象山之学之归宗义，而象山之教，固有其面对障蔽求加超拔之警策义，如上节所说，与今兹所说之自疑自克之工夫，就人心志所存，更辨其公私义利之切实可循者在也。"[2] 象山以下说法中便提到了兢兢业业的意思："小心翼翼，昭事上帝，上帝临汝，无二尔心，战战兢兢，那有闲管时候。"以及："小心翼翼，心小而道大。大人者，与天地合其德，与日月合其明，与四时合其序，与鬼神合其吉凶。"[3] 另外尚有："昔之圣人，小心翼翼，临深履冰，参前倚衡，畴昔之所以事天敬天畏天者，盖无所不用其极，而灾变之来，亦未尝不以为己之责。"[4] 又说："莫厌辛苦，此学脉也。"[5] 这并不是对基本上完全凭借本心的否定，而主要是在本心主导下的小心翼翼、战战兢兢。后来阳明也从敬畏与洒落的统一的角度讨论了这一问题。弟子提出"敬畏之增，不能不为洒落之累"以及"敬畏为有心，如何可以无心？而出于自然，不疑其所行"的疑问。阳明在回答中指出终极而言敬畏出于心体之自然，因而不会成为心体的负担："尧舜之兢兢业业，文王之小心翼翼，皆敬畏之谓也，皆出乎其心体之自然也。出乎心体，非有所为而为之者，自然之谓也。"[6] 在较高阶段工夫的意义上，阳明和象山是一致的。而就工夫整体过程而言，双方则有差别，即象山主张的工夫无论悟前还是悟后，都以自然为宗旨，而阳明仅仅在较高阶段才强调自然，并且事实上也无须顿悟作为工夫的前提。

象山的前导是程明道，此点且不详论。有趣的是，无论是阳明门下，还是其

[1] 唐君毅：《中国哲学原论（原性篇）》，北京：中国社会科学出版社，2005 年，第 281 页。
[2] 唐君毅：《中国哲学原论（原教篇）》，第 160 页。
[3] 均见（宋）陆九渊：《语录》下，《陆九渊集》卷三十五，北京：中华书局，1980 年，第 449 页。
[4] （宋）陆九渊：《大学春秋讲义》，《陆九渊集》卷二十三，第 282 页。
[5] （宋）陆九渊：《语录》下，《陆九渊集》卷三十五，第 468 页。
[6] （明）王守仁：《答舒国用·癸未》，《全集》卷五，第 212—213 页。

讲友湛甘泉门下，持与象山相近主张者都很多，并且甘泉本人也是接近象山而异于阳明的。如阳明后学邹元标以下观点与象山可谓如出一辙："一堂之上，有问即答，茶到即接，此处还添得否？此理不须凑泊，不须帮帖。""曰：'然则致知之功如何？'曰：'圣人致之无知而已。'""但有心求，求不着便着。"[1]蒋道林如下观点与象山也可说是如出一辙："凡看圣贤论学，论义理处，须是优柔厌饫，久之乃能忽然觉悟到。忽然觉悟，却全不假思索安排矣。强探力索，即是邪思，何缘有见？惟用而不用，乃是正思也。"[2]道林师事阳明和甘泉，一般认为其得于甘泉的思想为多。诚然如此，其工夫论便与甘泉相近而异于阳明。

在阳明后学中，王龙溪主张先天之学，但是认为先天工夫在后天上用。亦即后天所做的仍然是先天工夫，因此不能看到他先天与后天并提，就以为他和阳明一样也是先天后天两种力量并用。他说："夫寂者，未发之中，先天之学也。未发之功，却在发上用，先天之功，却在后天上用。明道云：'此是日用本领工夫，却于已发处观之。'康节《先天吟》云：'若说先天无个字，后天须用着工夫。'可谓得其旨矣！"其所谓在后天上用的先天工夫指的是："养于未发之豫，先天之学是矣。后天而奉时者，乘天时行，人力不得而与。"[3]即凭借充分发用的本心而无所刻意、执着。其工夫与明道、象山可谓一脉相承。

此外，王塘南以"悟性研几"为工夫宗旨，兼顾了先天之性与后天之修，不过其工夫论跟龙溪一样，也不同于阳明。[4]塘南说："性不假修，只可云悟。命则性之呈露，不无习气隐伏其中，此则有可修矣。修命者，尽性之功。"[5]悟性使性得以充分发挥作用，这是修命的基础。那么修命工夫是否是后天工夫呢？他

［1］分别见（清）黄宗羲：《明儒学案》卷二十三，第538、537、536页。

［2］（清）黄宗羲：《明儒学案》卷二十八，第630页。

［3］均见（明）王畿：《致知议辩》，吴震编校整理：《王畿集》卷六，南京：凤凰出版社，2007年，第133页。此处所引似非明道语，康节诗亦有出入，原作"若问先天一字无，后天方要着工夫。"见（宋）邵雍：《先天吟》，《伊川击壤集》卷十七，《邵雍集》，北京：中华书局，2010年，第458页。

［4］对塘南工夫论的精详分析，可参吴震：《聂豹、罗洪先评传》附论"王时槐论"，南京：南京大学出版社，2001年，第256—295页。

［5］（清）黄宗羲：《明儒学案》卷二十，第474页。

在论述研几工夫时明确否定了是后天工夫："性无可致力，善学者惟研几。研几者，非于念头萌动辨别邪正之谓也。此几生而无生，至微至密，非有非无，惟绵绵若存，退藏于密，庶其近之矣。"[1] 实际上研几是完全凭借悟性所得成果而实施的工夫。因为完全凭借先天之性，所以"非有"；因为可以使念虑符合性的要求，所以"非无"。以下表明塘南认为悟性是必要条件，否则修命工夫将陷于烦难而无法取得成功，从我们对阳明工夫论的论述来看，这可以视作对阳明工夫论的批评，尽管塘南自身并不这么理解阳明工夫论，他毋宁是自认为与阳明是一致的：

> 问："有谓性无可致力，惟于念上操存，事上修饬，则性自在。"
> 曰："悟性矣，而操存于念，修饬于事可矣。性之未悟，而徒念与事之致力，所谓'可以为难矣，仁则吾不知也'。"[2]

不过对阳明来说，良知本是简易明白的，不必有类似悟性的工夫作为前提，念虑事为上做的工夫就已有良知的指引和推动，因而并无烦难之病。龙溪和塘南否定不以顿悟为前提的工夫，表明他们已与阳明的主张发生了偏离。

当然，弟子中坚守阳明主张的也不乏其人，例如较少受人注意的孙蒙泉即是一例。钱明先生总结他对阳明思想的理解说："经他解读后的阳明宗旨，被定位在了'见在良知'和'提醒良知'上。"[3] 实际上，前者代表可以依靠自然呈露的良知做工夫，由此工夫区别于朱子；后者则代表有必要通过后天的努力使良知得以落实，由此工夫不同于纯任自然的象山等人。可以说蒙泉的观点是对阳明本旨的善解。

---

[1]（清）黄宗羲：《明儒学案》卷二十，第 487 页。

[2] 同上，第 484 页。

[3] 钱明：《被遗忘的王学中坚——明代思想家孙应奎》，《杭州师范大学学报》，2010 年第 7 期，第 14 页。

行为主体与存有本体*

——王阳明"心外无物"研究

邓国元

摘　要：以"物"为"事"，阳明"心外无物"在于揭示"行为物"不能离开行为主体存在，强调行为主体在实践中的自足性与主宰性。"山中观花"章涉及的问题与讨论不仅意味阳明"心外无物"需要面对自在物的问题，更说明当"物"为自在物时，该命题需要"新"的阐释。"草木瓦石俱有良知"和"万物一体"的观点，证明在阳明哲学中，良知是自在物的存有本体。相应于"感应之几"的由"用"证"体"，"山中观花"章中阳明是通过"看花"论证花树以良知为存有本体，其"心外无物"在"物"为自在物时的意涵是自在物不"外"良知本体，"外"良知本体"无物"存有。关联着行为物与自在物，行为主体与存有本体是理解阳明"心外无物"的双重向度，对正确理解这一思想有重要意义。

关键词：王阳明；心外无物；行为主体；存有本体

---

* 本文为国家社会科学基金重大项目"多卷本《宋明理学史新编》"（17ZDA013）、贵州省哲学社会科学规划国学单列课题"阳明学'四句教'与中晚明理学发展衍化研究"（19GZGX32）的阶段性成果。

　作者简介：邓国元，贵州大学哲学学院教授，主要研究方向为宋明理学、阳明学。

一、"'物'字即'事'字"：行为主体下的"心外无物"

"心外无物"是阳明心学的标志性命题，是进入阳明思想世界，把握阳明哲学理论的关键。"心外无物"所蕴含的心物关系，与阳明哲学体系中的其他部分密切关联，具有重要意义。[1] 如何认识"心外无物"，揭示诠释此命题的义理内涵，是考察阳明哲学不可或缺的内容。《传习录上》载：

> 爱曰："……爱昨晓思'格物'的'物'字即是'事'字，皆从心上说。"先生曰："然。身之主宰便是心；心之所发便是意；意之本体便是知；意之所在便是物。如意在于事亲，即事亲便是一物；意在于事君，即事君便是一物；意在于仁民爱物，即仁民爱物便是一物；意在于视听言动，即视听言动便是一物。所以某说无心外之理，无心外之物。"[2]

此段文字是考察阳明"心外无物"的基本文献，依据所载内容，不难发现该学说的提出涉及如下信息：其一，通过徐爱所述，可知阳明"心外无物"是从"格物"而来，"格物"是阳明"心外无物"的背景问题，此意味着可以借助阳明"格物"观来呈现其"心外无物"的命题意识。其二，从徐爱"'物'字即是'事'字"，特别是阳明"事亲便是一物""事君便是一物""仁民爱物便是一物""视听言动便是一物"的论述来看，表明阳明"心外无物"中之"物"为"事"，以"事"释"物"是阳明"心外无物"的观点前提。其三，从徐爱"皆从'心'上说"，以及阳明"身之主宰便是心，心之所发便是意，意之本体便是知，

---

[1] 陈来:《有无之境：王阳明哲学的精神》，北京：生活·读书·新知三联书店，2009 年，第 53 页。
[2] 吴光等编校:《王阳明全集》(新编本)，杭州：浙江古籍出版社，2010 年，第 6 页。

意之所在便是物"，从"心"到"意"再到"物"的逻辑结构看，"心"所代表的主体是阳明"心外无物"的立论基础。其四，阳明"心外无物"与"心外无理"义理上相一致，故可通过"心外无理"揭示"心外无物"的立言宗旨。以下即从如上四方面对阳明"心外无物"作展开讨论。

先来看阳明对"格物"的解释。阳明在《大学》文本上坚持"古本"，对朱子"新本"及经文诠释多持异议，其中重点就是"格物"说。"格物"由"格"与"物"组成，先论其"格"。阳明云：

> "格物"如孟子"大人格君心"之"格"，是去其心之不正，以全其本体之正。但意念所在，即要去其不正以全其正，即无时无处不是存天理，即是穷理。[1]

朱子界定"格物"的"格"字为"至"，"格物"乃"穷至事物之理，欲其极处无不到也"。[2]阳明的解释，则在于通过"存天理""穷理""去其心之不正，以全其本体之正"，训"格"为"正"。具体化为"意念所在"，"格"即表示端正、纠正"意念所在"指涉的对象与内容。《传习录上》载：

> 问"格物"。先生曰："格者，正也。正其不正，以归于正也。"[3]

"正"与"偏"对，"偏"与"全"对，故"格物"之"格"，在于对"格"之对象，"物"所代表的内容由"偏"而"正"，由"偏"而"全"。简言之，"格物"之"格"是由"不正"而归于"正"，将不正纠正、回复到心体本来至善的理想状态，使之符合天理的标准与目的。

---

[1] 吴光等编校：《王阳明全集》(新编本)，第7页。
[2] (宋)朱熹：《四书章句集注》，北京：中华书局，1983年，第4页。
[3] 吴光等编校：《王阳明全集》(新编本)，第27页。

明乎“格”，再论“物”。《大学》“格物”之“物”，从“物，谓事物也”[1]的界定，以及关联着“理”，所谓“目前事事物物，皆有至理。如一草一木，一禽一兽，皆有理”[2]，“上而无极、太极，下而至于一草、一木、一昆虫之微，亦各有理。一书不读，则缺了一书道理；一事不穷，则缺了一事道理；一物不格，则缺了一物道理”[3]的论述来看，可知朱子哲学中，“一切事物，凡天地之间，眼前所接之事，皆是物。……物不仅指客观的物质实体，如天地日月、草木山川，亦指人类的活动事为，还包括人的某些思维念虑在内”。[4]概括言之，朱子“格物”论中之“物”，可谓一切客观存有实在，一切主观行为思虑，指涉天地间一切物事，是涵盖广泛的哲学范畴。

对朱子“格物”之“物”略作了解后，再来看阳明“格物”“心外无物”之“物”。上文已指出，无论是徐爱所论“‘物’字即‘事’字”，还是阳明所举“事亲”“事君”“仁民爱物”“视听言动”等内容，表明阳明“格物”“心外无物”之“物”，实以“事”为基本内涵。以“事”论“物”，可谓阳明一贯而明确的主张。阳明有云：

> 心外无物。如吾心发一念孝亲，即孝亲便是一物。[5]
>
> 心者身之主也，而心之虚灵明觉，即所谓本然之良知也。……意之所用，必有其物，物即事也。如意用于事亲，即事亲便是一物；意用于治民，即治民便是一物；意用于读书，即读书便是一物；意用于听讼，即听讼为一物。[6]

---

［1］（宋）黎靖德编：《朱子语类》，北京：中华书局，1986年，第284页。

［2］（宋）黎靖德编：《朱子语类》，第296页。

［3］同上，第295页。

［4］陈来：《朱子哲学研究》，北京：生活·读书·新知三联书店，2010年，第341页。

［5］吴光等编校：《王阳明全集》（新编本），第27页。

［6］同上，第52页。

从"孝亲""事亲""事君""治民""读书""听讼"等来看，可知阳明思想中，无论是"格物"，还是"心外无物"之"物"，皆"事"字义，"物即事也"，与"从事""有所事"语境中的"事"字用法相近，可谓之"行为物"，[1] 以人在实践中的具体行为为本质义涵。以此严格言之，"心外无物"当为"心外无事"，故阳明亦曾明言"虚灵不昧，众理具而万事出。心外无理，心外无事"。[2] 以"事""行为物"释"物"，"心外无物"等同于"心外无事"，结合作为立论基础，代表主体的"心"，要义即在于表明实践中产生的行为之"物"（"事""行为物"）不能离开行为主体（"心"）而存在。反言之，作为"事""行为物"之"物"不能离开行为主体（"心"）产生，离开行为主体则"无""物"存在，故谓之"心外无物"（"心外无事"）。

前文已提及，阳明"心外无物"与"心外无理"义理相一致，"心外无理"对理解"心外无物"的思想宗旨有直接意义。《传习录上》载：

爱问："至善只求诸心，恐于天下事理有不能尽。"先生曰："心即理也。天下又有心外之事，心外之理乎？"爱曰："如事父之孝，事君之忠，交友之信，治民之仁，其间有许多理在，恐亦不可不察。"先生叹曰："此说之蔽久矣，岂一语所能悟？今姑就所问者言之：且如事父，不成去父上求个孝的理？事君，不成去君上求个忠的理？交友治民，不成去友上、民上求个信与仁的理？都只在此心。心即理也。"[3]

这里的"事父""事君""交友治民"，不仅表明此语境中阳明亦可言"心外无物"，更可证明"心外无物"与"心外无理"义理本质上具有一致性。"心外无理"即"心即理"。将"心外无物"与"心外无理"（"心即理"）作关联考察，阳明"心

---

[1] 牟宗三：《从陆象山到刘蕺山》，上海：上海古籍出版社，2001 年，第 164 页。
[2] 吴光等编校：《王阳明全集》（新编本），第 16 页。
[3] 同上，第 2—3 页。

外无物"的立言宗旨就在于揭示和强调"理""都只在心",行为主体之"心"相对于"理"的自足性、完满性，以及对于"物"（"事""行为物"）的根源性、主宰性。

综上讨论，可对阳明"心外无物"作简要小结：第一，"格物"是阳明"心外无物"的背景问题，"格物"的意涵是"正"实践中的具体行为使之符合天理，回复于心体本来至善的理想状态，是阳明主体性哲学精神的体现。第二，阳明"心外无物"之"物"，是诸如"事亲""事君""交友治民""仁民爱物""视听言动""读书听讼"等"行为物""事"，以"事""行为物"释"物"是阳明"心外无物"的观点前提。第三，阳明"心外无物"的义理本质是揭示"事""行为物"之"物"不能离开行为主体（"心"）产生，离开行为主体（"心"）则"无""事亲""事君"等"物"存在。第四，阳明"心外无物"与"心外无理""心即理"相一致，宗旨是彰显行为主体（"心"）在实践中的自足性与主宰性。

二、"山中观花"：以"物"为"事"的理论困境及 "心外无物"的可能向度

基于上节讨论要言之，以"事""行为物"释"物"为观点前提，行为主体视域下的阳明"心外无物"及所涉思想义理，无论基于自身心学思想，还是立足一般哲学理论，皆具有充足的合理性与明晰性。然阳明"心外无物"，"一旦取得一种语言形式，其意义在理解中必然有张大和变形。"[1] 径直言之，当阳明"心外无物"作为独立命题出现，所涵涉的"心""物"思想关系及蕴含的理论问题某种程度上已非基于行为主体的"心外无事"所能范围与回答。此不仅需要紧扣相关文本及论题呈现阳明以"事""行为物"释"物"，行为主体视域下的"心外无物"

---

[1] 陈来：《有无之境：王阳明哲学的精神》，第68页。

可能存在的理论困境，更需要立足阳明其他论述及观点对该命题作进一步的理解和阐释。

前文指出，阳明"心外无物"的背景问题是《大学》"格物"说，而在阳明"格物""心外无物"中，"物"皆严格限定于"事"，"格物"实为"格事"，"心外无物"是为"心外无事"。然前文亦比较指出，朱子"格物"之"物"在内涵及外延上，涵盖天地山川、草木禽兽等一切客观存有之"物"。以朱子"格物"思想中的"物"为参照，且不论阳明以"物"为"事"的"格物"论与朱子之间的差异，单就其以"物"为"事""行为物"的"心外无物"来说，显然存在如何面对客观存有的天地山川、草木禽兽等自在物的问题。[1] 或可这样来追问与思考，当阳明"心外无物"之"物"为天地山川、草木禽兽等自在物时，此命题是否还有成立的理据？思想内涵又当作何理解？

问题讨论当从著名的"山中观花"章加以展开。《传习录下》载：

> 先生游南镇，一友指岩中花树问曰："天下无心外之物，如此花树，在深山中自开自落，于我心亦何相关？"先生曰："你未看此花时，此花与汝心同归于寂。你来看此花时，则此花颜色一时明白起来，便知此花不在你的心外。"[2]

"山中观花"章是考察阳明"心外无物"的关键内容，需要作详尽讨论。首先来分析友人之问。不难看出，友人的提问暗含两方面内容：其一，意味着友人对阳明"心外无物"，即行为主体视域下的"心外无事"及意旨有基本把握。其二，立足对阳明"心外无物"（"心外无事"）及意旨的基本把握，友人认为深山中自开自落的花树不"适合"于此命题，因为自开自落花树与代表主体的"心"无必然

---

[1] 相对于"事亲""事君""交友治民""仁民爱物"等根源于主体的"事""行为物"，这里把不依于主体而客观存有的天地山川、草木禽兽等称之为"自在物"。

[2] 吴光等编校：《王阳明全集》（新编本），第118页。

关联，"心"不能决定花树自在物的产生存有，亦不能主宰花树自开自落的自在状态。就"心外无物"来说，如果"物"是指自开自落的花树自在物，那么此命题中所谓"心外"和"无物"就可以相当合理地被理解为"离开人的意识山川日月都不存在"[1]，而这显然有违经验事实。结论是，深山中自开自落的花树"于我心亦何相关"，阳明"心外无物"在"物"为花树自在物时不能成立。

问题关键显然在"物"的理解上。前文一再指出，阳明"心外无物"之"物"是指"事亲""事君"等"事""行为物"，由于这样的"事""行为物"在根源与本质上皆依于行为主体（"心"）而产生，离开行为主体必然"无""物"（"事""行为物"）存在，故可说"心外无物"。不过，当把"物"指向深山中自开自落的花树时，阳明"心外无物"则很难再具有理论效力，因为我们无论如何也不能说花树自在物需要依赖于人之主体（"心"）而存有，此即友人提出"于我心亦何相关"的原由所在。就问题意识而言，如果说基于"事""行为物"释"物"前提下的"心外无物"所考察的是实践行为之存在对于行为主体的依赖，强调的是行为主体（"心"）对于"物"（"事""行为物"）的根源性、主宰性，那么"山中观花"中友人的追问及思考则是自开自落的花树，即花树作为自在物的存有及本体问题。[2] 这种由"物"之内涵不同反映出来的问题意识差异，使行为主体视域下的阳明"心外无物"（"心外无事"）在面对深山中自开自落的花树自在物时，必然出现理论紧张与诠释困境。

对友人之问及相关内容作分析后，再来讨论阳明之答。阳明的回答是"你未看此花时，此花与汝心同归于寂。你来看此花时，则此花颜色一时明白起来，便知此花不在你的心外"。基于以"事""行为物"释"物"的观点前提，在阳明之答中，显然只有"看花"才是"心外无物"中之"物"，"心外无物"在于表示

---

[1] 陈来：《有无之境：王阳明哲学的精神》，第68页。

[2] 学界对中文语境中的"本体"概念有不同的诠释，这里主要依据陈来先生存有之"根源"的观点加以理解（参见陈来：《仁学本体论》，北京：生活·读书·新知三联书店，2014年，第12页），且限于论文主题而不作具体涉及。

"看花"之"物"不能离开"看花"的行为主体（"心"）存在。反言之，离开行为主体（"心"）则"无""看花"之"物"（"事""行为物"）存在，故谓之"心外无物"。以"看花"界定"物"，进而论"心外无物"，无疑与前文对这一命题及义理内涵的分析相一致。在这样的前提下再作思考，就存在两种可能或问题：其一，针对友人之问，阳明可以明确向其指出自己"心外无物"所要表达的是"看花"之"物"（"事""行为物"）不能离开"看花"的行为主体（"心"）存在，而非花树自在物的客观存有。此不仅意味着友人以花树自在物存有相问于阳明"心外无物"，存在对这一命题"误读"的可能，同时就阳明而言，也可以向友人申明，其所提自开自落花树自在物"于我心亦何相关"的问题与自己"心外无物"所要表达的义理内涵及问题意识并不相应。[1]其二，针对阳明以"观花"之"事""行为物"，或者说以"观花"下花由"寂"（"汝心与花同归于寂"）到"显"（"此花颜色一时明白起来"）的变化来回答花树自在物的存有，花树自在物"于我心亦何相关"的问题，友人则可以说阳明是"答非所问"，因为本质上说，"观花"的主体行为与花树自在物的客观存有是两种不同的问题域。[2]

综上分析，可得出两方面结论：第一，就友人以花树自在物客观存有的问题与立场，阳明以"观花"之"物"（"事""行为物"）下花由"寂"到"显"的发用呈现作答，可以说是"答非所问"。第二，就阳明以"物"为"事""行为物"，"心外无物"在于表明"看花"之"物"不能离开行为主体（"心"）而存在，友人以花树自在物的客观存有"于我心亦何相关"相问，体现的则是友人对阳明该命题及思想意旨的可能"误读"。简言之，依据这里的分析，"山中观花"章中，可谓是友人"问非所问"，阳明"答非所答"。

不过，还需要再作思考的是，所谓友人"问非所问"，阳明"答非所答"的

---

［1］ 陈立胜：《王阳明"心外无物"论——〈传习录〉"岩中花树"章新解》，《中原文化研究》，2015年第1期。

［2］ 杨国荣：《心学之思：王阳明哲学的阐释》，北京：中国人民大学出版社，2009年，第74页。

判定，可否谓之确论？[1] 先不论友人是否存在对阳明"心外无物""误读"，"问非所问"的可能，单就阳明而言，一方面表明其对友人之问及问题意识有自觉而清楚的认识，同时更说明在阳明看来，通过"观花"下花由"寂"到"显"的发用呈现回应了友人之问，花树自在物"与心亦相关"，"心外无物"对于自开自落花树依然具有"适用"性和理论效力。再者，还可设想推测的是，对于友人来说，也"默认"阳明通过"观花"下花由"寂"到"显"的发用呈现，回答了花树自在物的存有问题，"心外无物"在"物"为花树自在物时依然能够成立，故没有对阳明之答作进一步的追问与"否定"。

小节言之，"山中观花"章及所涉内容，表明阳明"心外无物"除了以"事""行为物"释"物"，强调诸如"事亲""事君"等"事""行为物"不能离开行为主体（"心"）存在外，还必然面对诸如深山中自开自落花树，即自在物的存有问题。当然，依阳明之见，其"心外无物"能够"回答""适用"花树自在物的存有，在"物"为花树自在物时"心外无物"依然能够成立。不过，相对于以"事""行为物"释"物"，行为主体视域下"心外无物"在观点思想上的合理性与明晰性，以"物"为客观自在物，以自在物的存有为问题意识的"心外无物"，无论是从命题的理论内涵，还是"离开人的意识山川日月都不存在"有违经验事实的视角而言，都需要作"新"的讨论与阐释。

三、"感应之几"：从"草木瓦石俱有良知"到"万物一体"

"山中观花"章中，友人所提自开自落花树"于我心亦何相关"之问及问题意识，用宋明理学思想术语来说，即花树自在物的存有本体问题。进而，在阳明"心外无物"逻辑架构与思想体系中，"心""物"关系就是良知与"物"，良知与

---

[1] 如果只停留于友人"问非所问"，阳明"答非所答"的判定，那么可以说"山中观花"章实无存在意义与研究价值，而这显然与实际不相符。

花树自在物之间的关系问题。问题实质又在于，如果说良知是人作为道德理性存在的本原，那么是否可以说良知亦是花树自在物存有的形上根据？人有良知，花树自在物是否亦有良知？如果良知亦是花树自在物存有的本体，花树自在物亦有良知，那么自然就可以是"良知外无物"（"心外无物"），花树自在物不"外"良知本体，"外"良知本体"无"花树自在物（"物"）存有。此意味着，可以通过花树自在物是否有良知来回答"山中观花"章中友人的提问，考察阳明"心外无物"是否"适用"于花树自在物，以及当"物"为花树自在物时，如何理解此命题的义理内涵。

值得注意的是，弟子就曾以草木瓦石之类自在物是否有良知问于阳明。《传习录下》载：

> 朱本思问："人有虚灵，方有良知。若草木瓦石之类，亦有良知否？"先生曰："人的良知，就是草木瓦石的良知。若草木瓦石无人的良知，不可以为草木瓦石矣。岂惟草木瓦石为然，天地无人的良知，亦不可谓天地矣。盖天地万物与人原是一体，其发窍之最精处，是人心一点灵明。风雨露雷日月星辰禽兽草木山川土石，与人原只是一体。"[1]

不难看出，此处讨论与"山中观花"章有相通性，皆蕴含着"心"（良知）与草木瓦石（花树）等自在物之间的关系，本质上属于阳明"心外无物"需要涉及的议题。具体言之，朱本思此处"人有虚灵，方有良知。若草木瓦石之类，亦有良知否"之问，是阳明"心外无物"中心物关系的一种变相说法，[2] 与"山中观花"章中友人所问亦相一致，皆指向草木瓦石等自在物的存有及本体问题。当然，此处朱本思之问与阳明之答，不仅说明阳明"心外无物"需要面对花树之类自在物的存有，也表明花树之类自在物的存有及本体可以转换为草木瓦石之类自在物是否

[1] 吴光等编校：《王阳明全集》（新编本），第118页。
[2] 吴震：《〈传习录〉精读》，上海：复旦大学出版社，2011年，第136页。

有良知的问题。

朱本思"人有虚灵，方有良知"的判断由阳明"心者身之主也，而心之虚灵明觉，即所谓本然之良知也"[1]而来。关于"虚灵"之于良知，以及对于人的意义暂且不论，无论从经验事实，还是理性价值来说，人有良知无疑是客观事实，所谓"夫良知即是道，良知之在人心，不但圣贤，虽常人亦无不如此"。[2]以此为前提，需要追问与思考的是，草木瓦石之类自在物，是否与人相同亦有良知？

对于朱本思之问，阳明回答是"人的良知，就是草木瓦石的良知。若草木瓦石无人的良知，不可以为草木瓦石矣"。思考阳明此答语，不外乎两种可能性理解：其一，草木瓦石之类自在物本无良知，阳明所答是指有良知的人将良知"赋予"草木瓦石，从意义价值的角度指出草木瓦石亦有良知，若无人良知则不可为早木瓦石，表现为"意向性"关系及意义世界的建构。[3]其二，草木瓦石之类自在物本有良知，草木瓦石与人相同，皆以良知为存有本体。换言之，草木瓦石与人同以良知为存有本体，是为"人的良知，就是草木瓦石的良知"，无良知作为形上根原，草木瓦石则不存有，"不可以为草木瓦石"。那么，哪种理解更符合阳明原意？值得一提的是，对于此条内容，阳明后学顾应祥曾表达过自己的理解。顾氏云：

> 《传习录》谓草木瓦石俱有良知，若无人的良知，不可以为草木瓦石。[4]

顾氏此观点，某种程度无疑能够代表阳明在内整个阳明学对《传习录》"人的良

---

[1]　吴光等编校：《王阳明全集》(新编本)，第52页。

[2]　吴光等编校：《王阳明全集》(新编本)，第75页。

[3]　从"意向性"、意义世界的建构来理解阳明此答语，进而诠释阳明"心外无物"，可以说是学界的主流研究动态。董平先生对此有一定的回应，此处不作具体讨论。参见董平：《阳明心学的定性及良知的公共性与无善无恶》，《哲学研究》，2018年第2期。

[4]　吴光等编校：《王阳明全集》(新编本)，第1632页。

知，就是草木瓦石的良知"条的一致理解。而从顾氏"草木瓦石俱有良知"，特别是"俱有"一词来看，显然是认为草木瓦石与人相同，俱以良知为存有本体，"良知不但是道德实践之根据，而且亦是一切存在之存有论的根据"。[1] 良知是草木瓦石的存有论根据，决定草木瓦石的存有，"若无人的良知，不可以为草木瓦石"。良知之于自在物的存有本体意义，不限于草木瓦石，还涵盖天地风雨露雷日月星辰禽兽山川等所有自在物，良知是一切自在物存有的形上根据，无良知作为存有本体，则一切自在物皆不存在。

在上述阳明答语中，不难发现"天地万物与人原是一体"是其中的关键内容。可以这样说，"天地万物与人原是一体"的"万物一体"构成阳明判定草木瓦石之类自在物亦有良知，俱以良知为存有本体的根本理据。而阳明"万物一体"，不仅指境界上应然如此，心体上本然如此，更指存有上实然如此，故一体之"体"是指万物有共同的存有本体。[2] 进而言，阳明"万物一体"，是指万物皆以"仁""良知"为体的存有本体论。[3] "万物一体"，万物同以良知为存有本体，草木瓦石之类自在物俱有良知，是为"人的良知，就是草木瓦石的良知。若草木瓦石无人的良知，不可以为草木瓦石矣"。《传习录下》载：

> 问："人心与物同体，如吾身原是血气流通的，所以谓之同体。若于人便异体了，禽兽草木益远矣，而何谓之同体？"先生曰："你只在感应之几上看，岂但禽兽草木，虽天地也与我同体的，鬼神也与我同体的。"[4]

相较于问者从"血气流通"生物性视角去理解"同体"，阳明"人心与物同体"，

[1] 牟宗三：《从陆象山到刘蕺山》，第 157 页。
[2] 陈来：《仁学本体论》，第 301 页。
[3] 吴震：《论王阳明"一体之仁"的仁学思想》，《哲学研究》，2017 年第 1 期。
[4] 吴光等编校：《王阳明全集》（新编本），第 136 页。

禽兽草木、天地鬼神之类自在物与人同体之"体"是指以良知为共同的超越性存有本体。不过阳明此处并没有直接以良知为万物共同存有本体来回答问者之问，而是强调"你只在感应之几上看，岂但禽兽草木，虽天地也与我同体的，鬼神也与我同体的"。径直言之，"在感应之几上看"是阳明回答问者之问，论证禽兽草木，天地鬼神万物与人同以良知为存有本体的根本方法。

何为"感应之几"？这里限于主题不作具体考察，[1] 只就阳明《大学问》中的相关内容略作讨论分析。《大学问》载：

> 大人者，以天地万物为一体者也，其视天下犹一家，中国犹一人焉。若夫间形骸而分尔我者，小人矣。大人之能以天地万物为一体也，非意之也，其心之仁本若是，其与天地万物而为一也。岂惟大人，虽小人之心亦莫不然，彼顾自小之耳。是故见孺子之如井，而必有怵惕恻隐之心焉，是其仁之与孺子而为一体也；孺子犹同类者也，见鸟兽之哀鸣觳觫，而必有不忍之心焉，是其仁之与鸟兽而为一体也；鸟兽犹有知觉者也，见草木之摧折而必有悯恤之心焉，是其仁之与草木而为一体也；草木犹有生意者也，见瓦石之毁坏而必有顾惜之心焉，是其仁之与瓦石而为一体也。[2]

《大学问》的主旨是"大人"与"天地万物为一体者"。何以证得"万物为一体者"？——阳明是通过"感应之几"对"万物一体"作论证。举例而言，阳明这里对"大人"与孺子、鸟兽、草木、瓦石"为一体者"的论证分别是"见孺子之入井，而必有怵惕恻隐之心"，"见鸟兽之哀鸣觳觫，而必有不忍之心"，"见草木之摧折，而必有悯恤之心"，"见瓦石之毁坏，而必有顾惜之心焉"。见孺子、见鸟兽、见草木、见瓦石之"见"是"感"，在"见"之"感"的基础上，必有怵

---

[1] 陈来：《王阳明晚年思想的感应论》，《深圳社会科学》，2020 年第 2 期。

[2] 吴光等编校：《王阳明全集》(新编本)，第 1015 页。

恻隐之心、不忍之心、悯恤之心、顾惜之心为"应",由"感"而"应",是为"感应之几"。通过"见"之"感",即见孺子之入井、鸟兽之哀鸣觳觫、草木之摧折、瓦石之毁坏所产生的怵惕恻隐之心、不忍之心、悯恤之心、顾惜之心的"应","在感应之几上看",从情感意念发用显现处由"用"证"体",证明"大人"与孺子、鸟兽、草木、瓦石同为一体,同以良知为存有本体。反言之,因为"大人"与孺子、鸟兽、草木、瓦石同以良知为存有本体,"万物一体",在"见"孺子之入井、鸟兽之哀鸣觳觫、草木之摧折、瓦石之毁坏的"感应之几"处,必然产生怵惕恻隐之心、不忍之心、悯恤之心、顾惜之心情感意念的发用,"体"必达"用"。"万物为一体者"的良知是"体",怵惕恻隐之心、不忍之心、悯恤之心、顾惜之心是"用","体"为"用"的形上根据,"用"为"体"的显现发用,即体即用,体用一原。[1] "体"因超越性形上性不可见,要证"万物一体"之"体",需从"体"之发用,已发的意念情感显现处见,此为阳明"在感应之几上看"的本意。

四、良知与自在物:"心外无物"的存有本体向度

让我们重新回到"山中观花"章,对阳明"心外无物"作进一步讨论。当然,"山中观花"章中核心而根本的问题是,当"物"为花树自在物时,阳明"心外无物"这一命题还能否成立?义理内涵又当作何理解?

前文已指出,"山中观花"章中友人所提的是花树自在物的存有及本体问题。对于友人之问,阳明则以"观花"之"事""行为物",或者说以"观花"下花由"寂"到"显"的变化发用加以回答。显然,花树自在物的客观存有及本体,与"观花"之主体行为下花由"寂"到"显"的呈现发用,是两个完全不同

[1] 林月惠:《诠释与工夫:宋明理学的超越蕲向与内在辩证》,台北:"中央研究院"中国文哲研究所,2008年,第147—180页。

的问题视域，因此我们才得出阳明在"山中观花"章中之答可谓"答非所问"。不过，前文同时也表明，得出阳明在"山中观花"章中之答是"答非所问"，是我们"分析"的结论，对于当事人阳明，甚至提出问题的友人来说，并不认同此"结论"，而是皆认为通过"观花"下花由"寂"到"显"的呈现发用，回答了花树自在物的存有及本体问题，当"物"为花树自在物时也不"外"乎"心"，"外""心"而"无物"存有，阳明"心外无物"在"物"为花树自在物时依然能够成立。

问题的根本还是在于该如何理解阳明之答上。加以留意并深入思考，不难发现阳明"山中观花"章中的回答与上文讨论的"在感应之几上看"具有脉络及义理的一致性。具体言之，"山中观花"章中阳明所谓"看花"之下花由"寂"到"显"的呈现变化，正如见孺子之入井必有怵惕恻隐之心，见鸟兽之哀鸣觳觫必有不忍之心，见草木之摧折必有悯恤之心，见瓦石之毁坏必有顾惜之心，是"在感应之几上看"。"看花"之"看"，如同见孺子、鸟兽、草木、瓦石之"见"，是为"感"，"看花"之下花由"寂"到"显"，"花之颜色一时明白起来"，则如同怵惕恻隐之心、不忍之心、悯恤之心、顾惜之心的发用显现，是为"应"。由"看"花之"感"而有"花之颜色一时明白起来"之"应"，是为"看花"的"感应之几"。阳明于"看花"的"感应之几上看"，所"看"者为何？结合上文讨论，可知阳明在"看花""感应之几上""花之颜色一时明白起来"所要"看"者，在于通过由"用"证"体"的方式证明"看花"的主体（汝心）与对象（花）"同体"，同以良知为存有本体。单就友人之问及问题意识来说，阳明通过"看花""感应之几上"的由"用"证"体"，揭示主体与花俱以良知为体的同时，表明良知是花树自在物存有的形上本体，也回答了花树自在物存在与否的问题。反言之，汝心所代表之主体与花同以良知为存有本体，良知为花树自在物存有的终结根原，"看花"行为中主体（汝心）与花才会产生"感应之几"，并于"看花"的"感应之几"处"花之颜色一时明白起来"，汝心与花之颜色在感应中并时发用显现。

明确阳明是通过"看花"的"感应之几"论证主体与花树同以良知为体，良知为花树自在物的存有本体，就不难看出"山中观花"章中，针对友人花树自在物之存有及本体的提问，阳明之答并非"答非所问"，而是在准确把握问题本质的情况下，提交了正确答案，只不过该答案因由"用"证"体"的方式显得不那么直接罢了。就提出问题的友人来说，在对阳明基于"看花"的"感应之几"由"用"证"体"的方式及义理有充分自觉的理解后，也认为阳明之答非"答非所问"，而是合理有效地回答了自己花树自在物的存有问题。——此正是"山中观花"章中友人针对阳明之答没有"否定"与进一步追问的真正原因。

基于"看花""感应之几"由"用"证"体"的论证方式，以及阳明与友人对这种论证方式的认同，不难看出在二者的观点中，皆确认花树自在物不"外"乎"心"，"物"为花树自在物时阳明"心外无物"依然能够成立。那么，当"物"为花树自在物，通过"看花""感应之几"证明良知为花树自在物存有本体的情况下，阳明"心外无物"的具体意涵为何？

"草木瓦石俱有良知"和"万物一体"的观点，以及"山中观花"章中，阳明是通过"观花"的"感应之几上看""花之颜色一时明白起来"，由"用"证"体"的方式揭示良知为花树自在物的存有本体，那么阳明"心外无物"中的"心"就不再限于是行为主体之"心"，而更应该是作为存有本体的良知。当然，在阳明思想中，主体与本体相同一，主体即本体（实体），本体（实体）即主体。[1]具体就良知而言，良知不仅是道德主体性的概念，在客观方面亦有存有论的涵义，良知不单有主体义，且有实体义，实体即指涉客观的实有。[2]依此，阳明"心外无物"就是"良知外无物"，良知本体之"外无物"，无"物"（自在物）能"外"于本体良知。换言之，当"物"为花树之类自在物时，阳明"心外无物"就是存有论命题，要义是揭示万物皆有良知，良知乃一切自在物的存有本

[1] 劳思光：《新编中国哲学史》（三上），北京：生活·读书·新知三联书店，2015年，第331页。
[2] 吴汝钧：《佛教的概念与方法》，台北：台湾商务印书馆，2000年，第536页。

体，"外"良知本体则"无物"存有。阳明云：

> 良知是造化的精灵。这些精灵生天生地，成鬼成地，皆从此处，真
> 是与物无对。人若复得他完完全全，无少亏欠，自不觉手舞足蹈，不知
> 天地间更有何乐可代。[1]

"良知是造化的精灵"及所涵向度，此处不作具体考察。[2]根本言之，阳明从
"造化"讲良知，乃是存有论地说，[3]表明良知乃天地鬼神万物"造化"的存有
本体，是天地鬼神万物存有的形上根原。这里的"造化"，以及"生天生地，成
鬼成地"的"生""成"，非生物遗传学的意义，亦非基督教"无中生有"的神
学意义，而是指良知乃天地鬼神万物存在之所以然、所当然的"主宰"。此意味
着，"良知是造化的精灵"与"草木瓦石俱有良知""万物一体"相一致，皆旨
在表明天地万物以良知为存有本体，良知是天地鬼神、草木瓦石等自在物存有
的终极本原。

　　结论而言，由"良知是造化的精灵""万物一体"和"草木瓦石俱有良知"，
可知"物"为花树之类自在物时，阳明"心外无物"在于揭示良知本体（"心"）
之"外无物"，花树之类自在物皆由良知精灵"生""成""主宰"，所有自在物
存于良知本体之"内"而不"外"，自在物不"外"良知本体，"外"良知本
体则"无物"存有。反言之，一切自在物皆以良知为存有本体，由良知本体
"生""成""主宰"，存乎良知本体之"内"而不"外"，"外"良知本体则"无物"
存有，是为"心（良知）外无物"。当然，这样的"外"非对象性并立关系中的
内外之"外"，而是基于良知本体"造化""生""成"万物，良知作为存有本体
"主宰"万物"至大无外"之"外"，是超越性、绝对性、普遍性的本体无"外"。

---

［1］　吴光等编校：《王阳明全集》（新编本），第115页。
［2］　陈立胜：《良知之为"造化的精灵"——王阳明思想中的气的面向》，《社会科学》，2018年第8期。
［3］　牟宗三：《从陆象山到刘蕺山》，第161页。

此正是"山中观花"章中，友人以花树自在物的存有相问，阳明通过"看花""感应之几上""此花颜色一时明白起来"加以回答，强调"此花不在你心（良知）外"，"心（良知）外无物"依然能够成立的根本原因，也是"物"为花树之类自在物时，阳明"心外无物"的确切思想意涵。

结　语

以"物"为"事亲""事君""交友治民""仁民爱物"等"事""行为物"，阳明"心外无物"义理内涵在于表明实践中产生的"物"不能离开行为主体（"心"）存在，强调的是行为主体在实践中的主宰性与完满性。基于以"事""行为物"释"物"的观点前提，行为主体视域下的阳明"心外无物"在思想理论上具有充足的合理性与明晰性。

"山中观花"章不仅说明阳明"心外无物"存在如何面对草木瓦石等自在物的问题，所涉内容与讨论更表明当"物"为花树自在物时，该命题需要"新"的理解和诠释。"草木瓦石俱有良知"和"万物一体"的观点，表明在阳明哲学中，天地鬼神、草木瓦石之类自在物俱以良知为存有本体，良知是天地鬼神、草木瓦石等自在物存有的形上根源。相应于"草木瓦石俱有良知"和"万物一体"，特别是"感应之几"由"用"证"体"的方法，"山中观花"章中阳明的回答，在于通过"看花"的"感应之几"论证主体与花树同以良知为体，良知是花树自在物的存有本体。结合"良知是造化的精灵"的论述，当"物"为草木瓦石、天地鬼神之类自在物时，阳明"心外无物"在于揭示良知本体（"心"）之"外无物"，一切自在物的存有不"外"乎良知本体，"外"良知本体则"无物"存有。反言之，草木瓦石、天地鬼神之类自在物由良知"造化"与"主宰"，皆以良知为存有本体，"外"良知则"无物"存有，故谓之"心（良知）外无物"。

要言之，阳明"心外无物"涉及和包含两方面内容：其一，以"物"为"事""行为物"，在于表明诸如"事亲""事君"等"物"不能离开行为主体（"心"）存在，强调行为主体（"心"）对于"事""行为物"的根源性、主宰性；其二，当"物"为花树之类自在物时，是揭示良知（"心"）为自在物的存有本体，自在物不"外"乎良知本体，"外"良知本体"无物"存有。关联着行为物与自在物，行为主体与存有本体是把握阳明"心外无物"的双重向度，对于正确理解阳明此思想，进而认识阳明哲学具有重要意义。

本一与实体

——罗钦顺"理气一物"说新探

刘　昊[*]

摘　要： 如何评价明代学者罗钦顺的理气论长期未有定论，核心问题在于其"理气一物"说是否超越了朱子学，乃至走向气学。尽管罗钦顺无法真正了解朱子的"理气二物"论，致使产生了"理"的"去实体化"现象，然而这同时也造就了罗钦顺的天道论和宇宙论的思维方式走向了以"理气"作为天道整体的思考。"理气一物"说强调理气在根源上的内在本一，而不是后天的理气合一、理气不离，罗钦顺通过"道为实体""太极实体"等观念建构了一套气本有理，内在具理的天道观，以此作为万物造化的根据和价值的根源，因而不同于朱子以"理"为形上实体的理气论。就理气论而言，"理气一物"说离开了朱子学理气论的地盘，但是其思想底色仍然不出程朱理学强调天道与人道、天人相分的基本架构，理气结构只是用来表达万物根源和构成的工具。

关键词： 罗钦顺；理气一物；实体；太极

---

* **作者简介：** 刘昊，同济大学人文学院助理教授，主要研究宋明理学、明清思想史、近代江南儒学。

一、问题由来：从学术史的争论说起

在朱子学理气论中，本原上的"理在气先""理气二物"与现实结构上的"理气不离不杂"是基本立场，理是气的本原，逻辑上在先的形而上之理。然而自明代以降，不少学者开始主张"合理气为一物"或"理气不离"的观点，以此质疑以理在气先或理气二物著称的朱子学理气论，因而出现了"理"的"去实体化"的现象，[1]罗钦顺（1465—1547）的"理气一物"说便是其中之一。不过，如何定位这一思想一直存在不同意见，至今未有定论。

最早的质疑之一来自黄宗羲（1610—1695），他批评罗钦顺的理气论与心性论存在矛盾（简称"矛盾说"），[2]这一观点后来贯穿于罗钦顺的思想到底是朱子学还是气学的讨论。[3]上世纪中期以后，日本和中国大陆学者将罗钦顺定位于"气的哲学"或"气学""气本论"，作为宋明道学的理学、心学外的另一派而存在。[4]不过这个看法逐渐受到质疑和修正。第一种质疑来自气学内部，学者们开始对气学进行分类，[5]较有代表性的是杨儒宾、马渊昌也等学者，杨儒宾基于其

---

[1] 陈来：《元明理学的"去实体化"转向及其理论后果——重回"哲学史"诠释的一个例子》，《中国文化研究》，2003年第2期，第1—17页。

[2] 黄宗羲认同罗钦顺的理气是一，但是认为依照"心是气，性是理"的逻辑，心性应该合一，但罗钦顺继承朱子，严格分辨心性。所以《明儒学案》有言"第先生之论心性，颇与其论理气自相矛盾"。（清）黄宗羲著，沈芝盈点校：《明儒学案》卷四十七，北京：中华书局，2008年，第1107页。

[3] 郭宝文：《罗钦顺气学思想之定位及与王廷相比较研究》，《国文学报》第62期，2017年，第159—192页。

[4] ［日］山下竜二：《羅欽順と気の哲学》，《名古屋大学文学部研究論集》（哲学）第9卷，1961年，第1—2页。丁为祥：《罗钦顺的理气、心性与儒佛之辨》，《中国哲学史》，2002年第3期，第45—53页；曾振宇：《"理气一物"罗钦顺对程朱哲学的"接着讲"》，《山东大学学报（哲学社会科学版）》，2011年第2期，第38—41页。

[5] 王俊彦将气学分为"以气为本"，"理气是一"，"心理气是一"，认为罗钦顺的理气论是"理气是一"。王俊彦：《王廷相与明代气学》，台北：秀威科技资讯股份有限公司，2006年。刘又铭则在其"神圣气本论"和"自然气本论"的分类模式下主张罗钦顺是自然气本论者。刘又铭：（转下页）

关于工夫论的研究提出了"两种气学"的分类，一是先天型气学，主张"气"是一种超越的"形上之气"，是人性善的根源，这种"气"须建立在理气一物、理气同一的基础上，杨儒宾列举的代表人物便是罗钦顺。[1] 在另一文章中，杨儒宾也认为罗钦顺应属朱子学的修正派。[2] 二是传统所讲的气学，即后天型气学，这一类型主张自然气本论，工夫论是"反复性说"，旨在发展人性而不是恢复人性的本善。马渊昌也的分类与杨儒宾不同，在罗钦顺的定位上却有相似之处。[3] 第二种质疑来自理学的立场。这些学者主张罗钦顺的贡献在于修正、改造了朱子学理气论，或者倾向认为罗钦顺属于程朱理学向气学过渡的折衷形态。[4] 有学者认为其根本立场未离开朱子，没有取消形上形下之分，亦不反对"理"为形而上的存在，所以未脱离朱子理气论的基本架构。[5] 也有学者指出罗钦顺在根本义理上不背离朱子"理气不离不杂"的义理要旨，[6] 所以反对黄宗羲而为罗钦顺辩护，认为"矛盾说"并不成立。

近年来，有关罗钦顺的研究出现了不少新动向，学界逐渐开始认识到"理学—

（接上页）《宋明清气本论研究的若干问题》，收于杨儒宾、祝平次编：《儒学的气论与工夫论》，台北：台湾大学出版中心，2005年，第203—247页。

[1] 杨儒宾：《两种儒学，两种气学》，《台湾东亚文明研究学刊》第3卷第2期，2006年，第8—9页。

[2] 杨儒宾：《检证气学——理学史脉络下的观点》，收于氏著：《异议的意义——近世东亚的反理学思潮》，台北：台湾大学出版中心，2012年，第109页。

[3] 罗钦顺基本认同"性即理"等朱子学的基本立场，这与"非性善说"的气的哲学完全不同。[日] 马渊昌也：《明代后期的"气的哲学"之三种类型与陈确的新思想》，见《儒学的气论与工夫论》，第174页。

[4] 陈来认为罗钦顺的思想代表"理学"向"气学"的发展，见氏著《宋明理学》，北京：生活·读书·新知三联书店，2011年，第323页。其他还有钟彩钧：《罗整庵的理气论》，《中国文哲研究集刊》第六期，1995年，第199页；蔡家和：《从所以然到自然——罗整庵对朱子理气论的修正》，《当代儒学研究》第7期，2009年，第4—14页。杨柱才：《罗整庵思想述论》，收于陈支平等主编，《朱熹陈淳研究》第二辑，厦门：厦门大学出版社，2015年，第296页。郑宗义：《明儒罗整庵的朱子学》，收于黄俊杰、林维杰：《东亚朱子学的同调与异趣》，台北：台湾大学出版中心，2008年，第103—153页。

[5] 杨祖汉：《罗整庵，李栗谷理气论的涵义》，《中央大学人文学报》，第31期，2007年，第225页；邓克铭：《理气与心性：明儒罗钦顺研究》，台北：里仁书局，2010年，第159—160页。

[6] 林月惠：《异曲同调——朱子学与朝鲜性理学》，台北：台湾大学出版中心，2010年，第156页。

气学"以及黄宗羲的评价框架深深地影响了我们对罗钦顺的认识,所以试图跳出或反省这些框架,重新探讨罗钦顺思想当中的问题。[1] 就理气论而言,赵玫、申祖胜注意到明末清初陆世仪、李光地等人对罗钦顺的批评道出了其问题所在,朱子理气论既有"一"的层面又有"二"的层面,是"一而二,二而一"的存在,所以罗钦顺的"一物说"误解了朱子学理气论。[2] 同时,也有学者开始跳出理学和气学二分的思维框架,从理论上再思考罗钦顺的理气关系,认为理气是统一的关系。[3]

新近的反思足以表明,跳出固有评价框架的先入之见,对于我们重新理解罗钦顺的理气思想极为重要。不过,另外一个值得反思的前见是罗钦顺理气论研究中的问题预设,因为罗钦顺的出发点在于不满朱子学"理气二物"说,所以大多数讨论的目标设定在罗钦顺是否越出了朱子学,从而过渡到气学,或者在多大程度上未离开朱子学。然而,一个根本性的问题是,罗钦顺是否正确地理解了朱子学理气论,如果正如陆世仪、李光地等人批评的那样,罗钦顺没有正确地理解朱子学理气论,那么罗钦顺的质疑无疑大打折扣。同时,这也意味着其"理气一物"说可能已经偏离或溢出了朱子学理气论的框架,具有其自身独特的思想意义。

二、朱子学理气论是"理气二物"论吗?

正如众多学者已指出,罗钦顺的理论出发点旨在反对朱子"理气为二物"的

[1] 金香花:《罗钦顺性论新诠——〈明儒学案〉商兑》,《社会科学》2018 年第 8 期,第 121—128 页;蔡家和:《关于黄宗羲批评罗钦顺"天人不一"之检视与回应》,《社会科学》2019 年第 4 期,第 109—117 页。
[2] 赵玫:《罗钦顺对朱子理气观的误解》,《集美大学学报》(哲社版),2018 年第 3 期,第 16—21 页。申祖胜:《清初理学对气学的回应——陆世仪的"即气是理"说及其对罗钦顺"理气为一物"论的评析》,《哲学与文化》,2019 年第 8 期,第 127—140 页。
[3] 秦晋楠:《重思罗钦顺的"理只是气之理"——学术史与哲学史交织下的新理解》,《哲学动态》,2019 年第 1 期,第 69—74 页;沈顺福:《理即气——论罗钦顺对朱子的继承与超越》,《集美大学学报》(哲社版),2018 年第 3 期,第 22—28 页。

观点，不过其为学主旨仍然在于维护朱子学的总体立场。在其晚年，面对友人们的诸多质疑，罗钦顺反复强调其思想并不是有意立异于朱子学，而是认为朱子思想存在"未归一处"，使朱子的理气论"归于一"是罗钦顺最终要达到的目标。

"归于一"旨在针对理气为二，然而是否可以将朱子学的理气论断定为"理气为二物"或者"理气二元"，是理解罗钦顺质疑朱子的首要前提。如果朱子理气论不能仅以"理气为二物"来看待，那么罗钦顺的质疑效力便是值得怀疑的，至于其"定于一"的目标如何实现，则是更深一层的问题。应当说，对于理气是"一物"还是"二物"的问题，朱子并没有提供单一的答案，朱子在《答刘叔文》中的那段著名说法可以证明这一点：

> 所谓理与气，此决是二物。但在物上看，不可分开各在一处，然不害二物之各为一物也；若在理上看，则虽未有物而已有物之理，然亦但其有理而已，未尝实有是物也。[1]

这是几乎所有朱子学研究者熟知的一段话，其中关于"物"的问题却很容易被我们忽略。朱子先断言理和气决是二物，并未明确表明这里的前提立场是"从本原上看"还是"从现实存在结构上看"，必须结合后者来进一步探讨。接下来一句中的"在物上看"则是指在现实存在结构上看，理和气不可分开各在一处，这是指"理气不离"。重要的是，朱子进一步强调理气不可分开并不影响理和气作为"二物之各为一物"。换言之，在一物之中，理和气仍然犹如两个事物，"理"作为万物之依据，无法用感官察觉，却仍然在具体存在物中作为真实的"一物"而存在，这也是理学家强调理的真实无妄性的意义所在。接着，朱子又从"在理上看"时进行论述，他指出还没有具体存在物时已经存在物之"理"，"理"虽然不是具体的存在物，但也是真实无妄的本原存在。这就表明，"理"是

---

[1]（宋）朱熹：《答刘叔文》，《朱子文集》卷四十六，朱杰人等主编：《朱子全书》第22册，上海：上海古籍出版社，合肥：安徽教育出版社，2010年，第2146页。

一种本原存在的"物","气"是具体的存在物。

这段话是朱子晚年非常重要的理气论表述，它揭示了"理先气后"与"理气不离不杂"共同构成朱子理气论的双重维度。陈来曾指出："在本原上朱熹讲理在气先，但在构成上朱熹并不讲理在气先，而常常强调理气无先后。如果把论本原当作论构成，或者反过来把论构成当作论本原而由断言朱熹哲学始终是理气先后的二元论，在理解朱熹思想上都必然发生混乱。"[1]这一说法表明，单纯以理气先后的"二元论"来理解朱子哲学是存在问题的。依此逻辑，仅以"二元论"的"理气二物"说来断言朱子学理气论，也是难以成立的。因为朱子所谓的"二物"应有两层理论架构，一方面，从本原上看，"理"先于气而存在，不杂于气，这时理气显然为"二物"。另一方面，在现实存在结构中，理和气仍然被视为二物，只是这里的"二物"需要在"一物"的前提下来看。那么，在朱子看来，不论是否"实有是物"，"理"皆不杂于气，只不过在现实存在中，"理"不离于"气"，故朱子学的"理"在"气"中是一种实体性的存在。所以，朱子的"理气一物"和"理气二物"是辩证统一的，但是这种统一是基于不同的理论角度，是本原和结构的统一，这是朱子学理气论的最终结论。

总之，仅以"理气二物"作为朱子学理气论的观点其实是偏离了朱子的本意。就此而言，罗钦顺的质疑前提本身就是不牢固的，而恰恰是这一理解偏差造成了其思想的一些突破。罗钦顺不仅旨在批评朱子，而是希望将理气定于"一"，问题的关键就变成了罗钦顺的"理气一物"究竟希望建构什么意义上的"一"。

三、"理气一物"不等于"理气合一""理气不离"

在以往的罗钦顺研究或明代理学研究中，有一种流行观点认为明代理学以

---

[1] 陈来：《朱子哲学研究》，北京：生活·读书·新知三联书店，2010年，第108页。

"理气一元论"质疑朱子的"理气二元论"。[1]前面已指出理气"二元论"这个说不能完全适用于朱子，须用理气先后的"二元论"才恰当，那么以"一元论"来看待罗钦顺的"理气一物"说是否合适？除此外，与一元论类似的表述还有例如"理气合一""理气不离"也常用来指涉"理气一物"说，这些提法是否合理也值得进一步思考。最根本的问题是，罗钦顺所谓的"一"究竟是什么。

"理气一元"这个说法几乎不见于宋明理学的文本之中，但是"元"在中国思想中的含义之指《易传》的"大哉乾元"，后来所谓的"天地一元之理""一元之气"也是对"乾元"的解释，是指天地万物的根源。不过"理气一元"的"一元"并不是这个含义，而是指两个事物即理气一体，内在统一的关系。郑宗义基于刘述先的黄宗羲研究，提出以"内在一元"来定位罗钦顺的思想，所谓的"内在一元"是将超越的理彻底内化于内在的气之中，[2]导致理的超越义被抹煞。郑宗义在《论明清之际儒学的一元化倾向》中进一步深化了"一元化"的理论，将其作为明代儒学发展的基本倾向，并且认为罗钦顺倾向于"理气合一"的一元化思想。具体而言，他认为"一元化"具有五个含义，道一、理一、性一之义，这是指价值的根源义，也就是"乾元"；不离之义，这显然是指理气不离；合一或一体之义，是指工夫的合一，在实践工夫的基础上实现的心理合一、万物一体等；本一之义，郑宗义认为这一观念主要出自程颢，是实践工夫合一的本来依据，但是本一仍不能外乎道一、理气不离、理气合等义而不能以此来反对理气不杂、理不是气；吾儒一、释氏二之辨儒佛之义。[3]然而，这些含义在不同的思想家那里往往具有特定的内涵，需要仔细分析。

[1] 高海波：《宋明理学从二元论到一元论的转变——以理气论、人性论为例》，《哲学动态》，2015年第12期，第35—42页；钟彩钧：《罗整庵的理气论》，《中国文哲研究集刊》第6期，1995年，第199—220页；陈佳铭：《从罗钦顺、王廷相及刘宗周论明代气学的思想型态》，《清华学报》，2019年第1期，第87—123页。

[2] 郑宗义：《明儒罗整庵的朱子学》，第107页。

[3] 郑宗义：《论明清之际儒学的一元化倾向》，《中国文化研究所学报》，2017年第65期，第184—188页。

以朱子为例，理气或太极、阴阳的"不离"和"不杂"是一起说的，前面已指出这一点，"不离"并不意味着否认"不杂"为"二"。所以，对于"合理气为一"的提法，必须建立在不离不杂的基础上来理解，朱子在回答弟子问程颢的"'人生而静'以上不容说，才说性时，便已不是性也"时说，"它这是合理气一衮说"，[1]"合理气一衮说"指现实人性由理气构成，理是性之本善，气是人性的现实气禀。但是朱子并不是说人性有善有恶，因为朱子在这个问题上通常以"理气不离不杂"进行解释，[2]"合理气为一"不代表消解了"理"或"性之本体"的存在，人性仍然由理和气两种要素构成，对于人性中的恶或者杂，朱子时常也用"气质遮蔽"说来解释，"性之本体"始终在气之中存在，但有时会被遮蔽。所以，朱子那里的"一元"和"合一"必须结合其思想整体才能得到合理的理解，在使用这些等说法时，须注意这样的用法是否符合研究对象的思想本身。

再看罗钦顺，罗钦顺质疑"理气为二"似乎意味着他赞同"理气不离""理气合一"这些"合一"的判断，事实却非如此，其缘由就在于这些命题的成立须在根源上设定"理气为二"的二元结构，正是这一点遭到了罗钦顺的反对。例如，罗钦顺将矛头对准了被朱子学奉为圭臬的"理气不离不杂"论。在晚年时（79岁，1542年），罗钦顺面对林次崖屡次坚持"理气不离不杂"，复书表明其质疑立场：

> 姑借来书"父子慈孝"一语明之。夫父之慈，子之孝，犹水之寒，火之热也。谓"慈之理不离乎父，孝之理不离乎子"，已觉微有罅缝矣。谓"慈之理不杂乎父，孝之理不杂乎子"，其可通乎？[3]

---

[1]（宋）黎靖德编：《朱子语类》卷四，北京：中华书局，1986年，第72页。

[2]"才是说性，便已涉乎有生而兼乎气质，不得为性之本体也。然性之本体，亦未尝杂。要人就此上面见得其本体元未尝离，亦未尝杂耳。"《朱子语类》卷九十五，第2430页。

[3]（明）罗钦顺：《答林次崖金宪》，罗钦顺：《困知记》，北京：中华书局，2013年，第203页。

若以父子慈孝来论证，父之慈和子之孝如同水之寒和火之热。由于寒和热是水和火内在的属性，所以罗氏试图说明慈和孝也是父和子的固有品质。罗钦顺认为林次崖的"慈之理不离父""教之理不离子"表明"理"和"父""子"已略有缝隙，更遑论以"不杂"来论述"理"和父、子的关系。但问题是，"不离"与"之"是否真的存在差别？"之"的说法其实是罗钦顺另一命题"理只是气之理"的翻版，[1]意味着其理是气的固然属性，是本有之物，是本来为一的。而"不离"似乎需要预设两个事物的存在，在分离的前提下才可以说"不离"，"之"不需要预设理气的二元存在，天地万物的运动皆是气的运动，气之中有一定的秩序和条理。那么，问题就变成这个秩序和条理是"气"的内在运动表现出来的秩序即"理"，如果进一步推论，一个事物应如何表现和运行必须内在于这个事物本身，这是罗钦顺"理是气之理"的含义。

基于这一逻辑，罗钦顺反对以"离合"论看待理气关系，主张理气不存在"离合"，只有本来的为一。在罗钦顺看来，"理气不离"得以成立的逻辑前提是"理气"可以分开为二，那么"理气不离"就必然在前提上需要预设"理气为二物"，故罗钦顺不能认同这一逻辑。更为极致的是，罗钦顺依此进一步质疑"理气合一"的说法，字面上看，"理气合一"和与他自己声称的"理气一物"没有什么差别，但是罗钦顺的反对理由十分明确，"凡物必两而后可以言合，太极与阴阳果二物乎？其为物也果二，则方其未合之先各安在耶？朱子终身认理气为二物，其源盖出于此。"[2]这是说事物只有在先为"二"的前提条件下才可以言"合"，太极和阴阳在根本上不是二物。如果太极和阴阳为二，那么其未合一之前，显然是分开的存在，因此他认为朱子的理气二物说的错误根源就在于此。所以，罗钦顺认为"太极"和"阴阳"本来就是一物，在根源上即为一物，"言阴阳则太极在其中矣，言太极则阴阳在其中矣。一而二,二而一者也。"[3]太极和阴

---

[1]（明）罗钦顺：《困知记》续卷上，第89页。

[2]（明）罗钦顺：《困知记》卷下，第37—38页。

[3]（明）罗钦顺：《困知记》卷上，第17页。

阳为相互包含的关系，天地万物的根源推其根本也只是阴阳之气，但是气中必有太极，太极的存在同样也必有阴阳。但与此同时，太极不等同于阴阳，阴阳不等同于太极，两者是一而二，二而一的存在。事实上，罗钦顺对"离合"论的质疑有所针对，其论战对象是其友人湛若水（1466—1560），罗氏在其晚年（1540）给湛若水的一封信中，质疑湛若水的"理气合一"说，他指出"若夫'理气合一'之论，未审疑之者为谁？自仆观之，似犹多一合字，其大意正与鄙见相同，无可疑者。"[1]罗钦顺认为湛氏的"理气合一"论不知从何而来，而且问题的关键是多了一个"合"字。

罗钦顺反对"理气不离""理气合一"的缘由，在于这些命题在根源上预设了"理"和"气"必须先有分才能有离与合。据此而言，罗钦顺的理气论在前提预设上就与朱子学理气论不同，且不说其反对"理在气先"的立场，质疑"理气不离不杂"也旨在针对朱子。如果简单地以"理气不离""理气合一"来定位罗钦顺的思想，则与其本旨不符。归根到底，罗钦顺只认同理气本来为一物，在根源上就是为一的。在这个意义上，前面提及的郑宗义的"本一"说似较符合罗钦顺的思想。这个思想源自张载和程颢，张载说"以万物本一，故一能合异"，程颢说"天人本无二，不必言合"，[2]所以"本一"指的是本来的合一，内在的合一，而不是先预设了理气分离，据此再讨论理气的离合问题。总之，"本一""内在一元"的观念对我们理解罗钦顺的理气论是有启发性的。

四、罗钦顺的"实体"论

前面曾提到，罗钦顺否认前提预设上的理气为二，进而否认"理气合一""理

---

［1］（明）罗钦顺：《答湛甘泉大司马》，《困知记》，第195页。
［2］（宋）张载：《张载集》，北京：中华书局，1978年，第63页；（宋）程颢、（宋）程颐：《二程集·遗书》卷第六，北京：中华书局，2004年，第81页。

气不离不杂"，严格来看，只要是在"理—气"这个框架内讨论理气关系，就已然预设了理和气是二元的结构，在逻辑上也绕不开将理气预设为二物。在此意义上，罗钦顺的质疑不仅并没有实现其理论效果，反而在经过一番论述之后，"理气为一物"的说法又落入了其理气为二的困境之中。学界主张罗钦顺"理、气仍有二物之嫌"，未脱离形而上、形而下的分离的判断即是如此。

质疑罗钦顺的理气论仍存在二物之嫌，或者仍然不悖于朱子的不离不杂论的观点，大体上仍然是在朱子理气论的框架内，即以"理"仍然是一种实体性、主宰性的存在前提下作出的判断，因为朱子学从本原讲理在气先，据此才能认定理气仍有二物之嫌。但是，罗钦顺理气论架构之所以强调"一物"，其实在思想方式上已经不同于朱子学理气论，陈来认为元明理学中存在一种"去实体化"的倾向，罗钦顺就是其中之一。"理"是天地间的气自身所展现出来的属性，并不是先于"气"或独立于"理"的实体存在。罗钦顺非常明确地表示"理"不是"别有一物"，理和气从来都是"一物"。于是，明初朱子学者薛瑄（1389—1464）的"气有聚散，理无聚散"的说法也同样遭到了罗氏的批评，[1] 因为"理"无聚散意味着"理"不随"气"的变化而变化，具有独立存在的地位，所以这一命题同样表明了"理"的独立自存，因此"理"与"气"是分离的。

"去实体化"带来的理论结果不仅是"理"的实体性转为内在的属性和条理，而是改变乃至造就了罗钦顺的宇宙论和天道论的思维方式。罗钦顺不再以"理"为不杂于气又不离于气的形上实体，而是将"理气一物"作为宇宙论和天道论的根据。换言之，"去实体化"产生的结果是"理气一物"的"实体化"，这是罗钦顺的理论特色。

在辨明这个问题之前，有必要先说明宋明理学中的"实体"观。"实体"一词本出自西方哲学，大体上指万物的本原存在，是宇宙的终极根源。宋明理学中也有大量的"实体"观念，学界已指出这一点。[2] 总体上看，"实体"是

---

[1]（明）罗钦顺：《困知记》卷下，第49页。

[2] 陈来：《仁学本体论》第五章《道体》，北京：生活·读书·新知三联书店，2014年，第210—214页。

一个宇宙论的概念，指宇宙本原，天道实体。在朱子学中，实体即道体，[1]然而"实体""道体"与理气论是否一致，却是一个复杂的问题。朱子所说的"道体"有多重含义，朱子既用"实理""道体"等概念来说明"理""道"的形上实体义，[2]"去实体化"所指的"实体"当指这个层面的"实体"。同时，朱子也从体用论的角度强调天理流行、道体发见流行，所以道体是生生不已的流行总体。近来有学者指出朱子关于"道体"的说法与"理气"存在分裂，"道体论"表现出一元化的特征，但是遇到理气的二元论时则又纠缠不清，无法将一元论贯彻到底，[3]甚至有动摇理本体论的危险，[4]这一发现对于理解罗钦顺的理气论十分重要。罗钦顺正是试图将"道"作为"实体"，进而统摄"理气"。"道为实体"即内在具理之气，在某种程度上弥合理气的分裂。但这并不意味着罗钦顺解构了理本体，在他看来，作为本原的已不是"理"，而是内在具理的气，亦即"实体"。

在罗钦顺看来，"实体"指道、德、性、天，与心、良知相对。罗钦顺在给阳明门人欧阳德的一封信中批评了他以"良知为实体"的良知观，但是从中也透露了罗钦顺本人的"实体"观。他说"但以理言，即恐良知难作实体看。果认为实体，即与道、德、性、天字无异。若曰'知此良知'，是成何等说话邪？明道'学者须先识仁'一章，首尾甚是分明，未尝指良知为实体也。"[5]以"理"为"良知"，即"心即理"，恐怕将良知作为实体了，如果良知是实体，则与道、德、性、天这些概念无异。若说"知此良知"，则根本不能成立。程颢也未尝言良知是实体，只是强调须识仁在先。在罗钦顺看来，良知是心的"明觉"，是人为的道德意识，而实体是指天、性这些无主体性的，无法自作主宰的实在之物。因此，"实体"指的是作为宇宙本原的天、道以及作为道德依据的德、性。

---

[1] 陈来：《仁学本体论》第五章《道体》，北京：生活·读书·新知三联书店，2014年，第209页。

[2] 吴震、刘昊：《论阳明学的良知实体化》，《学术月刊》，2019年第10期，第15—16页。

[3] 田智忠：《当"道体"遭遇"理本"——论朱子"道体论"的困境及其消解》，《哲学研究》，2020年第4期，第82—89页。

[4] 同上，第87页。

[5] （明）罗钦顺：《答欧阳少司成崇一》（乙未春），《困知记》，第159页。

罗钦顺进一步将天道的运行和存在作为实体，表达了"道之实体""太极实体"等观念，这里的实体已不是朱子学意义上以"理"为形上的实体，而是主张天道即万事万物的造化之源，是合理气的实体，总体。因此，"理"的"去实体化"在某种程度上带来了理气作为整体的"实体"观。他说：

> 《易大传》曰："一阴一阳之谓道。"又曰："阴阳不测之谓神。"道为实体，神为妙用，虽非判然二物，而实不容于相混，圣人所以两言之也。[1]

罗钦顺以"道"为"实体"，"神"是一阴一阳的妙用。接着，他说虽然道与神不是二物，但是也不能将其相混。关于"一阴一阳之谓道"，在宋代理学中，小程和朱子通常以"所以"来区分"形而下"与"形而上"，因此小程在解读"一阴一阳之谓道"和"形而上者谓之道，形而下者谓之器"时，以"所以然"来规定"道"。在这个意义上，"道"是作为形而下的阴阳运动运行的根据，属于"形而上"的领域，朱子亦接受这种解释。但是罗钦顺不满另立一个"所以"来规定"形而上"，因为这会导致"所以"犹如另外一物。[2] 那么如何来解决形而上和形而下的在经典文本中的分立呢？基于对程颢的解读，罗钦顺试图论证形而上和形而下本不存在区分。为了讨论方便，有必要引程颢的原文如下：

> 《系辞》曰："形而上者谓之道，形而下者谓之器。"又曰："立天之道曰阴与阳，立地之道曰柔与刚，立人之道曰仁与义。"又曰："一阴一阳之谓道。"阴阳亦形而下者也，而曰道者，惟此语截得上下最分明，

---

[1]（明）罗钦顺：《困知记》续卷下，第108页。
[2]（明）罗钦顺：《困知记》卷上，第6—7页。

元来只此是道，要在人默而识之也。[1]

前三句分别为《系辞》中关于形而上和形而下的论述，罗钦顺指出，程颢的立场在"阴阳亦形而下者"后面的表述。

> 截字当为斩截之意。盖"立天之道曰阴与阳"及"一阴一阳之谓道"二语，各不过七八字耳，即此便见形而上下浑然无间，何等斩截得分明！[2]

"截"不是指明确区分"形而上"与"形而下"，而是"斩截"之义，指此话将形而上与形而下的关系解释得最为明确。虽然《系辞》以形而上者为道，但是《系辞》中的"立天之道曰阴与阳"和"一阴一阳之谓道"表明阴阳的运动本身就是道，而罗钦顺说阴阳其实也是形而下者。所以，作为形而上者的立天之道以及一阴一阳之道就与形而下的阴阳浑然一体。如果以"分截""区分"的含义解释"截"，"元来只此是道"便说不通，所以程颢试图说明的是道器不容分的立场，道离不开器，这是"元来只此是道，要在人默而识之"的含义所在，罗钦顺认为从形而下中才能体悟形而上之道，因为形上形下从根本上是浑然一体的，体悟、默识不是将主客体对立，通过认知或思维来决定何者为形而下和形而下，身心的体验本身就是一个整体性的过程，所以形而上和形而下是一个整体。将理气问题通过工夫的方式来融为一体，这是罗钦顺一贯的思路。

罗钦顺的解释还不足以让人信服，还是招致友人林希元的数次质疑，其中的道理不难理解，经典中明明有形而上和形而下，道和器的区分，因此林希元严守朱子以理为形而上，气为形而下的理气先后的二元论，罗钦顺为什么要强行统一道器、理气。在迫不得已的情况下，罗钦顺说"盖以上天之载，无声无

---

[1]（宋）程颢、（宋）程颐：《二程集·遗书》卷第十一，第118页。
[2]（明）罗钦顺：《困知记》四续，第139页。

臭，不说个形而上下，则此理无自而明，非溺于空虚，即胶于形器"，[1] 在天的层面，天道的运行无声无臭，没有形象，如果不以形而上下区分，则此理要么沦为虚空，要么滞于具体事物。这个解释认为理虽然无声无臭，但是并不是沦于空虚，而是某种实有物，同时，理也不是形下世界的形器，这样的解释是不得已之举。另一方面，罗钦顺仍然承认"名虽有道器之别，然实非二物，故曰'器亦道，道亦器'也。"[2] 事实上，道器的区分只有名的差别，但实际上并不是二物，所以程颢说"器亦道，道亦器"。道器的"名实"之分不是罗钦顺的发明创造，而是朱子。[3] 罗钦顺认为既然朱子也有诸多不一的说法，只是未定之论，罗钦顺的目的在将两者定为一。而且，罗钦顺还引用了朱子"一阴一阳，往来不息，即是道之全体"的说法证明朱子竟然也有合于程颢的观点。[4] 当然，罗钦顺的说法未免有些强词夺理，其根本原因在于误解了朱子的理气论兼顾本原与现实，一物和二物的结构，朱子以理为形而上，是指本原，而形而上不离于形而上者是指现实的结构。但是罗钦顺只讲形而上与形而下浑然统一，这既是本原，又是现实结构。正是由此，罗钦顺理气、道器问题的思维方式其实已经离开了朱子学的理气论。罗钦顺认为"道"本已内在于一阴一阳往来不息的运动，这就是道的全体，因此也是"实体"，所以不存在一个独立自存的"理"实体。

罗钦顺的实体观并不是单纯以气为实体或以气为本。而是以"理气一物"为实体。罗钦顺提出"太极实体"的观念，表明一阴一阳往来的天道运动本身有理的实体存在，这成为了罗钦顺建构宇宙论和天道论的基础。他说：

---

[1]（明）罗钦顺：《答林次崖金宪》，《困知记》，第 203 页。

[2] 同上。

[3] "然晦翁《辨苏黄门老子解》，又尝以为一物，亦自有两说矣，请更详之。"罗钦顺：《答林次崖金宪》，《困知记》，第 203 页。罗钦顺又说："朱子《辨苏黄门老子解》有云：道器之名虽异，然其实一物也，故曰'吾道一以贯之'。与所云'理气决是二物'者，又不同矣。为其学者，不求所以归于至一，可乎?"（明）罗钦顺：《困知记》卷上，第 31 页。

[4]（明）罗钦顺：《困知记》卷上，第 7 页。

若谓大道混成，不容分析，则伏羲既画八卦，又重为六十四卦，文王系卦，周公系爻，孔子作十翼，又出许多文字，何其不惮烦也？安知千条万绪，无非太极之实体？[1]

然学者于此，当知圣人所谓太极，乃据《易》而言之。盖就实体上指出此理以示人，不是悬空立说，须子细体认可也。[2]

分阴分阳，**太极之体**以立；一阴一阳，太极之用以行。[3]

这三段论述皆以"太极"为"实体"，第一条认为易之道本来浑沦，不可多加分析，后来伏羲、文王画卦，孔子作《系辞》，在道之上又多出许多文字。但是易道千条万绪变化的条理，皆是太极实体。太极实体即一阴一阳之道，而不是朱子学以"所以然"为"道"。也就是说，罗钦顺认为"易有太极"不是指有一个"主宰物"在调节、控制天道的运行，而是说太极本身即是天道生生的运行，是有理的存在，亦即万事万物的根源，所以罗钦顺说"云'易有太极'，明万殊之原于一本也，因而推其生生之序，明一本之散为万殊也。"[4]万事皆原于"一本"，"一本"即指作为一阴一阳之道的太极实体。第二条引文也表达了同样的意思，"太极"生两仪、四象、八卦是太极本身蕴含的内在法则，有"太极"便有生化运动，这是自然运行的道理。所以，圣人从实体上指出此理，就是太极，而不是悬空立一个"理"。另外，罗钦顺质疑"然彼初未尝知有阴阳，安知有所谓太极哉？"也充分证明太极与阴阳不能为二，[5]"太极"不是无形体存在的理，而是与阴阳在根源上为一体的，一阴一阳的运动即是太极之体的流行发用。

---

[1]（明）罗钦顺：《困知记》续卷下，第109—110页。

[2]（明）罗钦顺：《困知记》卷下，第42页。

[3]（明）罗钦顺：《困知记》续卷上，第93页。

[4]（明）罗钦顺：《困知记》卷上，第6页。

[5]（明）罗钦顺：《困知记》续卷上，第72页。

由此可见，罗钦顺提出的"太极实体""道之实体"是指天道本身，天道由一阴一阳的运动构成，并不是指作为形上实体的"理"，因此其立论角度和方法就已经不同于朱子学理气论。罗钦顺肯定天地万物的存在中没有超越气的存在，但是"气"本身是有理的存在，"理"是内在于气的"理"。也就是说，万物之本是气，但这个气是有理之气，在此意义上，理气一物得以成立。罗钦顺在早年已提出"盖通天地，亘古今，无非一气而已。"[1] 这是以气为宇宙运行的实在，但是气的升降循环产生了天地万物，人事日用，其运行就是"理"的体现，因此罗钦顺说"千条万绪，纷纭胶轕，而卒不可乱，有莫知其所以然而然，是即所谓理也"，[2] "理"是气之运行的条理，保证了气的运行不乱，而不是其"所以然"，故罗钦顺强调"理只是气之理"，不仅指"理"是气的主宰和根据，而是将内在地具有"理"的气作为宇宙实体。"气"之往来本身就是有理的存在，即天道的运行，所以罗钦顺又通过"天人本无二"进一步表明其"理气一物""理只是气之理"是本来为一，而不是后天的"合一"：

> 人呼吸之气，即天地之气。自形体而观，若有内外之分，其实一气之往来尔。程子云："天人本无二，不必言合。"即气即理皆然。[3]

人的呼吸之气与天地之气虽有内外之分，但是本无二致，是一气往来。程颢说"天人本无二"，因此不必说"合"，"合"难免有人为以及后天的意味。罗钦顺特别补充了一句"即气即理"皆然，也就是说理气是本无二的。郑宗义论及"一元化"时所说的"本一"，就是从"天人本无二"这个角度来说的。

换言之，只有在根源上承认理气无二，才能保证天道的运行作为万事万物的生化根源。罗钦顺虽然不满朱子的"理气二物"说，却有向朱子的"道体论"

---

[1]（明）罗钦顺：《困知记》卷上，第5—6页。

[2] 同上，第6页。

[3]（明）罗钦顺：《困知记》卷下，第55页。

回归的倾向。相比于朱子，罗钦顺的"道为实体""太极实体"等观念统摄了理气，是理气的总体。从这个意义上说，罗钦顺的理气论所反映的宇宙论和天道论总体上仍然尊程朱之学，并没有违背程朱之学在宋明理学中奠定的根本性思维，即天道是万物和人事的最终根源，这一点不仅是宋明理学的传统，也是中国哲学天道论的思维方式。例如罗钦顺说"天地之化，人物之生，典礼之彰，鬼神之秘，古今之运，死生之变，吉凶悔吝之应，其说殆不可胜穷，一言以蔽之，曰'一阴一阳之谓道'。"[1] 在解释天地之化，人物之生，古今之变的问题上，道是世间万物产生变化，生生不息运行的根源所在。只是在宋明理学中，不同立场的焦点分歧在于，万物的根据和价值根源是否一定要建立在无声无臭的"理"的立场上。

至少在朱子那里，正如田智忠指出，朱子也有一元化的道体论，但是总体上朱子仍然重视理气先后的二元论，[2] 在本原上必须以理气为二物，在现实结构层面强调理气不离不杂，"理"是独立自存作为万物依据的实体，是形而上之道，气是形而下之气。而罗钦顺没有采取理气先后的二元论，而是采用了理气一物的一元论，认为理气在天道层面本来为一物，这就是道之实体亦即太极实体，理气的论述是为天道论而服务。一阴一阳之气的运动即天道生生运行本身是作为实体的存在，因此是理是本来意义上、在根源上内于其中的。道之实体、太极实体之所以能成为万物之根据和价值的本源，源自于天道生生内在具有"理"。因此，罗钦顺与朱子的相同之处是皆重视"理"，但是不同之处在于"理"的存在方式，朱子以"理"为实体，而罗钦顺以内在有理的气构成道体。至于存在结构上理气关系如何，朱子以理气不离不杂解释，而罗钦顺那里就不存在本原与现实存在的分立，关于这一点，罗钦顺倾向以"理一分殊"来解决现实存在中人物、人性的差异问题，从而避免理气二分。故"理气一物"

---

［1］（明）罗钦顺：《困知记》卷上，第 14 页。

［2］ 田智忠：《当"道体"遭遇"理本"——论朱子"道体论"的困境及其消解》，《哲学研究》，2020 年第 4 期，第 82—89 页。

不意味着"理"的超越性消减，因为在经历了"理"的去实体化以后，罗钦顺以"道体""太极实体""理气一物"为核心建构了一套天道实体观，作为万物的存在根据和价值的根源。

结语：罗钦顺"理气一物"说的思想意义

综上，罗钦顺的理气论旨在修正朱子的理气二物论，以达到理气归一，但是罗钦顺其实在出发点上就误解了朱子，朱子的理气论既有一物的层面，又有二物的层面，从本原上朱子讲理先气后为二物，从现实构成上讲理气不离不杂，既是一物又是二物。由此而言，罗钦顺的理气一物说就不是在朱子学理气论的框架内部来解决朱子学理气论中的问题，而是溢出了朱子学理气论的范围。而且，以诸如"理气一元""理气合一""理气不离"的论断描述罗钦顺的理气论，也不是罗钦顺的本意。罗钦顺主张理气论不能以离与合来看待理气问题，因为"离合"必须预设理气为二的前提，由此才能谈离与合的问题。

罗钦顺"理气一物说"旨在强调根源上的"一"，是内在的"本一"，而不是后天的"合一"，这个思想从表面上突破了朱子学理气论，却在根本思维方式上未脱离以程朱理学的宇宙观和天道观。对此问题，学界长期以来主张罗钦顺是气学思想或者是理学到气学的过渡，因为罗钦顺的理气论出现了"去实体化"的倾向，不再以"理"作为万物之根据的形上实体，而是以气为第一性的实体。然而，"理"的"去实体化"同时也意味着彻底改变，甚至造就了罗钦顺不同于朱子学理气论的思维方式。罗钦顺不再以"理"作为不杂于气又不离于气的实体，而是将"理气一物"作为宇宙论和天道论的根据，表达了以道之实体、太极实体为核心观念的"实体观"。道之实体、太极实体由阴阳之气构成，而且本身就是有理的存在，天道生生运行即是道之全体，是宇宙万物的根源和价值的依据。它并不是无声无臭，感官无法把握的形上实体，而是理气一物的天道实体，存在于天地间。这一点反而与朱子的"道体论"的思维方式接近。

　　将罗钦顺定位于理学、气学、心学三分架构下的气学也不够准确，罗钦顺所谓的"实体"内在地已具有理，在根源上就是理气一物的，而不是仅仅以"气"为实体。由此，将罗钦顺归于朱子学的修正派，或未离开朱子学理气论的基本立场，也值得再思。杨儒宾、马渊昌也通过气论的分类，将罗钦顺归于理学的气论或先天型气论，其主要理据是罗钦顺在理气问题上修正了朱子，不过在工夫论、心性论等问题上仍然继承了朱子。林月惠对杨儒宾的气论分类提出质疑，认为气论不能作为单独一派独立于理学和心学，只具有描述意义，[1] 并指出罗钦顺的理气论在根本仍然不离朱子的理气不离不杂说。[2] 其实所谓的"气论"或"气学"可以有两个层面上的意义，作为历史上的思想学派来说，气学之于心学、理学并没独立意义，因为所谓的气学家并没有内部的自我认同，特别是明代中期的气学家，对朱子和阳明皆有不满，却没有形成一个思想团体以及明显的师承脉络。林月惠的批评的价值在于提示，气或理气这一套宋明理学的论述也许只是理论的工具，如果以得鱼忘筌的例子来看，[3] 理气论只是筌，还不是最终的筌，理气的论述是表达天道由何构成，有何特点的工具，它还不是最终要得到的鱼，最终要得到的鱼是天道，天道可以由天理来表达，也可以由理和气的整体来表达。总体上皆没有超出宋明道学或广义理学的范围。所以，气也可以作为一种思想方法，在这些意义上，气学从根本上与理学、心学不是互斥的，而是为理学与心学共享的。[4] 罗钦顺的理气思想虽然旨在修正朱子学的理气二物论，但事实上罗钦顺也

[1] 林月惠，《"异议"的再议——近世东亚的"理学"与"气学"》，《东吴哲学学报》第 34 期，第 97—144 页。

[2] 同上，第 116—117 页。

[3] 这一反思参考了郭晓东的一篇文章，他认为张载的气论"借'气'来阐明其对道体的理解，但'气'充其量只是'筌'而不是'鱼'。"见郭晓东：《道学谱系下的张横渠"气"论研究》，《复旦学报》(社会科学版)，2006 年第 5 期，第 87 页。

[4] 张岱年很早就指出了这一点，气论是朱子理学的气论，也可是阳明心学的气论。见氏著：《中国哲学大纲》第一部分第七章《气论二》，北京：中国社会科学出版社，1982 年，第 76 页。

没有坚持朱子学的理气"不离不杂"之说，而是已经转换了另一种思路，将理气一物收摄于"道之实体"之中，以理气整体作为万物之存在根据，天道是世间万物和人的构成本源这一点并未改变，只是用来表达天道的不再是理，理原本就内在于气之中，构成了天道的整体。

总之，罗钦顺的理气一物说已不同于朱子学理气论的架构。但问题是，定位一个思想家并不是完全根据理气论，而需要结合工夫论、心性论等方面。仅根据罗钦顺的理气论难以断定其与朱子学的关系。由工夫论和心性论来看，罗钦顺仍然是广义上的程朱理学继承者，这一点恐怕是学界早已认同的。最后要强调的是，本文的主旨在于厘清这样一个观点，"理"的去实体化同时意味着罗钦顺以"理气一物""道为实体""太极实体"等实体观念，建构了一套不同于朱子学理气论的天道"实体观"，天道作为实体存在内在具理，是万物的依据和价值根源，这在宋明理学史上具有重要的理论意义。

试论刘宗周的"格物"思想

高海波*

摘　要：在刘宗周对《大学》的解释中，"格物"是一个非常重要的问题。本文试图从文本与哲学立场两方面来梳理刘宗周的格物思想。在文本层面上，受王艮的影响，刘宗周通过万物一体的思想将"格物"与"物有本末"贯通起来，认为"格物"之物就是"物有本末"之物。通过本末之辨，将格物限制在"修身"的范围内，反对泛求物理。在哲学层面，刘宗周将"格物"之物解释为"良知之真条理"，至善，独体，意根，"无物之物"，认为"物即是知，非知之所照"，完全将物内化。同时，为了避免由此带来的"偏内遗外"倾向，刘宗周通过"理一分殊"，"体用一原"的方式，阐明了内在的道德本体（物）与外在的道德活动（身，家，国，天下）的关系。

关键词：刘宗周；格物；良知；理一分殊；体用

　　自程朱极力表彰《大学》,《大学》一书逐渐成为宋明理学家阐发思想的一个

＊　**作者简介**：高海波，清华大学人文学院哲学系副教授。

主要文本依据，从而关于《大学》的诠释也是层出不穷。而在众多诠释中，对"三纲八目"中的前四目（即格物、致知、诚意、正心）的解释又构成整个《大学》诠释中的重点和难点，分歧往往由此而发生。在这四者当中，"格物"的解释恐怕又是争论最多的，刘宗周曾说："格物之说，古今聚讼者有七十二家。"[1]出现这种情况的原因，一方面是由于《大学》文本本身所具有的模糊性，给诠释留下了很大的空间。尤其是朱子《大学章句》出来以后，"格物""致知"是否缺传问题又成了争论的一个焦点。的确，按照朱子《大学章句》的理解，仅就大学之原文，并不能直接看出可以作为"格物""致知"传的文字。而与之相反，其他六条目都可以在文本中找到明确的对应文字，所以朱子才会另外补一个"格致传"。后来阳明《大学古本旁释》出来以后，又认为"格致"未尝缺传，而以"瞻彼淇奥"以下数节引诗之言作为"格致"之传[2]，从而认为朱子"格致"补传为无谓。阳明的这个诠释角度，在明代中后期有重要的影响。[3]这一层次的争论我们姑且可以看作是文本层面的。当然，我们不是说，这些诠释仅仅与文字有关，而在背后没有其哲学的立场作为根据。而是说，从这个角度，可以作一个方便的区分，便于我们厘清问题。另一方面，之所以会出现这些不同的诠释，也是由各自的哲学立场所决定的。我们做这两个层次的划分，也并非没有客观依据，实际上在对古代文献的诠释上，的确存在这两个向度：一方面，诠释者不能完全脱离文献而随意发挥，自说一套，所以，诠释者会注意到是否符合"本文"这一客观要求。另一方面，诠释者的哲学立场，对于文本的解释，的确也会发生极大的影响。[4]

---

[1] 戴琏章、吴光主编：《刘宗周全集》，第一册，台北"中央研究院"文哲研究所筹备处，1996年，第771页。以下简称《全集》。

[2] 吴光等编校：《王阳明全集》，上海：上海古籍出版社，2014年，第1194页。

[3] 比如高攀龙也认为《大学》未尝缺传，不分经传，只是六段文字。（《全集》，第一册，第753页）

[4] 例如，朱子到阳明、刘宗周对《大学》的解释中心，就表现出一个由"格物"到"致知""诚意"的转换。这既表明理学道德实践过程的深化，同时从中也可以看出，对《大学》的解释，的确与各理学家的哲学宗旨有关。

一

以上我们主要从两个层次说明《大学》中"格致"所以会引生出众多争论的原因。刘宗周对大学"格致"的解释，实际上也包含这两个方面。不过，我们在此不打算讨论他的"致知"说，而只想探讨他的"格物"思想。

一般说来，"格物"这个概念，本身就包含两个方面，即"格"与"物"。不管是朱熹还是王阳明，在解释"格物"的时候都要将这两个方面说清楚。比如，朱子训"格"为"至"，训"物"为"理"，这样格物就转变成了"穷至事物之理"，即"穷理"。阳明不同意朱子的解释，训格为"正"，而将"物"解释为"意之所在"，这样"格物"就变成了"正念头"。在刘宗周的解释中，对于"格"字本身的关注比较少，他的立场似乎接近朱子，认为训"格"为"至"较妥帖。在《大学杂言》中，他说：

> "格"之为义，有训"至"者，程子、朱子也；有训"改革"者，杨慈湖也；有训"正"者，王文成也；有训"格式"者，王心斋也；有训"感通"者，罗念庵也。其义皆有所本，而其说各有可通，然从"至"为近。[1]

由此可以看出，刘宗周并不反对朱子将"格物"解释为"穷理"。他说："'格物'不妨训'穷理'。"但这并不表明，他在实际立场上和朱熹一致。他在做出上述说法后紧接着说："只是反躬穷理，则'知本'之意自在其中。"[2] 可见，他将"穷理"转向了"反躬"一面，即由泛穷事物之理转向了反躬近里之一面。因此，他

---

[1]《全集》，第一册，第 771 页。

[2] 同上。

尽管承认"格物"可以训为"穷理",但这只是在形式上认同此解释。在实际内容上,他对"穷理"的理解已经不同于朱子,而接近于阳明。这可以从他对朱子、阳明"格物"说的评价上可以看出来,刘宗周说:

> 朱子格物之说,置身于此而穷物于彼,其知驰于外,故格致之后,又有诚正工夫。阳明格物之说,置身于此而穷物于此,其知返于内,故格致之时,即诚正工夫。要之,格致工夫原为诚正而设,诚正工夫即从格致而入,先后二字皆就一时看出,非有节候,是一是二,自可理会。[1]

尽管此处夹杂着"致知""诚意""正心"来讨论"格物",但是我们可以清楚地看到,刘宗周反对朱子"置身于此而穷物于彼"的做法,而肯定阳明"置身于此而穷物于此"的立场。在他看来,"格物"不能驰求于外物,而必须与"诚意""正心"紧密结合起来,即"格物"要与身心修养发生关系。这样,朱子格物所包含的客观知识论内容就被消解掉了,而牢牢限制在道德实践的范围内。

之所以会有这样的情况发生,关键在于刘宗周对"格物"之"物"字的理解有其根本特色。若不了解刘宗周对此"物"字的解释,则不可能了解其"格物"思想。

二

刘宗周对"物"的解释,其特点之一,即在于他在解释《大学》经文时,力图将《大学》经文中"格物"之"物"字和"物有本末"之"物"字统一起来。

---

[1]《全集》,第一册,第770页。

崇祯辛未（1631），刘宗周与陶奭龄共举证人之会。在第一会上，弟子章晋侯举《大学》经文两"物"字向刘宗周质异同，刘宗周答曰：

> 盈天地间，只此一物，更无二物，自其分者言，物物各具一太极；
> 自其合者言，万物统体一太极也。[1]

刘宗周首先肯定天地间只有"一物"，也就是说《大学》经文中前后两个"物"字内涵一致。其内涵是什么呢？显然在刘宗周看来，"格物"并非是去穷究事物的物理属性，而是要探索蕴含于事物中的"太极"。在这里，他借用了朱子"统体一太极，物物一太极"的说法来阐发自己的看法。刘宗周的这个说法引起了有些人的疑问，有人问："格物工夫，从万处用？从一处用？"刘宗周回答说："《大学》言'物有本末'，一者，本也。举其本而末自该，非物物而格之之谓也。"[2]这样，刘宗周就把两个"物"字贯穿起来。也就是说，"格物"并非要"物物而格之"，而是要区分本末。在本和末之间，"格物"的重点当然要落在"本"上。从一和万的关系上来说，一为本，万为末，重点也要在"一"上用格物工夫。如此，"举本而末自该"，根本用不着"物物而格之"。

从上面可以看出，在文本上，刘宗周力图将两个"物"字统一起来。这个层次我们可以称为文本的层次。[3]从这个角度，他不满意朱子和阳明对"物"和"知"的解释：

> 致知在格物，则物必是"物有本末"之物，知必是"知所先后"之
> 知。……乃后儒解者，在朱子则以物为泛言事物之理，竟失"知本"之

---

[1]《全集》，第二册，第652页。
[2] 同上。
[3] 刘宗周在批评阳明对《大学》的解释时，很强调"本文"，如"果是《大学》本文否？"（《全集》，第二册，第499页）

旨；在王门则以知为直指德性之旨，转架"明德"之上，岂大学训物有二物？知有二知？[1]

首先，刘宗周明确指出"格物"之"物"就是"物有本末"之"物"。《大学》明明说"物有本末""修身为本""此谓知本"，如此，"格物"之内容必与"修身"关联，这样才算得上"知本"。那么"格物"之"物"就不能像朱子所说的那样，仅仅是"泛言事物之理"。朱子那样做就是在"格物"时不分"本末"，也就谈不上"知本"了。所以要兼顾"物有本末"和"知本"，对"物"字就不能做如此宽泛之理解。此"物"字必须是在本末之辨中具有根本性质的东西。所以他反问朱子，难道《大学》中所说的"物"字会有两个意涵吗？即，如果承认前后两"物"字内涵一致，结合"物有本末""知本"，则必不能如此解释"格物"。除非朱子把前后两个"物"字解释成不同的意涵。可见，他很坚持"一以贯之"的字义训释原则。他也用同样的文献方法来反对阳明：在他看来，《大学》中的"知"字也应该具有一致的内涵："致知"之"知"就是"知所先后"之"知"。但是在王门，却将"致知"之"知"解释成"直指德性"的良知，而不同于"知所先后"之"知"。这不也是说《大学》中的"知"也有两个"知"，即具有两种内涵了吗？所以他认为阳明将"致知"之"知"解释成"良知"不够有融贯力，而且有将"良知"转架于"明德"之上的"叠床架屋"之嫌。[2]

刘宗周对"物"字的解释，可能受王艮启发。王艮认为，在"格物"的时候，首先要搞清楚什么是物，他说："身与天下国家一物也，惟一物而有本末之谓。"[3]这与刘宗周"盈天地间，只此一物"的说法比较相似。按照刘宗周对文献

---

[1]《全集》，第二册，第521页。

[2]《全集》，第三册，第454页，《答史子复二》中，有一段话与之类似，可参看："阳明子之言良知，从'明德'二字换出，亦从'知止'二字落根，盖悟后喝语也。而不必以之解《大学》，以《大学》原有明德知止字义也。今于一章之中，必分格物之'物'非'物有本末'之'物'，必分'致知'之'知'非'知本''知止'之知，且犹以为不足也，必撰一'良'字以附益之，岂不画蛇添足乎？"

[3]（清）黄宗羲：《明儒学案》卷三十二，北京：中华书局，2008年，第723页。

中前后所出现词语内涵一致性的要求，他当然不会忽视《大学》"修身为本"的提法。自然在他的"格物"说中，"身"也应该是"物有本末"之"本"之物。所以他曾明确地对王艮的"格物说"表示赞许：

> 后儒格物之说，当以淮南为正。曰："格知身之为本，而天下国家之为末。"予请申之曰："格知诚意为本，而修其治平之为末。"[1]

也就是说，在他看来，王艮以"身"为"物"之"本"的说法并没有错。不过，他认为王艮将"本"仅仅停留在"修身"上尚不够深入，还必须进一步将"修身"归到"诚意"这个本中之本上。这是与他的"诚意"思想有密切关联的，这在后面我们还会讨论到。

三

阳明曾经曾提出四句教："无善无恶心之体，有善有恶意之动，知善知恶是良知，为善去恶是格物。"刘宗周对此很不满，他提出了自己的四句教，即"有善有恶者心之动，好善恶恶者意之静，知善知恶是良知，为善去恶是物则。"刘宗周四句教之第三句，与阳明之第三句同，表明他基本认同这个提法。而他的第一句"有善有恶者心之动"，似指现实人心之活动。刘宗周对此有解释：

> 心何以有善恶？周子所谓"形既生矣，神发知矣，五性感动而善恶分，万事出矣。"正指心而言。[2]

---

[1]《全集》，第二册，第529页。
[2] 同上，第459页。

就是说，我们在具有了肉体生命以后，精神就会表现为知觉活动，人所本有的"金木水火土"的五行之性为外物所感以后，如果不能得其正当的发用，自然会产生善恶之不同情状。同时，心落实到各种日常活动中，就会形成所谓的"万事"。刘宗周此处是就现实经验层面来讲人心，以此反对阳明"无善无恶心之体"的说法。

第二句"有善无恶意之静"则是刘宗周所着意强调的。刘宗周对此有解释：

> 意者，心之所发，发则有善恶，阳明之说有自来矣。抑善恶者意乎？好善恶恶者意乎？若果以好善恶恶者为意，则意之有善而无恶明矣。[1]

> 意者，心之所存，非所发也。朱子以所发训意，非是。传曰："如恶恶臭，如好好色。"言自中之好恶一于善不二于恶。一于善不二于恶，正见此心之存主有善而无恶也，恶得以所发言乎？[2]

> 意为心之所存，则至静者莫如意。乃阳明子曰"有善有恶者意之动"，何也？意无所为善恶，但好善恶恶而已。好恶者，此心最初之机，惟微之体也。吾请折以孔子之言。易曰："几者，动之微，吉之先见者也。"谓"动之微"，则动而无动可知；谓"先见"，则不著于吉凶可知；谓"吉之先见"，不沦于吉凶可知。曰："意非几也。"意非几也，独非几乎？[3]

阳明承袭了朱子对"意"的解释，在他看来，"意"是落于意念层面的人心之活动，如果用"已发"和"未发"的概念来对应的话，意为"心之所发"，即"已发"。这个层次上的意念活动当然会有善恶之区分。刘宗周反对阳明对"意"的看

---

[1]《全集》，第二册，第522页。

[2] 同上，第390页。

[3] 同上，第459页。

法，他认为"意"并不是"心之所发"，而是"心之所存"。根据《大学》"诚意"传，他认为"意"是好善恶恶的心体之最初意向，即深微的道德定向，所以尚不是落于善恶对待的念头，乃是"惟微之体"。此"惟微之体"，也就是《易传》所说的"几"。但《易传》的"几者，动之微"之"动"字，从字面上容易被理解成具体时空中之活动，属于经验层次。而刘宗周则指明此"动之微"之"动"为"动而无动"，乃本体、本心之觉知活动，也就是"复其见天地之心"之动，非时位之动静。如此，虽动而实静，所以刘宗周说"至静者莫如意"。

唯有第四句"为善去恶是物则"则不易了解，此句显然是针对阳明四句教中"为善去恶是格物"而来。按照我们的理解，"为善去恶是格物"本来当无大弊，刘宗周为何还要改此一句呢？也许有一段话可以为我们提供其中的一点消息。

> 晋侯复举经文两物字质异同，余曰："盈天地间，只此一物，更无二物，自其分者言，物物各具一太极；自其合者言，万物统体一太极也。"或问："格物工夫，从万处用？从一处用？"……一生因问："文成为善去恶之义如何？"余曰："人性本善，其有时而恶，气拘物蔽之病耳。文成言致良知于事事物物之间，非直以为善去恶当格物。"[1]

这段话实际上在讨论格物问题，其前半部分我们已经引用并讨论过。在其后半部分中，刘宗周的学生曾就阳明四句教中的"为善去恶是格物"的"格物"说请刘宗周给出评价。从刘宗周的回答来看，他明显不满意用"为善去恶"来表达"格物"的内涵。相反他似乎倒是认同阳明"致良知于事事物物之间"的提法。照这句话的意思，刘宗周似乎认为"为善去恶"并不能表明其中有一个纯善的主宰在活动、发用，而"致良知于事事物物"则具有这种意味。两者相较，"致良知于事事物物"更能显示良知作为一个善良意志在现实道德实践活动中的主宰作用，

---

[1]《全集》，第二册，第652页。

因此更具有根源性。除此以外，刘宗周还反对阳明用"格去物欲"的说法来解释"格物"。刘宗周说：

> 程子云：凡言心者，皆指已发而言，是以念为心也。朱子云：意者，心之所发，是以念为意也。又以独知偏属之动，是以念为知也。**阳明子以格去物欲为格物，是以念为物也。**后世心学不明如此，故佛氏一切扫除，专以死念为工夫……[1]

这段文字本身是批评"念"的，但从中也可以看出，在"格物"的问题上，刘宗周反对阳明"格去物欲"的说法。他认为阳明是"以念为物"。实际上，"格去物欲"的说法与"为善去恶"的说法具有相通之处，即，都是强调在念头上做工夫。而这恰恰是刘宗周所反对的，他说：

> 学者但知穷理为支离，而不知同一心耳。舍渊渊静深之地，而从事于思虑纷起之后，泛应曲当之间，正是寻枝摘叶之大者，其为支离之病，亦一而已。[2]

从这里我们可以看出，在刘宗周那里，格物并非像阳明"正其不正已归于正"那样，强调纠正不道德的念虑，而似乎更倾向于体认思虑未发时的心体。如果"物"不是指"意之所在"的念头，而是指"渊渊静深"的心体，则"格物"之"格"，当然训为"至"字比较妥当。

通过上面的分析，刘宗周"物"之概念开始慢慢清晰起来。那么，"为善去恶是物则"中的"物则"究竟做何解释呢？《诗经·大雅·烝民》曰："天生烝民，有物有则，民之秉彝，好是懿德。""物则"当出于此，表示人所禀有的内在

---

[1]《全集》，第二册，第495—496页。
[2] 同上，第354页。

道德原则。显然"物则"不能仅仅指外则事物的条理秩序。即使将"物则"理解成物理，那么，也是就道德实践而言，非仅仅泛言物理。刘宗周可能就是取此意，他说：

> 知之为言良也，以其为此意之真宅也，故曰："诚意先致知"；物之为言理也，以其为此知之真条理也，故曰："致知在格物"。物有善恶，而其初则本善无恶；理有万殊，而其本则至一而不二。真格物者，非精非粗，非内非外，正是天命之性一直捷津梁，故《大学》以之为第一义，信非诬也。[1]

原来，物就是理，而且是"知之真条理"。"物有善恶"似指念虑发生以后现实中的善恶之事，但这似不是刘宗周"物"字之内涵。在刘宗周看来，"物"之初始状态是"有善无恶"的。既然"物之为言，理也"，则"格物"当然就是"穷理"，难怪他会认同朱子"格物"的训释。但是，此处从本质上说，已不是朱子学的解释。理乃"此知之真条理"，反而是在用朱子学的理论来结合阳明的良知，讲一套心学理论。这是与他强调格物必须与修身紧密联系起来的立场相一致的。

由此我们可以见出"物则"的真正含义：物则就是理，格物就是要穷至我们良知的真条理。而现实中的"为善去恶"实际上是我们依照良知之真条理（物则）为准则而判定的。若没有此"物则"，则如何能真正为善去恶？这也就是他更加肯定阳明"致良知于事事物物"的讲法之原因。有趣的是，他还认为阳明的这个说法，完全来自朱子：

> 格物之说，相传有七十二家，其最著者，为以"至"训"格"，朱子是也。以"去"训格，慈湖及许恭简师是也。以"式"训"格"，阳

---

[1]《全集》，第三册上，第388页。

明是也。以"感通"训"格"，念庵是也。念庵与朱子相近，慈湖与阳明相近。然就《大学》本文熟玩之，终以朱子说为长。物有本末，将从何项格去？从诚正来，何必增格式？起手在此，将从何地感通？但朱子泛求物理，不免游骑无归，少疏"知本"之义耳。然如补传所云，"莫不因其已知而益穷之，以求至乎其极"，何尝非阳明"格物之极，止至善而已矣"之意？阳明云"致良知于事事物物之间"，全是朱子说。而又云"格其不正，以归于正"，则又兜揽在正心项下矣。岂"欲正其心者"，究竟只在去其心之不正，以归于正乎？

这段话，一方面印证了刘宗周反对阳明"正其不正，以归于正"的格物说，另一方面也表明相比较而言，他更认同阳明"致良知于事事物物"中的说法。所以，刘宗周之格物说更强调的是对于内心道德原则的体察，而非在念虑发作以后进行纠正和拦截。

这样看来，"物"完全被刘宗周收摄到道德良知之中，不再是外在客观之物，而是主体在进行道德活动时，内心所呈现的道德原则。关于此良知之真条理，刘宗周对于一念未起之先的描述，也许可以有助于我们对此的了解：

独体惺惺，本无须臾之间，吾亦与之无间而已。惟其本是惺惺也，故一念未起之中，耳目有所不及加，而天下之可睹可闻者，即在于此。冲漠无朕之中，万象森然已备矣，故曰"莫见莫显"。[1]

也就是说，尽管此为一种内在的道德原则和感受，但在刘宗周看来，这也应该是物，而且这个物更为根本。[2]把内在体验到的道德原则称为"物"，也并非出于

---

[1]《全集》，第二册，第351页。
[2]刘宗周有时候用"慎独"来统格物，在这种情况下，"物"就是指"不睹""不闻"的独体，格物就是慎独，这点我们在后面将会讨论到。

刘宗周的创造。伊川在回答苏季明的中和问答中就曾经说过:"谓之静则可,然静中须有物始得。"[1] 显然小程也是把静中的道德知觉之内容称为"物"。在这种情况中,格物就是要努力做工夫,使我们真实无伪地体察"独体"中的条理,即森然之万象。因此在刘宗周这里,"物"即是理,即是"物则",而非外在之客观物,也不是形诸念虑的善恶夹杂之物。关于这点,刘宗周其实有很清楚的表达:

> 合心、意、知、物,乃见此心之全体,更合身与家、国、天下,乃见此心之全量。[2]
>
> 《大学》之教,只要人知本。天下国家之本在身,身之本在心,心之本在意。意者,至善之所止也,而工夫则从格致始。正致其知止之知,而格其物有本末之物,归于止至善云耳。格致者,诚意之功,工夫结在主意中,方为真工夫,如离却意根一步,亦更无格致可言。故格致与诚意,一而二,二而一。[3]

此"物",在第一条中为"心"之内容,故非外在之物。当然,在心学中,心不能离物,物也不能离心。但,即便如此,也必须有所分辨:如果按照阳明"意之所在为物"的说法,也可以说物在内心。但刘宗周所说之"物"却不同于阳明,在他那里此"物"是知之真条理,也是"知中最初之机",是"体物不遗之物",也就是"独"体。岂不是完全内收到极点?所以刘宗周说"物即是知,非知之所照"。同时,在刘宗周确立了"诚意"宗旨以后,"意"成了"心之本",自然"物有本末"之"本"就从"身"转到"意"上。这时候,"格物"就是在"意"上用工夫。"格致"与"诚意"也就变成"一而二,二而一"的了。在阳明那里,物是"意之所在",是良知照察之对象,所以有善有恶。道德实践过程表现

---

[1]《全集》,第二册,第 237 页。

[2] 同上,第 481 页。

[3] 同上。

为，以良知作为主宰，去觉察心中的善恶念头，从而着实地"为善去恶"。所以阳明自然会认为格物就是"正其不正以归于正。"而在刘宗周，"物"就是知，就是"物则"，是"理"，是"知之真条理"，是"独"，是"体物不遗之物"，则当然"格物"之"格"训"至"为近。"格物"就是要时刻在未发的独体和知体上用工。用刘宗周的话来说，就像在下棋中一样，这种做法为"先着"，为"了着"。而当念头发动时，再去用"为善去恶"的工夫，就只能是"落后一着"，而非究竟工夫。

有时候，刘宗周也会将此"物"称为善。在《原学上》中他说：

> 古之言《大学》者，莫的于孔门，而载在《大学》为独详。《大学》首言"明明德"，又言"明明德于天下"，何也？心本明，故日"明德"，**其理则至善是也**。学者，觉也，亦日效也。效其心而觉，觉此者也，故《中庸》亦日"明善"。**善之理一，而散于物有万殊，格物致知，所以明之也**……乃格致之要，则其目有五：**善通天下以为量**，故不博不可以言学；学然后知疑，乃授之以问，问以问此善，故日"审"；问然后致疑，乃授之以"思"，思以思此善，故日"慎"；思然后愈疑，乃授之以辨，辨以辨此善，故日"明"；辨然后明，乃授之以行，行以行此善，故日"笃"……[1]

这里，刘宗周是扣紧《大学》"止于至善"的文本，以"至善"作为一个诠释核心来解释"格物"，所以"格物"就变成了"明至善"，从而与《中庸》的"明善"沟通了起来。在刘宗周那里，通过理一分殊的形式，"善"散于万殊之物中，"通

---

[1]《全集》，第二册，第332—333页。第502页也有一条曰：格物只是格其有善无恶之物。第373页，则曰："心、意、知、物，总是至善中全副家当"，既然是至善中之"全副家当"，则物有善无恶明矣。其实，在刘宗周那里，心、意、知、物起始均有善无恶，是一贯的血脉。这点在思维的结构上有点像龙溪，他解《大学》这四个条目，不是善恶夹杂，而是一以贯之的。

天下以为量"，格物就是要在每一事物中明察作为内心"至善"之表现的分殊之理。所以格物也并非是求客观外在之理，而是在道德活动中，在每一具体的场合和当下，去察明自己内心的道德原则。因此，这种明善并不是封守在内心的道德感受世界中，而不去接触外界事物。"物"作为最内在的"道德原则"，如果离开"通天下以为量"，则就没有呈现的形式，就会落空，变成"玄虚而荡"，所以才会有"博学""审问""慎思""明辨"的"格致"工夫。但是这五种工夫的中心却是"此善"。

刘宗周的上述一段话，不但说明了"格物"之内容为"此至善"。其实也可以从中看出，他是如何处理至善和散殊之物，即内和外的关系的。刘宗周把"物"收到"意"和"独"中，他必然要面对在内的道德原则，道德感受和外在世界的关系。按照一般的逻辑，物既然在内心深处，格物何必要到外物中去寻求？那这样不就会走向只重内向反省而脱略事物的道路吗？刘宗周其实对此有明确意识，我们看看他是如何解决这一问题。在《大学古记约义》中他说：

> 盈天地间皆物也。自其分者而观之，天地万物各一物也；自其合者观之，天地万物一物也。一物本无物也。无物者，理之不物于物，为至善之体而统于吾心者也。虽不物于物，而不能不显于物，耳得之而成声，目寓之而成色，莫非物也，则莫非心也。耳能辨天下之声而不可欺以清浊，吾因而致焉，并不可以欺以一切清浊，所以致吾心之聪也；目能辨天下之色而不可欺以缁素，吾因而致焉，并不可欺以一切缁素，所以致吾心之明也。致吾心之聪明，致吾心之良知也。良知之于物，如鉴之于妍媸、衡之于高下、规矩之于方圆也。鉴不离物而定妍媸，衡不离物而取高下，规矩不离物而起方圆，良知不离物而辨是非，一也。故曰："致知在格物"。然致吾心之聪，非无所不闻之谓也，闻吾至善而已矣；致吾心之明，非无不见之谓也，见吾至善而已矣。闻吾至善，返于无闻矣；见吾至善，返于无见矣，知无知矣。《中庸》曰："君子戒慎乎

其所不睹，恐惧乎其所不闻。"又曰："不动而敬，不言而信。"其要归于慎独，此格物真下手处。故"格物"即格其反身之物，不离"修"者是，而"致知"致其所性之知，不离"止"者是。经曰："物有本末"，传申之曰："修身为本。此谓知本，此谓知至"，可谓明白注疏，而后人犹以为缺略，盖亦未之考矣。……心非内也，耳目非外也，物非粗也，无物之物非精也，即心即物，非心非物，此谓一以贯之。[1]

此段为刘宗周《大学古记约义》中专门讨论"格致"的文字。因此，开始所讲"盈天地间皆物也"一段，无非想说明"格物"之"物"字。故可以视为我们对刘宗周"格物"思想理解的一个标准。笔者试着对这段话进行一下梳理：首先，笔者认为，"盈天地间皆物也"是用理一分殊的方式来说明"格物"之"物"，和"物有本末"。我们在前文曾引用过一段文字，与此很相似，也是来说明"格物"。那段文字是用"物物一太极，统体一太极"的方式来说明"物"以及"天地间只此一物"。可见，此"一物"是重在"太极"之性体上。在这一段中，"天地万物一物也"，也是将天地万物看成一物。"一物本无物也。无物者，理之不物于物，为至善之体而统于吾心者也。"是在阐发"物有本末"之"本"。何为本？"无物之物"，即是本，即是理。其文很明白："无物之物即理之不物于物者"。后面的"至善之体"应该是在解释《大学》经文中的"至善"。可见理是"至善"，而非泛泛之外物之理。但是，必须注意，此"至善"乃"统于吾心者也"。所以，依旧是将"至善"归到心体上。刘宗周很注重心的主宰和统会作用，他曾经说：

有万物而后有万形，有万形而后有万化，有万化而后有万心。以一心统万心，退藏于密，是为金锁钥；……止此一心，是名大统会。[2]

---

[1]《全集》，第一册，第760页。
[2]《全集》，第二册，第508页。

即使强调"至善"他也不忘记心之统会作用，如此，得此"大统会"，也就得此"退藏于密"的"金锁钥"了。所以牟宗三先生在《从陆象山到刘蕺山》一书中把刘宗周学问形态归结为"退藏于密"，自是有道理。此"统于心"之至善，就是《中庸》所说的"独体"，此"独体"就是"统于心"之"无物之物"。所以"格物"就是"慎独"，故文中说："慎独，此格物真下手处。"此"无物之物"虽然不受外物支配，但是却必须在分殊之物上才可以落实，也就是"不能不显于物"。此分殊之物乃道德实践活动之物，是经过道德心灵浸润的事件，所以其理乃是根于"无物之物"，即心体所具有的"物则"。所谓"物则"，即"有物有则"之"物则"，就是指理。所以"格物"是格其"反身之物"，并不能脱离"修身"。[1] 刘宗周又用良知和闻见的关系来说明心和外在事物的关系。良知必须在事物上显现，所以闻见之知也是一心所发，也是良知的表现。故而，闻见所显示之物，同时也就是心，即心即物，也可以说是非心非物。为什么这样说？物乃心物相融之现象，所以可以说"即心即物"。心和物在此相会，二者共同构成此显现之物，此时，此显现之物不单单是主观的心，也不单单是客观的物，所以可以说是"非心非物"。说是"心"，有"物"之内容，说是"物"，也非客观之物，而是经过了心之作用后形成之物。这样来说物，就是防止人们将心物二分。或专内而遗外，或逐物而遗心。但从根本上来说，是想将"格物"和"心"联系起来，进而与"致知"直接联系起来。格物并非是要求客观知识，最终还是要归到"良知"上。良知对是非来说就像鉴、衡和规矩，鉴、衡、规矩不能离开物体而"辨妍媸""取高下""定方圆"，同样，良知也不能离开事物而辨别是非。所以要致良知，不能空想良

---

[1] 这一点刘宗周意识特别明显，他曾批评朱子将格致和诚正分为两节，导致格物如"游骑而无归"。有时候他也承认一草一木的格物有其价值，但这种格物也不能是以求客观知识为目的，而应与心性发生关系。例如他曾说："自今观之，朱子言一草一木亦格其切于身者，如周子庭前草，谓其'与自家生意一般'便是。"（《全集》，第一册，第770—771页）

知，空致良知，必须落实在具体的"格物"中。但是，格物也并非是要听到、看尽天下所有事物，即博物以广见闻，寻求客观知识，而是要在事物上体察此心之"至善"，由外在的耳目之闻见反思"无闻""无见"的心体。耳目所闻见到的外在事物是"显"，所以可用"睹""闻"来说。但是，此时，在此道德实践活动中，内心的道德原则、道德觉知却是此耳目所不能闻见的东西，即《中庸》的"不睹""不闻"，也就是"独体"，故而"格物"就是"慎独"。由格物而得到的不是闻见之知识，而是"所性之知"，即关于道德的知识，也可以称为"至善"。

从这段话可以看出，刘宗周既将"格物"之"物"，归到内心之道德原则上，同时又力图避免偏内而遗外的倾向，强调此"无物之物"必须即物而显。这里须作一分疏：作为分殊的万物，每一事物当然有其自身之理。此理可分为性理、物理两者。物理不是刘宗周关注的对象。性理则与道德实践有关，应是刘宗周所关注的对象。但是，刘宗周讨论的重点也不在此，而在内心之道德原则、道德知觉与外在道德实践的关系。此道德原则、道德觉知，在刘宗周看来既是物，也是理。就其本身来说，不存在理和物是一是二的问题。此道德原则、道德觉知在道德实践过程中，就会显现在事物之上。这一过程，实际上是道德心分殊流贯、落实于道德活动上而显现其条理的过程。此时，格物仍是体察此理，而返回内心的道德原则、道德觉知。"不物于物，而不能不显于物"之"物"，并不是指外在的事物，而是"万物皆备于我"的"反身之物"。就"反身之物"来说，物就是理。但此"反身之物"必须在道德实践活动中，才可以显现，所以并不能脱离耳目闻见。而其发于耳目闻见，表现在外在世界中，就成为道德活动。这一过程就是"理一分殊"。根本上说来，就是由一颗道德心，发散为万理，呈现为万事，即事即理。此时可以说，事即理。尽管心本身在未发时"万象森然"，已经具有条理，但只是潜存之理，必须在道德实践活动中才能将其实现出来，让其发用，在发用过程中被明察，并得到亲切的体验。所以，道德心必须在实践活动中才可被体会，因此不能不借助闻见，仅仅靠静中体悟，或者悬想本体来获得。[1] 反之，在刘宗周看来，对道德实践活动的体认，也不能只落在闻见上，而必须明察此时不睹不闻的心体，时刻保持收敛，将一切道德反省都收归到内在之至善上，这就是"退藏于密"，此或是刘宗周"物"字之深刻内涵。实际上，这一过程，如果分析地说，表现在外在世界中的道德活动，可被称为用。但用并非没有内在的体作为根源，其不睹不闻的"独体"或"无物之物"就是其根源。而此体如果离开具体的道德实践活动（即用），其本身也没有存在之可能。实际上这是一表一里的关系，而不是前后的时间关系。所以刘宗周会认为"已发"和"未发"不是以时位言，而是以"表里对待"言，说白了也就是"体用"关系。这一结构，刘宗周又用"体用一源，显微无间"来表达。他说：

> 身者，天下国家之统体，而心又其体也。意则心之所以为心也。知则意之所以为意也，**物则知之所以为知也，体而体者也。物无体，又即天下国家身心意知物以为体，是之谓体用一源、显微无间**。又云：《大学》八条目，如常山之蛇，击其首则尾应，击其尾则首应，击其中则首尾俱应。[2]

这一段话，是对大学八条目的一个从体用角度进行的一个诠释。在《大学》中，"修身为本"。心又是身之主宰，故心为身之体。"体"，即本体意。而"意"作为"好善恶恶"之"几"又是心之主宰，所以意又为心之体。而"知"则是"意之精明处"，此"知"不仅"知善知恶"，而且"知好知恶"，故为"意之所以为意"者，也可以说即意之体。而据前文，"知"非一空洞的知觉，知觉必有其真条理，

---

[1] 刘宗周很反对空想本体，他在《与陆以建年友一》中说："道，形而上者。虽上而不离乎形，形下即形上也。故曰'下而学上达'……今世俗之弊，正在言复不言克，言藏密而不言喜心，言中和而不言慎独，言立大本而不言心之官之思，言致知而不言格物，遂不免离相求心，以空指道，以扫除一切为学，以不立文字，当下即是性宗，何怪异学之纷纷也！"

[2]《全集》，第二册，第457页。

这就是"物则",也可以称为"物"。这才是决定道德活动的最深层之体,可以称得上是"体而体者也"。但是,离开天下、国家、身、心、意、知,作为良知之条理之"物"将空洞无所依附。所以,"物"必须具体化在其他七个条目中,这也是"物"。"物"在刘宗周那里有时又被称为"善","物"体现在其他条目中就可以被称为"善通天下以为量"。此条中的"物无体"之"体"与前面"心又其体"与"体而体者也"之中的"体"字含义不同,而是"用"之意,或可理解为"具体"之"体"。"善"尽管是一内在的原则,可以说是体,但是此体亦必须有其用,而不悬空孤立之善,所以它必须在其他七个条目中才能获得具体化,即贯穿于其他七条目中。这就是"体用一源,显微无间"。刘宗周在另一处也有一段类似的话,或许可以让我们对此有更清楚的理解:

> 心无体,以意为体;意无体,以知为体;知无体;以物为体;物无用,以知为用;知无用,以意为用;意无用,以心为用。此之谓体用一源,此之谓显微无间。[1]

由此条可以看出,上条中"物无体"中之"体"乃实指"用"。

这种关系,有时候,刘宗周又用"心之无尽藏"来表示:

> 心中有意,意中有知,知中有物,物有身与天下国家,是心之无尽藏处。[2]

"知中有物",结合前面的论述,我们知道,此"物"乃知中之真条理。唯"物有身与天下、国、家",似与前述"物为知中真条理"处不太一致。实际上,也并不矛盾。尽管身、与天下、国、家也是客观之物。但是,此身与天下国家究竟来

---

[1]《全集》,第二册,第531页。
[2] 同上,第491页。

说，都是此一心所平铺而成，若无心，则何来天下国家之事事物物？这是就现象上看。就其理来说，身与天下国家作为道德实践中的对象，都各有其理，此理却来自于"知中之物"。故从分殊上说，物有天下、国、家。但此分殊之物实际上乃是以分殊之理为其存在之根据的，若无此分殊之理，则外在之客观事物的存在，对道德实践活动并无意义。这就是《中庸》所说的"不诚无物"。所以即使从分殊上来看，物也是理，此理也是心之条理之展现。故心是个无尽的宝藏，包括身内、身外所有事物之理。道德活动、人文世界中的一切之理都来自于心，来自于"不物于物"之"物"。

所以，在刘宗周那里，格物实际上就成了"明善"之等同语。此物为至善，为道德活动的原则，为良知之真条理，为理，为独体。当刘宗周发展出其"诚意"思想时，此物又可为"意根"。刘宗周虽将"物"收缩至内心深处，却并不因此偏内遗外，只关注内心，而忽略具体的道德实践活动。刘宗周为学宗旨在慎独，独体是贯穿动静，是无动无静的。所以格物的活动，不仅表现在独处时候的道德省察和体认，而且也表现在应事接物的实践过程中的道德体认。但不管是静是动，格物都是去辨明心灵深处最深微的道德本体。所以，刘宗周在其亲切体认法中会说："体天地万物为一本，更无本之可觅"。[1] 此"一本"，在刘宗周那里可以说是"独"体，可以说是"意根"，也可以说是"无物之物"。

四

通过上述分析，我们可以看出，刘宗周的格物思想其实非常独特。此特殊之处不在格物之"格"的解释，而在"物"字之使用。一方面，在文献的层次上，刘宗周吸收了王艮对《大学》的解释，坚持"格物"之"物"与"物有本末"之

---

[1]《全集》，第二册，第463页。

"物"内涵的一贯，发展出通天地万物为一物，一物之中有本有末的思想。另一方面，刘宗周反对阳明将"物"解释为"有善有恶"的意念，而将物向内收缩到内心深处，成为良知之真条理，也就是理，即"物则"。从而，在"格"字的解释上也反对阳明"正其不正而归于正"的说法，而采取朱子"至"字之训。不过他又用格其"反身之物"将"格物"限定在身心修养的范围内，避免了朱子泛然穷外物之理的趋向。在有些情况下，刘宗周又把物解释成独体、意根、"至善"，格物就与慎独、诚意、明善沟通起来。但是刘宗周在将此物收缩到极致的同时，又通过心物不二、体用一源，显微无间、理一分殊等形式，推到万物之中，避免了偏内遗外的倾向。

清初朱子学者的"即物穷理"与"心即理"之辨

张天杰[*]

张天杰*

摘　要：朱子学以《大学》"格物致知补传"为代表的"即物穷理"，被王阳明所彻底质疑，"心即理"的理路与"致良知"的具体工夫论转向，事实上并未能说服朱子学者，从明中叶到清初都在不断作出新的辨析。以张履祥、张烈以及熊赐履、魏裔介为代表的清初朱子学者，在"即物穷理"与"心即理"之间的精细辨析，则为更好地理解朱子、阳明二学工夫论之异同，提供了丰富的思想资源。

朱子承继于二程子而说"事事物物皆有定理"，特别是作了《大学》的"格物致知补传"："所谓致知在格物者，言欲致吾之知，在即物而穷其理也。……即凡天下之物，莫不因其已知之理而益穷之，以求至乎其极。至于用力之久，而一旦豁然贯通焉，则众物之表里精粗无不到，而吾心之全体大用无不明矣。"[1] 于是"即物穷理"之说，便成为程朱一系的标志性修养工夫。王阳明曾经也依照朱

---

　*　**作者简介：**张天杰，杭州师范大学哲学系教授，主要研究宋明理学、明清思想与文化。
[1]　（宋）朱熹：《四书章句集注》，北京：中华书局，1983年，第6—7页。

子之说进行"格竹",然"劳思致疾"而不得其理,于是说"天下之物本无可格者,其格物之功,只在身心上做"。[1]经过龙场悟道之后,王阳明指出:"于事事物物上求定理,是义外也。至善是心之本体,只是明明德到至精至一处便是,然亦未尝离事物。"[2]"所谓致知格物者,致吾心之良知于事事物物也。吾心之良知,即所谓天理也。致吾心良知之天理于事事物物,则事事物物皆得其理矣。致吾心之良知者,致知也;事事物物皆得其理者,格物也。是合心与理而为一者也。"[3]王阳明反对"即物穷理",认为"心外无理","天下之物"本来就不必去格,当然也没有否定外在事物之中含有定理,只是说如何做工夫则属于"义外";故在他看来,求得天理的最佳工夫就是致良知,也即"心即理",良知即天理,天理即良知,致良知的工夫也就是"事事物物皆得其理"的工夫,如此方能"合心与理为一"。[4]王阳明为了克服朱子学"即物穷理"的弊病,方才提出"心即理",这一工夫论的转向,在后世无论从事朱子学或阳明学的学者,都有进一步的辨析,其中论证最为详尽,进一步呈现朱子、阳明学术之异同与特点的代表性学者,当属清初朱子学一系的张履祥、张烈等人,从他们的观点之中,可以看到经过阳明心学运动之后,程朱理学实际上在学术体系上也得到了新的发展,确实精细到了"牛毛茧丝"的程度。

一、张履祥与熊赐履、魏裔介的辨析

张履祥被称为清初反王学的第一人,对于阳明学有着详尽的批判,他就特别强调阳明王学之流弊,其关键处在于排斥"格物穷理",吸收释老而形成了"直

[1](明)王阳明:《传习录》,吴震解读,北京:国家图书馆出版社,2018年,第318条,第497页。
[2](明)王阳明:《传习录》,吴震解读,北京:国家图书馆出版社,2018年,第2条,第33页。
[3](明)王阳明:《传习录》,第2、135条,第32、212页。
[4]王阳明如何通过"良知即天理""天理即良知"等命题而将良知心体提升为普遍客观的超越性实体,参见吴震、刘昊:《论阳明学的良知实体化》,《学术月刊》,2019年第10期。

捷径省"的工夫论，即好走捷径而提倡直接去体悟良知、天理。[1] 在他看来，这是晚明以来"礼教陵夷，邪淫日炽"，学术、风俗败坏的真正根源。他还进一步分析，王阳明之所以在工夫论上排斥"穷理"，是因为没有弄明白天理与人欲：

> 或疑阳明与朱子同日存天理去人欲；同是尧、舜，非桀、纣；同云好善而恶恶，安在良知之言有害人心世道？曰：阳明欲排"穷理"二字，而惟心之所发便为天理；又以性善为无善无恶，未尝指气拘、物蔽以为欲。不知何者为天理，何者为人欲也。[2]

作为理学，王阳明与朱熹都说"存天理去人欲"，但是王阳明说的"天理"是指"心之所发"，是心之本体的善，而人欲之恶则是人心"失其本体"。[3] 至于为什么会有人欲，王阳明只强调意念有是有非，对气拘与物蔽的重要性关注不够，将格物转换成了格心，"去其心之不正"，[4] 这在张履祥看来混淆了天理与人欲。将天理等同于良知，就不需要从外界进行格物穷理，由此导致了"为良知之说者，遂以闻见为次而不足事"[5] 等后果。在工夫论上"好直捷""乐径省"，这弊病在太平盛世、质厚君子还不严重，到了明末乱世，其祸害就明显起来。张履祥说：

> 近世学者，祖尚其说，以为捷径，稍及格物穷理，则谓之支离烦碎。夫恶支离则好直捷，厌烦碎则乐径省，是以礼教陵夷，邪淫日炽，而天下之祸不可胜言。[6]

---

[1] 参见张天杰、肖永明：《张履祥由王返朱的心路历程及其对王学的批判》，《西北大学学报（哲学社会科学版）》，2010 年第 5 期。

[2] 张履祥：《传习录总评》，载苏惇元：《张杨园先生年谱》，《杨园先生全集》附录，北京：中华书局，2002 年，第 1514 页。

[3]（明）王阳明：《传习录》，第 34 条，第 94 页。

[4]（明）王阳明：《传习录》，第 7 条，第 48 页。

[5]（清）张履祥：《备忘一》，《杨园先生全集》卷 39，第 1060 页。

[6]（清）张履祥：《与何商隐一》，《杨园先生全集》卷 5，第 111 页。

他将礼教与风俗的败坏都归之于王学，也许还值得另作探讨，但是王学"直捷径省"的工夫论确实是王学走向末路的关键。

王阳明"直捷径省"的依据就是"吾心自有天则"，在王阳明这里，天理被纳入内心，"心即理"，故"吾心"成为衡量天理的唯一标准。这一理论，弊病很多。张履祥就指出：

> 姚江"良知"之学，其精微之言，只"吾心自有天则"一语而已。夫人性本善，以为天则不具于吾心不可也。然人之生也，有气禀之拘，有习染之迁，有物欲之蔽，此心已非性之本然，故曰："人心之不同如其面也。"夫子之圣，必至七十，然后从心所欲不逾矩。亦谓天则未能即此心而是，故须好古以敏求耳。今以未尝学问之人，而谓吾心即是天则可乎？[1]

> 今之为致知功夫者，多主"良知自有天则"之说，而求其虚静专壹，以俟端倪之自见。虽做到极好，不过如无星之秤，无寸之尺而已。虽间有所见，亦只约略近似，而非至当之则。何况往往失之偏枯浅陋，未必足以通天下之志乎？所以不如穷格事物之理，求规矩权衡于古昔先王也。[2]

他认为，因为气禀、习染、物蔽等影响，人心与天则之间有一定的距离，盲目地说标准就在自己内心，其弊端还是很明显的。所以张履祥就指出："以义制心则可，以心制义则不可。以心制义，安能事事得其当然？"[3]主张要回归程朱"穷格事物之理"，以外在的天理而不是以内在的良知为准绳，因为人心往往不同而多

---

[1]（清）张履祥：《答沈德孚二》，《杨园先生全集》卷4，第85—86页。

[2]（清）张履祥：《备忘四》，《杨园先生全集》卷42，第1198页。

[3]（清）张履祥：《备忘三》，《杨园先生全集》卷41，第1156页。

变，作为规则难以确定。他在反思自己从事王学经历之后说："吾前时亦为良知之学，于今思之，虽无私心，却多不合天理。"[1] 人心与天理之间还是不能等同。也就是说，张履祥等人以朱学的角度来批评王学不讲"格物穷理"，"吾心自有天则"，最后就是"师心""任情"，于是失却了评判善恶的标准。

在张履祥的阐发之中，我们可以看到朱熹的"格物"论的侧重点有所转变，即从"格物"转向"格事"，或者说将"物"诠释为"事"。"格事"也就是无事的"存养"与有事的"省察"，也就是日用之间的修养工夫。这在他与友人的书信中有详细的论述：

> 大抵吾人既有此身，即事事物物不能相离，非如释氏之蠲弃事物，而可以独全所谓心性者。是以《大学》之教，先于致知格物，而朱子释之曰："物，犹事也。"其注之详明，则见于《孟子》"万物皆备"之下，有云："大则君臣父子，小则事物细微。"盖凡日用事物，皆非吾之分外，但当随其所至，而求其理以应之，使处之各得其宜，是即所谓道也。故《中庸》曰："不可须臾离"，而《论语》亦云"造次颠沛必于是"也。盖圣人之道，初无表里精粗之别，而吾人之学，不应有内外动静之殊。但恐吾之所养不深，义理不熟，则不免于应之或失其当，而不能无回惑迁就于中，则气质之拘、物欲之蔽，皆有以受之。其功夫只在无事时存养，临事时省察，而见善则迁，有过则改而已。至于读书，亦只以维持此心，其为存养之资有之，其为省察之助亦有之，非与应事接物，别为一种道理也。[2]

儒家求道，就是在事事物物之中。张履祥认为朱熹所说的致知格物，主要就是日用事物上用工夫，也就是"格事"。并且举朱熹在《大学》中解释"物"即

[1]（清）张履祥：《备忘录遗》，《杨园先生全集》卷42，第1202页。
[2]（清）张履祥：《答吴裒仲四》，《杨园先生全集》卷10，第680页。

"事"，又在对《孟子》的解释之中，讲到"物"包括了君臣父子、事物细微，即凡是在日用事物之中处理得宜，那就是道。"不可须臾离""造次颠沛必于是"[1]的圣人之道，不分精粗表里、内外动静，都只是在应事接物之中。

张履祥将"格物"转向"格事"，不再重视"物"中的知识，而是重视"事"中的道理，也就是强调在实践之中去体会道，道必须在待人接物的事上实践。这是他反思王学弊病之后的选择，这么诠释则朱字"致知格物"之学可以更趋实践，从而也从抽象的道或理，具体成为日常生活之中的伦理原则。

再看康熙帝的老师熊赐履，他也认为"心即理"之说，将"格物穷理"之说当作"徇外"，从而导致内、外二分，才是王学最根本的弊病。他说："阳明之于圣学，只是胡说。"[2]对于王阳明的"致良知"说，则认为"致良知三字无病，阳明说得有病"[3]，因为"良知"二字出自孟子，故说这几个字无病，只是王阳明重新提出则产生了弊病。那么病在何处呢？他说：

> 谭良知者，皆以物为外，以格物为徇外，不知格物只是穷理，穷理便是尽心，心即理也，理即心也；物即理也，心即物也。理无内外，心有内外乎？心无内外，物有内外乎？无内外，安有精粗？无精粗，安有彼此？即物即知，即格即至，本无二理，本非二事，又何疑焉？[4]

熊赐履认为"格"解释为"至"，也就是朱子的解释，然而他更强调内心与外物不可分、分，其实是王阳明误解了朱子，也就是误解了"格物穷理"之学。熊赐履认为"心即理"也可以说，但还当知道"物即理""心即物"，然后"理""心""物"都无内外、精粗、彼此之分，仔细推敲则他的说法，也就是朱子

---

［1］出自《论语·里仁》，原话为："君子无终食之间违仁，造次必于是，颠沛必于是。"

［2］（清）熊赐履：《下学堂劄记》卷3，《四库全书存目丛书》子部第22册，济南：齐鲁书社，1995年，第80页。

［3］（清）熊赐履：《闲道录》卷中，《四库全书存目丛书》子部第22册，第30页。

［4］（清）熊赐履：《闲道录》卷下，《四库全书存目丛书》子部第22册，第32页。

的"格物穷理"，反对的就是王学的求内而遗外而已。

对于"格物"问题研究最为深入的当是魏裔介。他著有《格物致知解》上、下卷，收录二程、朱熹及诸儒的格物致知之说，以及他自己所作的格物致知辨。魏裔介认为，"致知格物之说，乃圣学首务"[1]，他对于"格物"的理解一以程朱为准。所以他说："格物之义，古人自志学以后，无非此事，故不必赘言耶，然程子释之，朱子补之，则亦圣经贤传之互相发也。"[2]对于程朱一系的格物说的推崇备至，所以说，古代的圣人都在讲格物，而程、朱之说不过是与上古的圣经贤传互相发明而已。

因此，魏裔介反对陆、王一系"心即理"之说：

> 致知格物之说，乃圣学首务，故程子论之最详。朱子恐后人不守穷理之说，而事幽深恍惚之论。既补其传，又于《或问》发明之。……道之不明于天下也久矣，以昌黎之贤，而于格物致知，不能无遗漏之患，自程、朱传注之后，若晦若明，续而复断者，又数百年于此也。[3]

这里所谓"幽深恍惚之论"指的就是佛、老与陆、王之学。对于"格物"异同的分辨，就是魏裔介编撰《格物致知解》的目的所在。他说："良以此二字，数百年以来，几如聚讼，故详考深究，历述诸家之说而真折衷之，欲以永断异说之纷纷也。"[4]

魏裔介的《格物致知解》其特点有两点，一是对王阳明驳朱子的反驳；一是对程、朱格物说的补正。先看魏裔介是如何对王阳明之驳朱子"格物"论进行反驳的，其得失如何也值得加以推敲。

---

[1]（清）魏裔介：《朱子格物致知或问答》，《致知格物解》卷上，《四库全书存目丛书》子部第20册，第411页。

[2]（清）魏裔介：《致知格物解》卷上，第407页下。

[3]（清）魏裔介：《朱子格物致知或问答》，《格物致知解》卷上，第411页。

[4]（清）魏裔介：《寄孙征君钟元书》，《兼济堂文集》卷9，北京：中华书局，2007年，第223页。

王阳明说："先儒解格物为格天下之物。天下之物，如何格得？且谓一草一木，亦皆有理，今如何格？纵格得草木来，如何反来诚得自家意？"[1]这里提出的是一个特别重要的哲学难题，即众物之知识之理与吾心之道德之理的关系，知识与美德的关系。对此魏裔介反驳说：

> 详味阳明之意，盖以紫阳所谓天下之物者，疑于泛览博涉，袭取夫义无所自得于己。……善乎朱子之言曰物格则知性之谓也，固非措其心于幽深恍惚之域，亦非役其心于浅近支离之间，本原既已昭晰，即多识无非融会浃洽，而岂耽耽焉一草一木之格也。[2]

王阳明批评朱子格物，其一，天下之物众多如何能够格得过来；其二，格得一草一木等众物的知识之理，又如何成为自己内心的道德之理。魏裔介则认为王阳明并未读懂朱子，因为朱子所谓格天下之物，并非求于博览，而是格物以求知性；再者，格一物，并不是沉溺于一物，格众物，并不是将人心放失于浅近支离的众物，格物是为了探明本原，明理知性，多格物是为了将格物所求得的理更为融会贯通。就格物的目的，魏裔介还说：

> 如今为学而不穷天理、明人伦、论圣言、通世故，乃兀然有心于一草一木之间，此是何学问？[3]

> 人皆知言本，而不知明德之为本；人皆知言末，而不知新民之为末；人皆知言本末，而不知本末合而为物格者，格此而已，岂有他哉？然所谓求至乎其极，极者何也？曰：即所谓至善也。物无不善，格者至

---

［1］（明）王阳明：《传习录》，第317条，第493页。

［2］（清）魏裔介：《致知格物非去其不正以全其正辩》，《格物致知解》卷下，第417—418页。

［3］（清）魏裔介：《朱子格物致知或问答》，《格物致知解》卷上，第411页。

于至善，故在止于至善，其功尤在于格物。[1]

在他看来，为学的根本还是在于明德，而不是止步于一草一木，然而如何才能明德呢？需要将天理、人伦、圣言、世故四者的结合。再者，明德为本，新民为末，而格物则是本末的结合，也就是说如何明德、如何新民，都需要做格物的工夫，最终则指向于至善。所以魏裔介说："夫惟显微无间，精粗一致，直窥夫天人合一之大原，而不忽其用力之方，于是乎穷理之学，乃以有功于天下。"[2] 格物工夫需要做得"显微无间""精粗一致"，并且"直窥"天人合一的本原，也就是说心与物的合一，还是在于细密而又有明晰的先后次第，可以循序而渐进的格物穷理工夫。

魏裔介还批评王阳明古本《大学》说，特别是对"格物"一词以及"诚意""正心"等条目的解释。王阳明说："格者正也，格物如孟子大人格君心之格？是去其心之不正以全其本体之正，但意念所在，即要去其不正以全其正，即无时无处。不是存天理。""致知者，意诚之本也。然亦不是悬空的致知。致知在实事上格，如意在于为善，便就这件事上去为；意在于恶，便就这件事上去不为。去恶固是格不正以归于正，为善则不善正了，亦是格不正以归于正也，如此则吾心良知无私欲蔽了。得以致其极，而意之所发，好善去恶，无有不诚矣。诚意工夫实下手处在格物也。"王阳明训"格"为"正"，训"物"为"意之所在"，从而提出"致良知"之说，故魏裔介批评道：

> 而去不正以归于正者，乃为诚意之实功。由是心之良知，更无障碍，得以充塞流行。……去其心之不正，以全其本体之正，是犹正心之说也。但意念所在。即要去其不正，以全其正，即无时无处，不是存天

---

[1]（清）魏裔介：《致知在格物论上》，《兼济堂文集》卷14，第367页。
[2] 同上，第368页。

理，是犹诚意之说也。[1]

这里其实魏裔介也是在说，王阳明的致良知之说，"格物"即"正心"，将格物致知与诚意、正心相混淆。魏裔介还说："圣贤之理，条分缕悉，井然不乱，岂有架屋叠床，而重复失次者哉？"王阳明的解释将《大学》所说的各个条目的工夫次第重叠、混同，这在魏裔介看来，是不合于《大学》原旨的。圣贤著《大学》，所谓八条目的工夫次第，当是一环接一环，条理分明，井然有序，当不会如王阳明所介绍那样叠床架屋、重复失次。王阳明的倡导古本《大学》，如此解释"格物"等条目，是为其致良知说张本，魏裔介等人批评阳明"格物"的诠释，也就认为其致良知说失去了依据，类似的批评我们在下文将会提及的张烈《王学质疑》之中也可以看到。

再看魏裔介对于朱子格物说，也进行了一番补正。他说：

　　仰则观象于天，俯则观法于地，观鸟兽之文与地之宜者，伏羲之格物也；仰以观象于天文，俯以察于地理。是故知幽明之故，原始反终，故知生死之说者，孔子之格物也；能尽其性而尽人物之性，以参赞化育者，《中庸》之格物也；道性善而称尧舜，四端之发，扩而充之，火然泉达者，子舆之格物也。

　　自伏羲、神农、黄帝、尧、舜，以至于禹、文、武、周公、孔子，未有不从事于格物之学矣。穷理、尽性、至命，一以贯之，更无余义。[2]

魏裔介以先秦的《周易》等相关文献，来说明"格物"作为工夫，可谓"格物"早已有之，甚至说古代圣贤也都"从事于格物之学"，其实则是以程朱的格物理

---

[1]（清）魏裔介：《致知格物非去其不正以全其正辩》，《格物致知解》卷下，第417页。

[2]（清）魏裔介：《与少宰孙北海论格物书》，《格物致知解》卷下，第413页。

122

论来诠释《周易》等文献，如此做的目的就是增强程、朱格物说的典范性。魏裔介还说：

> 《诗》曰："天生烝民，有物有则。"凡物未有无则者。所谓有耳目，则有聪明之德；有父子，则有慈孝之心是也。孟子曰："万物皆备于我矣。"理一本而万殊。万殊而归一本，盖不知物之为我，我之为物也。如是而物之为物，亦可大识矣。

此条也是将程、朱的格物说来重新诠释《诗经》《孟子》，在魏裔介看来，物之则即是物理，故"有物有则"是在说"物格而后知至"；孟子的话在陆王看来是反求本心，在魏裔介看来则是"一本万殊"与朱子《补传》"万物之理"与"吾心之用"的关联的说明了。魏裔介还说：

> 夫万物一物也，万理一理也，圣贤非不欲直截从事，而必于推究考索之者，盖本末合而成物，以本遗末者亦非也。是以程子谓一物格而万理通，虽颜子亦未至此。而《或问》以文言之学聚问辩；《中庸》之明善、孟子之知性、知天证之，正夫子所谓博、约合一之功耳；而岂徇外夸多，与世之博物洽闻看同耶？[1]

此处，魏裔介为程朱格物说进一步作了补正。所谓"直截从事"，是陆王学的进路；推究考索，是朱子学的进路。他认为之所以格物即推究考索，是因为"物有本末"，"万物一物""万理一理"，故而需要合其本末以求之，朱子《或问》将格物说结合《周易》《中庸》《孟子》等进一步讲明，将"明善""知性知天"与孔子的"博文约礼"等合而为一，所以程、朱格物说就是孔孟之学的正宗，故决非陆

---

[1]（清）魏裔介：《朱子格物致知或问答》，《格物致知解》卷上，第411页。

王一系学者所谓的"徇外夸多""博物洽闻"。魏裔介也说：

> 致知而遗物以为知，则流于空虚而无实；致知而逐众物以为知，则
> 又近于玩物丧志。格者格其一物之不离众物也，格其物，物之合为一物
> 也。格其一物之不离众物，则吾心之理岂能遗乎天下？格其物，物之合
> 为一物，则天下之物主能越于吾心？[1]

此处说"遗物以为知"，说的当是陆、王一系，只是讲求吾心，就会"流于空虚
而无实"。所讨论的问题出发点，似乎参考了王阳明《答顾东桥书》，王阳明认为
朱子格物说近于玩物，魏裔介则认为"逐众物以为知"才是玩物，因为格物的
根本还在于吾心。所以说，格物应当既非"遗物"也非"逐物"，而是体察物理
并归于吾心，一物又一物去格，然后即众物"合为一物"，"天下之物"主宰于吾
心。这种心物关系的诠释，可以说是吸收了王学的某些因素，或是在王学的启发
之下，对程、朱的格物说作了某些补正。

二、张烈《王学质疑》的辨析

与张履祥等人相比，则张烈在其代表作《王学质疑》之中，则专设一小卷
来批判王阳明"心即理也"的命题，从而进一步论证了朱子的"即物穷理"之
学。[2]他说：

---

[1]（清）魏裔介：《致知在格物论上》，《兼济堂文集》卷14，第90页。
[2] 学界关于张烈的研究较少，主要有王茂等《清代哲学》，合肥：安徽人民出版社，1992年；史革
新《清代理学史》（上册），广州：广东教育出版社，2007年；钟世娟：《论清初朱学与王学之争——
以张烈〈王学质疑〉为中心的考察》，《宜春学院学报》，2021年第8期。以上论著虽有涉及张烈对阳
明学的批判，然就"即物穷理"与"心即理"的问题则展开不多。

阳明说宜云"有心必有则"，岂时人，孔子亦义外欤？天下无心外之事，故求诸事，正所以尽此心，无心外之理，故求诸理，正所以尽此心。[1]

此处张烈将王阳明的"心即理"理解为"有心必有则"，显然有误。为什么会有此误解？当与后来在阳明后学之中进一步发挥的"吾心自有天则"一语有关，尤时熙在讨论格物时说："愚妄意格训则，物指好恶，吾心自有天则，学问由心，心只有好恶耳，颇本阳明前说。近斋乃训格为通，专以通物情为指，谓物我异形，其可以相通而无间者情也，颇本阳明后说。"[2] 王畿则说："见得良知自无四者之病。良知自有天则，纵恣不肯为，只是违了天则。良知不学不虑，为之在我，何畏之有？良知即是入圣之路，求则得之，非有待于外也。"[3] 这二位，都是对王阳明"心即理"说的发明，天理被纳入内心，容易被理解为"吾心"是衡量天理的唯一标准。张烈进一步则说：

今直求诸心而欲事理之无不尽，虽大贤不能也。心能知觉，发于欲为人心，发于理为道心。故贵乎择之精焉、守之一焉，未闻心之即理也。程子曰"性即理也"，是矣。"理义之悦我心，犹刍豢之悦我口"，若曰"心即理"，是口即刍豢也，目即色也，耳即声也。[4]

张烈引程颐的主张，认为心只是思维的器官而已，有知觉的功能，心之思则有"人心"与"道心"的区别，故需要做"下学"的工夫去"择之精""守之一"，使得"道心"，即天命之性成为内心的道德判断标准。心只是思维的器官，而理、

[1] 张烈：《王学质疑一·心即理也》，《历代"朱陆异同"典籍萃编》第3册，上海：上海古籍出版社，2018年，第433页。时，原作诗，疑有误。

[2] （清）黄宗羲：《北方王门学案》，《明儒学案》卷29，北京：中华书局，2008年，第643页。

[3] （明）王畿：《抚州拟岘台会语》，《王畿集》，南京：凤凰出版社，2007年，第23页。

[4] 张烈：《王学质疑一·心即理也》，《历代"朱陆异同"典籍萃编》第3册，第433页。

道是思维的内容，二者不可等同，张烈引孟子的话也说明心与理义、口与刍豢、目与色、耳与声的区别，从这个意义上来说，"心即理"的提法确实有其不严密之处。当然，"心即理"的"即"，在王阳明那里本不是"等同"的意思，而是"即物穷理"之"即"，相当于"接近""通过"，或许"心即理"，可以理解为"即心求理"。张烈的批判，指出了王阳明"心即理"说的不严密，也是在阳明后学里发展为"良知现成"的根源所在，这一批判有一定的意义。

关于什么是格物，王阳明说："格者，正也。正其不正以归于正也。""格，如格君心之格。意念所在即要去其不正以全其正，即无时无处不是存天理即是穷理，天理即是明德，存天理即是明明德。"张烈认为：

> "去不正以全其正"，仍然诚意事也。以存天理为穷理，使辨别未真，将以何者为天理？所存皆私意耳。[1]

王阳明将存天理等同于穷理，缺少了一个对于人心所自以为"天理"者加以辨别的过程，那么以为是天理者很有可能是"私意"。张烈还曾说：

> "格"不训"至"，则以"格其非心"为据，曰："致良知于事物，格其不正，以复本体之正也。"牵强傅会又如此。至究其何以"格其不正"，则曰："去人欲，存天理也。"诘其不即物穷理，恐"认欲为理"，则又曰："此志不真切也。"夫以格物为"去人欲，存天理"，是欲"正心"先"诚意"，欲"诚意"先"致知"，而欲"致知"又在"正心诚意"矣，说其可通乎？况以"认欲为理"，如此大病，不急求所以磨砻辨析之方，而竟以立志不真为脱卸，真所谓茫茫荡荡，反以诬朱子乎！[2]

[1] 张烈：《王学质疑一·心即理也》，《历代"朱陆异同"典籍萃编》第3册，第437页。
[2] 张烈：《王学质疑·总论》，《历代"朱陆异同"典籍萃编》第3册，第455—456页。

王阳明提出"格"训"正",以及认为"正心""诚意"与"致知"是一贯的功夫,这在张烈看来也是大有问题的,也就是相当于"循环论证"。至于何为"格物",王阳明认为只是"去人欲,存天理",这一解释比朱子大大缩小,所以在张烈看来也是不可取的,所以他说王阳明自己的学说使得后学"茫茫荡荡"了。

此外还有几条辩驳,针对"即物穷理"的问题。王阳明说:"即物穷理,亦是玩物丧志。"对此张烈自然反对,他说:"即物穷理,所以诚意也。以为玩物丧志,肆口诋诬至此。"[1] 王阳明批评朱子"格物"论,还曾说:"以'至'字为义,必曰'穷至事物之理'而后其说始通。是其用功之要,全在一'穷'字;用功之地,全在一'理'字也。若上去一'穷'字,下去一'理'字,直曰'致知在至物',其可通乎?"张烈反驳说:"若此,则几经书文句上去一字,下去一字,皆不成语矣,是儿童戏论也。"朱子解释"格"为"至",阳明解释"格"为"正",都有文字训诂上的依据,只是依据之多少不同,朱子的诠释为"即物穷理"。

王阳明曾以"致良知"诠释"致知格物",他说:"鄙人所谓致知格物者,致吾心之良知于事事物物也。吾心之良知,即所谓天理也。致吾心良知之天理于事事物物,则事事皆得其理矣。致吾心良知者,致知也。事事物物皆其理者,格物也。"对此张烈也提出批评:"如此是致知于物,则物格也。不惟虚笼浮沉,无用力实地,而于文义亦难通。"[2] 张烈指出,如按照王阳明的说法,那么将"知"落实于"物"才是"格物",与朱子所说的"即物穷理"正好反了过来,甚至将"格物致知"与"诚意"等都说成了一回事,笼统不实,文义难通,也不符合《大学》原文的逻辑。虽然说王阳明如此诠释《大学》,有其价值在,然而毕竟不符合《大学》愿意,无论"古本"与"新本"。

穷理,王阳明说"未尝离事物",那么"理"与"事物"的关系到底如何?他另有一段话说:

---

[1] 张烈:《王学质疑·致知格物》,《历代"朱陆异同"典籍萃编》第3册,第442页。下同。
[2] 同上。

且如事父，不成去父上求个孝的理；事君，不成去君上求个忠的理；交友、治民，不成去友上、民上求个信与仁的理。都只在此心，心即理也。此心无私欲之蔽，即是天理，不须外面添一分。以此纯乎天理之心，发之事父便是孝，发之事君便是忠，发之交友便是信与仁。只在此心去人欲、存天理上用功便是。[1]

对此一说，张烈说：

噫！此心何以遽无私欲之蔽？何以遽能纯乎天理？欲人去欲，而不许即事即物以辨验所谓欲者；欲人存理，而不许即事即物以研究所谓理者：第曰去人欲而已、存天理而已，愚知其难也。孝之理不在父，忠之理不在君，然惟吾生必有父而后此心知孝，吾生必有君而后此心知忠。且惟其为父，故孝以事之，若他人则不得以孝施矣；惟其为君，故忠以事之，若他人则不得以忠名矣。所以当忠、当孝者，在君父，而知忠、知孝者，即在吾心。此所谓无心外之事、无心外之理也。求之父、求之君，即所以求此心，所谓合内外之道也。今必曰求之心，不求之君父，则君父为外矣，又有心外之事、心外之理矣。[2]

张烈的辨析，显然以朱子"格物致知补传"为理论依据，强调必须在事事物物上辨验、研究，就王阳明所说的事父、事君而言，既要有外在的事物，作为辨验、研究的对象，又要有内在的人心去体知，然后才能明理。张烈通过强调了外在对象的意义，来批评王阳明的学说，还是说在点子上的。同时也强调其"知""即在吾心"，有吸收王学的因素在，所以说就如何"合内外之道"而言，似乎也比朱

[1]（明）王阳明：《传习录》，第 3 条，第 34—35 页。
[2] 张烈：《王学质疑一·心即理也》，《历代"朱陆异同"典籍萃编》第 3 册，第 434 页。

子说得更加精密了。张烈接着以孔子教导仲弓、樊迟、颜渊以下学的工夫为例，批评王阳明的学说"多现成而不切实"。以心之良知为准则，好比没有了标准统一的权、度，又如何来正确衡量物之"轻重长短"呢？最后张烈指出："即心为理而不即物以求理，恐不虚不公、自私自用之蔽，必不免矣。"[1]

关于温清奉养的问题，王阳明指出："温清之节、奉养之宜，可一日二日讲之而尽，何用学问思辨？惟于温清时也，只要此心纯乎天理之极；奉养时也，只要此心纯乎天理之极。此则非学问思辨，不免于毫厘千里之谬。若只是那些仪节是当，即如今戏子扮得许多温清奉养的仪节，亦可谓之至善矣。"张烈指出了王阳明此学说之中有着格物与诚意二者的混淆：

> 温清奉养，皆此心纯乎天理，不然即为扮戏之温清奉养，此语真切，可警夫貌是而心非者，但此诚意之事。……若学问思辨，正讲明仪节，以求此心之安者。[2]

在张烈看来，讲求温清奉养，当心与事、内与外合一，这一点王阳明讲得"真切"，可以警示那些"貌是心非者"，但是是否"合一"属于"诚意"的工夫，与是否需要通过格物工夫来"讲求仪节"，并不矛盾。他进一步指出：

> 但因心之诚，自然知寒知热者，自诚而明也。圣人如是，恒人亦或有之而不能皆然也。古人所留仪节，吾人懵然不知，粗鄙疏忽者何限，惟考求前言往行，一一触动我心，方始恻然而思孝者，自明而诚，学者事也。……由诚心而生仪节者，此理；由仪节而动诚心者，亦此理。刺首血见，刺足而血亦见，无彼此无内外者，道体本然也。
>
> 故圣人教人下学，即物求理，多闻多见，自能渐达于本心者，百不

[1] 张烈：《王学质疑一·心即理也》，《历代"朱陆异同"典籍萃编》第3册，第435页。
[2] 同上。

失一。盖资质不同，虽不悟本心，为人矩度自在也。若先语以求心，未
有不骄矜自大者，欲其虚心逊志，从事于学问思辨也，难矣。况其聪明
足以拒谏，才气足以有为，方将震慑天下而奔走之，安望其能自反乎？
若不善会扮戏之喻，势必举礼仪威仪三千三百，尽等于戏场，三纲五
常、礼乐刑政尽付之游戏。[1]

此条，张烈虽然认同"自诚而明"与"自明而诚"无彼此无内外，然而还是强调
后者即"由仪节而动诚心"，因为规矩、尺度都在而能"百不失一"，资质不同
之人都可以从此路以至于圣人。至于前者，先求心则往往导致"骄矜自大"，不
愿意再去学问思辨于那些仪节，如果从事这一路径，其人或有聪明、或有才气，
"震慑天下"之人，又怎么能够指望其自己返回转去讲求仪节呢？也就是说"自
诚而明"，只适合于少数资质近于圣人者，对于大多数人而言，只会引发弊病。
所以张烈虽然认为王阳明"扮戏之喻"真切，但还是担忧有人不善于正确理解此
比喻，最终导致三纲五常、礼乐刑政都会败坏了。

王阳明在回答弟子关于涵养与讲求的关系时说："讲求亦是涵养。不讲求，
只是涵养之志不切。……总是志未切。志切，目视耳听皆在此，安有认不真的道
理？是非之心人皆有之，不假讲求。讲求亦只是体当自心所见，不成去心外别有
个见？"对此张烈逐条作了批判，他认为："夫志切，即欲诚其意之欲，非格物。"
也就是说"讲求"是做"格物"的工夫，而"涵养之志"切未切，则是"诚意"
的工夫，"格物"与"诚意"不可混同，"讲求"与"涵养"亦不可混同，这是以
朱子学的立场来谈做工夫，故与阳明学有所区别。张烈接着批驳：

耳能听，目能视，然耳所未闻，目所未见者多矣；闻之不确，见之
不精者，亦多矣。乃曰"耳听目视皆在此，安有认不真之理"，愚不敢

---

[1] 张烈：《王学质疑一·心即理也》，《历代"朱陆异同"典籍萃编》第3册，第435—436页。

信也。

是非之心有自然而见者，亦有颠倒不见者，依稀略见者，非即事研求，大费磨砻不可。第曰"是非之心人皆有之，不假外求"，愚不敢信也。

体求本心，固为功要，亦有心所见偏枯，必证诸师友、考诸书籍而后悟者。乃曰"讲求只是体当自心所见"，将必坚执己见，深拒人言。如所云"己心所非，虽孔子之言，亦不以为是也"，贻弊甚矣！[1]

王阳明所讲的三条，其实都是在讲如果"志切"则只须在心上讲求，反对朱子所说的向外的"即物穷理"。张烈对此一一加以批驳，就耳、目而言，还有未闻、未见与不确、不精者多矣，不是此心所皆在的；就是非而言，则要区分"自然而见""颠倒不见""依稀略见"，也不是此心所皆有的。所以以朱子学的工夫论来看，虽然也肯定内在的"体求本心"也是方法之一，但是更要重视外在的讲求，除了"即物穷理"，还要"证诸师友""考诸书籍"。张烈认为王阳明将"讲求"缩小至"自心"之中，容易导致"坚执己见，深拒人言"等弊病。至于以己心来取舍"孔子之言"，则更是张烈等朱子学者所反对的，因为他们特别看重书籍的缘故。

此外还有一个值得补充的问题是，应当如何来看待"心"呢？张烈说：

象山言本心，阳明言良知，其弊使人丧本心，丧良知。何也？天之道，非别有一物寄于声臭之上，时行物生，即所谓"无声无臭，上天之载"也。人之心，非别有一物在窈窈冥冥之中，视听言动，皆心所在也。善治心者，治视听言动，即治心也；治伦物政事，即治心也。视听言动、伦物政事之间，讲明一分，则心之本明者复一分矣；力行一分，

---

[1] 张烈：《王学质疑二·致知格物》，《历代"朱陆异同"典籍萃编》第3册，第440页。

则心之本善者复一分矣。积之久而悟，其皆心也。天命流行之妙，一以
贯之无余。即使不悟，要其讲求持守于视听言动、伦物政事之闲者，固
有规矩可循，心之本明本善者自在也。天下由此惧礼法而尚淳朴，畏清
议而多善人，此圣学所以平稳纯正，万万无弊者也。[1]

在张烈看来，在人心上不必去多加讲求，"心"在他那里就是意念，随着视听言
动而生灭，所以治心，就要在视听言动上去做功夫，在人伦事物政事上去做功
夫。而功夫则分讲明道理与力行实践两个方面，只有两者的结合，才能有规矩可
循，遵循规矩就惧怕礼法、清议，于是人心淳朴、善良，这样子以程朱一路来做
治心的功夫，就是学术平正而无弊。

宗旨，朱子学"即物穷理"的工夫论，其表述应当以《大学》"格物致知补
传"为代表，然而却被王阳明所彻底质疑，他所提出的"心即理"的理路，最终
体现在"致良知"的具体工夫论转向相关的表述之中。事实上，自从阳明心学诞
生之后，其工夫论并未能真正说服朱子学者，所以从明中叶的顾璘、罗钦顺等
人，一直到清初都不断有朱子学者作出新的批驳与辨析。特别是以张履祥、张烈
以及熊赐履、魏裔介为代表的清初朱子学者，则围绕"即物穷理"与"心即理"
的问题，作了更加精细的辨析，虽说不见得能够反过来说服阳明学者，但至少为
更好地理解朱子、阳明二学工夫论之异同，提供了丰富的思想资源，值得在深化
宋明理学、清初儒学的时候加以注意。

---

[1] 张烈：《王学质疑五·总论》，《历代"朱陆异同"典籍萃编》第 3 册，第 453 页。

古典思想研究

生命的工夫：蔡邕《笔论》义疏

柯小刚[*]

　　书者，散也。欲书先散怀抱，任情恣性，然后书之；若迫于事，虽中山兔豪不能佳也。夫书，先默坐静思，随意所适，言不出口，气不盈息，沉密神采，如对至尊，则无不善矣。为书之体，须入其形，若坐若行，若飞若动，若往若来，若卧若起，若愁若喜，若虫食木叶，若利剑长戈，若强弓硬矢，若水火，若云雾，若日月，纵横有可象者，方得谓之书矣。（蔡邕《笔论》，见《佩文斋书画谱》卷五）

笔之为笔：《笔论》题解

　　"书法"之名，古人多谓之"笔法"；"书论"亦多谓之"笔论"。然而，笔是什么？难道不就是一种书写工具吗？对于一种工具，又能有什么"法"和

＊　**作者简介：**柯小刚，同济大学人文学院教授、博士生导师。

"论"呢？

蔡邕传世文章中有两篇谈笔，一篇《笔赋》，一篇《笔论》。《笔赋》之笔，就是人们通常理解的工具之笔（但另有深意，后文详及）；而《笔论》之笔，谈的却是笔法，即笔之为工具的使用。不过，既然是谈工具的使用，为什么要以工具之名来称呼工具的使用呢？同样的问题，在后世画学的"笔墨"概念中同样存在。人常说画须"有笔有墨"，然而，并不是每一幅用毛笔画的画都"有笔"，也不是每一幅用水墨画的画都"有墨"。"笔墨"说的显然不是工具，而是工具的使用方法和技术，以及通过此技术而体现在画迹中的某种特质。

但并不是所有的工具使用技术都可以用工具本身来命名。问"车如何"不等于问"车技如何"，赞人"刀功了得"不会说"你的刀真好"。不过，在《庄子·养生主》的庖丁解牛寓言中，庖丁关于刀功的自述却只提到刀的磨损与否，并未直接谈及"刀功"或"刀技"。关于用刀的技术，庖丁反而强调说，这不是重点，重点在超越技术的道："臣之所好者道也，进乎技矣。"看来在工具—技术—人—道的四重结构中，分处两极的工具和道似乎有某种更直接的关联。在这种关联中，技术和人这两个中间环节反而是次要的。

实际上，所谓"工具"只是从人和技术的观点出发所看到的东西。人工所用之具，方谓之工具。然而，究其本源，就其自身而言，人工之具首先必须是天工之具或"道具"，然后才能为人所用而成为人类技术的工具。

在蔡邕《笔赋》的结尾，笔之为笔的本质就是从天道的角度出发来看的："上刚下柔，乾坤之位也；新故代谢，四时之次也；圆和正直，规矩之极也；玄首黄管，天地之色也。"在《笔赋》的工具观中，笔不只是人的工具，而且首先是大道之器、天地之具。与这种工具观相应，人的位置也重新得到了界定。

工具观的实质是人性观。如何理解人，将决定你如何看待技术和工具。蔡邕《笔赋》从"惟其瀚之所生，生于季冬之狡兔"开始，就是从笔毫诞生的大地开始；中间论述笔之于人伦政教的意义，最后论及笔中乾坤，可见是把人放在天地之间的弘阔视野来看待。只有把人放回他本来应在的位置，即天地之间的位置，

136

技术和工具的真实本质才能自行显露出来。

所以，如果能克服人类中心主义的技术迷信，学会以物观物，以道用具，以天工开物，则工具本身可能更近天道，而使用工具的技术则不过是让工具成为工具以及让工具成为道具的参赞行动而已。这便是为什么用物品或工具本身的名称来指代一种相关技术，反而更能凸显此种技术的近道之性。"茶道"不叫"喝茶术"，"剑道"高于"击剑技术"，"笔法"之名早于"书法"且比"书法"之名更加贴近书法的本源，可能都是出于同样的原因。

在技术中，人与工具之分始终存在；而道却是一种浑化，在其中，人、工具与技术三者浑然一体，心手相应，物我对话。人物物而不物于物，物人人而不人于人。物我之间，愈各自独立，愈相与浑化；愈相与浑化，愈各自独立。书者越让笔成为笔，笔就越让书者成为自由书写的人；反过来，书者越强调主体的暴力，不顾及笔之为笔，笔就越让书者成为笔的奴隶。由是思之，古人"笔法"与今人"书法"之别，深矣远矣，其义不为人知也久矣！

书法、造字与生命的工夫

书者，散也。欲书先散怀抱，任情恣性，然后书之。若迫于事，虽中山兔毫，不能佳也。

"散"的对立面是结构营为。对于后世动辄从结构出发谈书法的观点而言，蔡邕"书者散也"的论断足以发人深省，引人遐思书法艺术本来应该有的初始状态。

"结构"的本义是建筑、盖房子，如左思《招隐》诗云："岩穴无结构，丘中有鸣琴"。这句诗用来解释"书"之为"散"，也是再好不过了。岩穴丘壑是隐士的居所，但里面并没有房屋结构；鸟兽蹄远之迹、云霞日月之象是文字和书法取象的源头，但形随势变，象随气显，拟态万方，神采奕奕，其中亦无固定不变的形式结构，或者说每有形式结构都不过是随机应势的显现。

结构是空间性的静态关系，鸣琴是时间性的动态过程。为什么隐士可以在无结构的岩穴丘壑之中"寓诸无竟"（《庄子·齐物论》）？为什么书者和画者（画亦写）可以在形随势变的气象流变中"栖形感类"（宗炳《画山水序》）？这样一种"居住"在书画生活中的方式是如何可能的？答案就在"鸣琴"式的时间性栖居。

隐居生活的意义并不在离世，而在回到生命的本然。生命的本然就寓居在不可寓居的时间之中。没有生命不存活于时间之中，也没有生命能永远存活于时间之中。存活于时间的过程，就是消逝于时间的过程。"子在川上曰：逝者如斯夫！"（《论语·子罕》）。音乐和书法都诞生在这样的感叹之中，诞生于生命的时间性之中。这样的生命时间性是"散"的源头。书法就是一种回到结构之前的原初之"散"的生命工夫。

文字是有生命的。文字的发生肇始于自然物象的发生，以及自然物象与人类生命自觉之间的相感相契、相拟相取。然而，文字一旦成形，却蜕变为纯然的工具，"迫于事"，为人事所迫，为人所使，脱落了原初的生命本源。庄子借孔子之口对颜回说的"为人使易以伪，为天使难以伪"（《庄子·人间世》），也正好可以说明文字的人为使用与其天真本源之间的关系。人为即伪。伪，所以有讹变。文字之伪不但发生于文字学意义上的讹变，而且更深刻地和难以觉察地发生在每一个字的日常使用之中。一个字的写法即使没有发生讹变，它在日常使用中也早已远远脱落了与其造字源头的天真关联。

于是，便有了书法。书法是另辟蹊径，绕一个圈，不是通过文字学的方式，而是通过书写的方式，回到文字生命发生的肇始，以及书者自身生命的原初。书法产生于日常，也迥出于日常；犹如文字发端于物象，也迥出于物象。文字是物象的心象，书法是日常的超常。书法是对于文字使用的日常沉沦状态的自觉反省，以及对文字本源意义的行动性回溯。

"行动性回溯"，意思是说，书法对文字本源意义的回溯方式不是文字学意义上的知识考古，而是通过书写动作的自觉，以书者生命整体的情态来重现仓颉造字的惊心动魄。书法是把每一个字重新活一遍，让每一个字重新诞生一遍，而不只是按固定的结构把它们抄一遍。乐谱可以反复抄写，而琴曲的每次弹奏却是独一无二的创造性发生。书法让每一个字在笔下重新发生，仿佛刚刚被造出来，犹如诗歌让每一座山每一条河在吟咏中重新生成，仿佛刚刚被命名。

在书法的意义上写一个字，就像太阳重新升起，虽然跟昨天及明天的太阳是同一个太阳，但目前正在冉冉升起的太阳却是活泼泼的发生，当下的光，永恒的明。每当看到古人法帖，这道光就像它千百年前破晓的时候那样在眼前发生。时间性的王羲之时刻，与永恒的仓颉时刻，在当下成为同一个时刻，直到未来仍然会不断重新发生，成为永恒的时刻。永恒之为永恒，唯一的可能形式就在不断重新发生的时间中，每次都不一样地重新发生。

文字有结构，而书法却是发生。书法不只是结构的艺术、视觉的艺术，书法是生命整体的工夫。就像左思笔下在丘壑中弹琴的隐士那样，每一声琴音，每一笔点画，都是生命的律动，都是个体生命与自然大化的谐振感应。书法不只是字的写法，而且是一个自觉生命的活法。

点画的戏剧与世界的发生

夫书，先默坐静思，随意所适，言不出口，气不盈息，沉密神采，如对至尊，则无不善矣。

"夫书，先默坐静思"，思什么呢？预想字形结构？章法布白？或者先立一个意，预先想好一种风格？王羲之云："夫欲书者，先干研墨，凝神静虑，预想字形大小、偃仰、平直、振动，则筋脉相连，意在笔前，然后作字。"[1]（王羲之

---

[1] 在这段话的另一个版本中，"夫欲书者"四字更作"夫欲学书之法"（王羲之《笔势论》），明言是对初学者的建议。初学勉力，着意于学，反失其初。经过艰苦漫长的学习历程之后，蓦然回首，重新找回"初"，初学才开始成长为宿学。董其昌云"字须熟后生"，亦此意也。

《题卫夫人笔阵图后》）但这已经是在研墨的时候了，而蔡邕此处所言的时刻还要更早，早在研墨之前。

一旦开始研墨，就进入了工具的世界，即通过工具来重新定位人与身边所有事物的世界。于是，凝神静虑的内容就自然进入一种意，这种意不再那么浑然，而是开始对象化，开始"预想字形大小、偃仰、平直、振动……"。

这个对象化的过程是必要的，也肯定是要到来的，但在此之前必须要有一个无所对待的默化之思，"随意所适"，"浮游乎万物之祖"（《庄子·山木》），回到万物无名的初始、万象无形的鸿蒙，游而已矣，不知所起，不知所终，"彷徨乎无为其侧，逍遥乎寝卧其下"（《庄子·逍遥游》），无所用砚，无所用笔，然后，笔砚才能作为工具到来，工具与物的世界才开始打开。

然后，一点一画、一字一句的形象才开始在我的想象中逐渐呈现出一场戏剧，高矮胖瘦，进退揖让，屈伸盘桓，俯仰舞蹈。所谓"字形大小、偃仰、平直、振动"并不是后人误解的结构设计，而是点画戏剧在想象中的自发演出。如此才有意兴，"意在笔前"而"筋骨相连"。意的前瞻和滞留，筋骨的左右萦带，时刻动态地回旋在默坐静思的想象中。想象不是我去设计，而是我被一场演出吸引。设计的实施是一种任务和负担，而被演出吸引的舞蹈和对话则意兴盎然，不知所之。

但这场演出目前还只是在想象中发生的点画戏剧。一当落笔书写，要把想象中的戏剧搬上纸面舞台的时候，原先的想象者立刻就会发现，对于实际书写来说，没有一句台词不需要随机应变，没有一个动作不需要应势重排，没有一个情节不需要在与脚本的对话中临时改编、即兴创作，并且立刻就得自导自演，让戏剧发生在剧本情节和即兴改编的对话之中、心与手的对话之中、纸与笔的对话之中，以及上一笔与下一笔、上一个字与下一个字的对话之中。

所以，在实际书写中，原先预想的"字形大小、偃仰、平直、振动"，无一处不与预想偏离，亦无一处不给预想以惊喜，无一处不给书写以新的可能发生。如果不以预想为设计，而是以预想为预演，则实际书写对于预想的偏离不但不会带来沮丧和紧张，反而会进一步提高书写的意兴。这就像表演艺术家的临场感、镜头感，不但不带来表演的压力，反而催生兴致和意外灵感。

但从预想的剧本到实际的演出还需要一个舞台。纸张是舞台吗？是又不是。如果没有心灵空间的"虚室生白"，物理的纸张根本就打不开。这个心灵空间的搭建便是蔡邕《笔论》的"默坐静思"所做的事情。如果说王羲之所谓"预想字形大小、偃仰、平直、振动"是研墨之时的准备剧本，那么蔡邕说的"默坐静思，随意所适"便是在准备剧本之前搭建舞台。在实际的戏剧演出或书写过程中，剧本随时会在对话中与即兴情势发生互动而相与改变，就像赋格曲的两个主题一样相互追逐影响，但舞台却自始至终"默坐静思，随意所适"，"寂然不动，感而遂通"（《易系辞传上》），就像交响乐的持续低音一样支撑着全部和声的织体，为剧本和情势的对话提供舞台和交往行动的空间。

所以，王羲之的"凝神静虑，预想字形"说的是一个层面，想象的演出层面；而蔡邕的"默坐静思，随意所适"说的是另一个层面，使想象的演出与实际演出之间的即时转换得以可能的层面。预想的凝神静虑一旦落笔，就转化为实际演出的随机应变。如果不是"随意所适"的无意之意为"意在笔前"的有意之意提供自由生发的空间，"意在笔前"的字形预想就会成为实际书写的障碍，虽然它也同时提供了帮助。只有在无意之意的留白中，有意之意的字形预想才能成为蓄势之助、发势之机，否则，预想之意反而有可能成为意必固我的形态偏执，妨碍书者在实际书写中感知笔势的瞬时变化，结果是宁愿背势也要完成当初预想的蓝图。

所以，蔡邕"随意所适"的无意之意，实际上是为王羲之"预想字形"的有意之意提供前提基础的默化工夫。如果说王羲之说的是"意在笔先"，那么蔡邕这里说的则是"游在意先"。无所意象的意向，无所对待的等待，无形无相的构想，构成了"预想字形"之前的必要工夫。前者可以帮后者在最大程度上发挥其有益实际书写的积极作用，尽量降低其以形蔽势、妨碍生发的消极可能性。

有意之意是必要的准备，但也容易成为"负准备"，即有害实际书写的准备。

这种负面可能性的产生，是因为有意之意容易成为执意之意、意必固我之意，阻塞意的流动和势的因应，导致书写过程缺乏随机变化、随时生发。而无意之意"随意所适"，所以能把有意之意活化为随意之意，随势生发，"妙响随意而生，逸态逐毫而应"（虞世南《笔髓论》）。

相反，如果没有无意之意的活化和默化作用，缺乏"随意所适"的随机之能和适应之机，那么，"预想字形"的有意之意就有可能成为"意必固我"之"意"（《论语·子罕》："毋意毋必毋固毋我"），成为一意孤行之意、执意之意，导致书写成为主体暴力的单向独白，使书写的戏剧成为缺乏对话的背台词，以及不会即兴生发的做动作。孙过庭《书谱》所谓"鼓努为力"就是这种缺乏对话的、不够自然的勉力书写乃至暴力书写。其所谓"五乖五合"也是以有无对话因应作为书写状态好坏的标准。与工具、环境、身心状态有对话因应就是"合"，没有对话因应就是"乖"。

"合"不是严丝合缝、整齐划一的吻合，而是错落而有致的合拍。虽错位而对位则赋格，赋格则"合"。"合"是音乐之和、舞步之合，"合"是时间空间的不齐之齐。"合"的发生需要差异化的错落，以及错落中的合拍。那么，在前一拍后一拍之间，在前一势后一势之间，在预想之形和因应之势之间，总是要有一个留白的时间和空间，才能让错落中的合拍自由发生，让预想之形和因应之势随机对话。所谓"默坐静思，随意所适"，就是在准备这样的时空留白。

"言不出口，气不盈息，沉密神采，如对至尊"是这一准备工作的具体建议。这些建议都是否定性的，即不是叫我们做什么，而是叫我们不要做什么。"预想字形"是做加法，"言不出口，气不盈息"的"默坐静思"则是做减法。"沉密神采"也是做减法。做减法的目的是落实"默坐静思"的"默"和"静"，从对象化的视觉世界回到冲漠无朕的独化世界。只有在这个世界，"预想字形大小、偃仰、平直、振动"才会栩栩如生，向我开放，仿佛花开，而不是我去竭力设计和构想它们的形态。

对象化的视觉世界是一个伪多元世界，是一个貌似丰富多彩而实际上单一贫乏的世界。在这个世界中，物与物抽象对立，互为障碍；形与形扞格不通，气滞血瘀。这是一个死板的世界，或者说根本就不是一个真正的世界。真正的世界是"之间"的敞开和生发，是物与物之间、形与形之间能生的留白。这些留白是静默的，因而是能使物形热闹的；这些留白是沉密的，因而是能使物形神采飞扬的；这些留白是虚无的，因而是能使物形存在起来的；这些留白是做减法减损出来的，因而是能生的，能使世界充实而丰富多彩的。韦应物诗云"冥冥花正开，飏飏燕新乳"（《长安遇冯著》），冥冥而飏飏，花开而燕乳，世界的发生就是这样的。

故惟其"言不出口"，所以能言也；惟其"气不盈息"，所以能盈也；惟其"沉密神采"，所以能申也（神者申也）。"沉密神采"不是为了泯灭神采，恰恰是为了神采飞扬，活泼生动；"气不盈息"不是为了断灭气息，恰恰是为了气息盈满，沛然莫之能御；"言不出口"不是为了杜口绝笔，恰恰是为了下笔千言，"扬于王庭"（《易·夬》）。

阳明答弟子问岩中花树云："你未看此花时，此花与汝心同归于寂；你来看此花时，则此花颜色一时明白起来。"（《传习录下》）所归之处，为什么是"寂"？既归于"寂"，如何"明白起来"？可见此寂非死寂，而是感通之寂、生生之寂。此寂非独存于"未看此花时"，且在"来看此花时"亦潜在于"一时明白"之中。花时明时寂，而化时时默化，无一息之停留。王维诗云："人闲桂花落，夜静春山空。月出惊山鸟，时鸣春涧中。"（《鸟鸣涧》）花开花落，月出月没，春鸟时鸣而夜静山空。夜之静在静中，更在鸟鸣中；山之空在寂中，更在春潮涌动中。

能感之寂必是沉密之境，能生之空自是独化之空。一个人越是断绝外缘，返归自我的秘境，就越能做好准备，向世界打开。一个人越能见独，就越能感通万物。为什么会这样呢？因为一个人是"一"，道也是一，每一道笔迹的书写当下也是一。非得此一之为一，不能见道之为一。正如库萨的尼古拉所说，认识一物之独一性（Einzigkeit）正是认识上帝之为"一"的途径。[1] 非以心不能印心，

---

[1] 参罗姆巴赫对此的精彩分析，见［德］罗姆巴赫：《作为生活结构的世界》，王俊译，张祥龙、朱锦良校，上海：上海书店出版社，2009年，第148—149页。

非见独不能得一。

"如对至尊"就是由此一而见彼一且知其终究为一的体验。此一，所以见独；彼一，所以见道；彼此终究为一，所以"如对至尊"而不惧，沉密神采而愈散怀抱。前文云"书者散也，欲书先散怀抱"，此云"沉密神采，如对至尊"，矛盾乎？不矛盾乎？矛盾而不矛盾也。为什么？因为散不是涣散、松散，而是一种高度专注的放松；"沉密神采，如对至尊"不是紧张和恐惧，而是放空放松的专注。

"至尊"者，道也，一也，无对待也。无对待，乃"无不善也"。"无不善"不是有什么保证，保证每一笔都漂亮，而是每一笔都在一条道路的律动之中载沉载浮，俯仰如之，美亦如之，丑亦如之，善亦善，不善亦善，如花之发，如气之化，故"无不善矣"。是书也，发生也，自然也，非设计也，非美术字也，故"无不善矣"。

生生之体：书法的身体与时空

为书之体，须入其形，若坐若行，若飞若动，若往若来，若卧若起，若愁若喜，若虫食木叶，若利剑长戈，若强弓硬矢，若水火，若云雾，若日月，纵横有可象者，方得谓之书矣。

蔡邕这里是在说"为书之体"，不是后世常说的"书之体"。"书之体"是类型学的、格式化的话语方式，而"为书之体"则是发生学的、行动的、创造性的话语。即就"书体"而言，在汉魏六朝人的思想中，也还远不是后世固化的类型学概念，而是从体之为体的本来意义出发来谈论书体。蔡邕《篆势》、卫恒《四体书势》之类，听起来跟后世的书体概念无别，实则完全不同。后世书体概念只是静态的视觉形象划分，而汉魏六朝人的"体"则是"体势"：所书之字的动态体势，以及书写之人的身体姿势。

在汉魏六朝书论中，书体犹如一个人的形体，是一个生命成长的概念，如袁昂论"陶隐居书如吴兴小儿，形容虽未长成，而骨体甚骏快"（《古今书评》）。书体之体，首先是生命体之体、身体之体（这个身体同时包含字的身体和写字之人的身体），后来才被固化为形态特征的分类，类型化为篆隶真行草的划分。古人所谓"立体"并不是确立某种字体风格之意，就是要让这个"体"成长起来，站立起来。身体如是，字体如是，道体亦如是。

蔡邕《篆势》是第一篇论书体的文章，开创了书体之生命性、身体化的论述范式。卫恒《四体书势》（其中《篆势》即蔡邕《篆势》）、袁昂《古今书评》皆在此范式之下。《篆势》以"势"为题而论篆体，已是因势生体的发生学思路。开篇云"字画之始，因于鸟迹"，非因于鸟形也。迹，行迹也，犹"为书之体"之"为"也。末句云"思字体之俯仰"，犹身体之俯仰也，非字形之大小方圆也。至于文中所论龙、蛇、鹰、鹄，"若行若飞，跂蚑翾翾""纤体效尾，长翅短身"，皆生命体之生命也、生命体之体也。

《笔论》"为书之体"之"为"，"为书之体"之"体"，皆当作如是解矣。在这种理解方式中，体是书写所为之体，为也是书体之所为。书体不只是所书之体，也是书写之体或书写行动的身体。书体来自书写的身体，书写的身体也行动化为书体。所以，"字画之始，因于鸟迹"的模仿行动本质上是行动的模仿，非仅图形的摹写。书写的身体写出书体，犹如行走的鸟兽踩出印迹。

如此乃可以入形矣。"为书之体，须入其形"是入其形也，非描画其形、结构其形也。但什么是"入其形"？"形"是什么？谁"入其形"？如果局囿于后世流行的视觉中心主义观点，那么，"入其形"的说法将是一种无法理解的奇怪说法。但如果我们能突破现代人的局限，回到先秦和汉代的"形气"观点，那么，问题就会涣然冰释。

《黄帝内经·刺志论》云"气实形实，气虚形虚。"这提示我们：出入形体者，气也。谁入其形？气入其形。孟子曰："气，体之充也。"（《孟子·公孙丑上》）管子曰："气者，身之充也。"（《管子·心术下》）皆言身体之所以能充满，正因为气之入形也。

"气"在蔡邕《笔论》中的出现，只有一处，而且是否定的一处："气不盈息"。但正因为写字之前做了"气不盈息"的减法工夫，所以，从"为书之体，须入其形"开始，在此后的"为"或实际书写行动中，这口气反而能无处不在，无时不呼吸，无往不以无为的方式来有为，以及以有为的方式来无为。

所以，在"为书之体，须入其形"之后，我们不只是看到各种"为书之体"和所"入"之"形"，而且是听到，仿佛是听到一种呼吸的节律之声："若坐若行，若飞若动，若往若来，若卧若起，若愁若喜，若虫食木叶，若利剑长戈，若强弓硬矢，若水火，若云雾，若日月……"

听啊，"若坐若行，若飞若动，若往若来，若卧若起，若愁若喜……"，这是一些更能通过听而不是通过看来感知的形体，因为它们首先是一些动作的节奏、呼吸的节奏。其实，在书写中，眼睛又如何能跟上笔锋的瞬息万变呢？如果不是一种听，一种庄子称之为"听之以气"（《人间世》）的听，书写的心灵又如何可以跟上笔锋的舞步，与之颉颃左右，俯仰上下，载沉载浮，鸢飞鱼跃呢？虞世南说"又同鼓瑟轮音，妙响随意而生；握管使锋，逸态逐毫而应"（《笔髓论·契妙》）真的只是以音乐为喻吗？抑或，音乐经验并非只是譬喻，而是在更加本质的层面以更加准确的方式描述了书写经验？

"若虫食木叶，若利剑长戈，若强弓硬矢，若水火，若云雾，若日月……"又是以物为喻吗？这些物象与前面的身体语言有本质区别吗？在蔡邕《篆势》、卫恒《四体书势》、袁昂《古今书评》等汉魏六朝书论中，处处可见身体摹状与天地物象的并置，仿佛身体与书体之间、物象与书象之间，只是一气之化，一化之机，一机之发势，一势之成形，一形之生变，一变之万象。人形、物象与字势之间，气化氤氲，流行无碍，生发无穷。

"若……若……"的语法既是空间形象性的象什么象什么，也是时间节律性的时而如何时而如何。"若……若……"的妙处在于时空的合一，而人类的语言至今还没有一个词可以表达时空的一体。由于这种表达的困难，以及由于书写经验的逐渐贫乏，书论史成了一个不断丢失时间维度而越来越片面突出空间维度的

146

历史。如今，找到一条逃逸线，逸出欧几里得和牛顿的空间牢笼，回到四维时空的本然宇宙，在运动的时间性中重新定位点画之间的空间结构、相对速度和张力关系，成为未来书法思想的任务。而蔡邕和汉魏六朝诸子，可能就是这条逃逸线的引路人。

于是，逸出的书写者会说"纵横有可象者，方得谓之书矣"，而不是"纵横有象，方得谓之书矣"。"有可象者"之"象"是动词，是取象的易学，是象的发生学，复数的、生生不息的象之发生学；"有象"之"象"则是名词，一次成型的、静态的、单数的名词。与之相应，"纵横有可象者，方得谓之书矣"的"纵横"也不是静态现成的空间关系，而是在时间中动态生成着的向量运动；"方得谓之书"的"书"也不是后世所谓书法作品，而是前文所言"为书之体"的"为书"行动，以及发起这一行动的生命体和这一行动所创造的生生"书体"。

孔子与卜筮

——帛书易传《要》篇选讲

吴小锋*

摘　要：易经的发展，大致经历了从卜筮到义理的发展过程。卜筮，是易的根，有象数基础作为支撑。研究易，也不能仅仅止于卜筮。如何处理易与卜筮的关系、卜筮与德义的关系，是易学研究史上的重要问题。1973 年长沙马王堆出土《帛书易传》，其中有一篇《要》，记载了孔子对这个问题的思考与实践。孔子对易的研习，从卜筮进一步推进至德义层面，对于卜筮与德义之间的关系，有精彩的辨析。研读《要》篇孔子的相关论述，不仅对于易学研习者会有所启发，对于进一步理解孔子的学问追求，也是一个好的契机。

关键词：过错；卜筮；德义

《周易》成书之前，易的发展大致经历了用于卜筮、研究象数、衍生义理的过程。义理如肉，象数如骨，卜筮如神。义理依附于象数，象数依附于卜筮。秦

---

* **作者简介**：吴小锋，同济大学人文学院讲师，主要研究中国古典思想。

始皇焚书，《易》被视为卜筮之书，幸免于秦火。[1]

卜筮，是易的根。卜筮，不可简单理解为占卜。甚至，占卜，也不能简单理解。卜筮与占卜背后，有极深的文明根源，简单来说，是对"观天之道"的模拟与概括。[2]

卜筮，有一个前提，诚。表现为斋戒，以求其诚。斋，澄澈内心杂念，实质为"心斋"（《庄子·人间世》）。在斋戒的过程中，因为杂念的一点点排除，逐渐看清楚自己和自己的想法，诚身而诚意。斋，篆文作𪗪，从齐省从示，身心与"示"相齐。最后实在齐平不了的那个念头，就是参与到卜筮过程中的"人"。

"易，无思也，无为也，寂然不动，感而遂通天下之故"（《周易·系辞上》）。[3] 没有心斋的"诚"，杂念太多，"感"通的力量就不强。易，本身无思无为。人带着那个不平的心念参与卜筮，易在卜筮的过程中，感应人心思的不平，荡起一个相应的波澜，得一个卦象。

"蓍之德圆而神"（《周易·系辞上》）。从卜筮上讲，蓍草推衍，围绕卜筮者转，为圆。最终引申展现出来的，是与卜筮者不平之念相应的结果，此为"神"。卜筮，本身有很深的理，《周易》保留着卜筮根本性的位置。"昔者圣人之作易也，幽赞于神明而生蓍"（《周易·说卦》），圣人作易，与卜筮密不可分。筮法中，蕴含着易经的数理，是象数系统建立的基础。

卜筮，不可仅仅以迷信视之。但是，研究易，也不能仅仅止于卜筮。如何处理易与卜筮的关系，孔子曾发表过一个观点，非常精彩。尘封两千余年，重新为

---

[1] 《史记·秦始皇本纪》："臣请史官非秦记皆烧之。……所不去者，医药卜筮种树之书。"

[2] 龟卜，以火灸龟这个象之所以具有占卜的意义，更深层次是比象于立表测影。参吴小锋：《早期中国时空秩序的建立与展开：从文字学的角度考察》，《同济大学学报》（社会科学版），2022 年第 2 期，第 93—94 页。大衍筮法，模拟天地运转、四时迭运的过程，最后得出人与天地互动的一个结果，参吴小锋：《大衍筮法的历数原理》（未刊）。

[3] 曹元弼：《周易集解补释》，吴小锋整理，上海：上海人民出版社，2019 年。下文引用《周易》原文，皆出自此书。

人所见。

1973年，长沙马王堆出土了《帛书易传》，其中有一篇《要》，记载了孔子与子贡的一段对话：

> 夫子老而好《易》，居则在席，行则在橐。
>
> 子赣曰：夫子它日教此弟子，曰"德行亡者，神霝之趋。智谋远者，卜筮之蘩。"赐以此为然矣。以此言取之，赐缗们之为也。夫子何以老而好之乎？
>
> 夫子曰：君子言以矩方也。前祥而至者，弗祥而巧也。察其要者，不诡其辞。尚书多疏矣，《周易》未失也，且有古之遗言焉。予非安其用也，予乐其辞也。女何尤於此乎。
>
> 子赣曰：如是，则君子已重过矣。赐闻诸夫子曰："孙正而行义，则人不惑矣。"夫子今不安其用而乐其辞，则是用倚于人也，而可乎？
>
> 子曰：校哉，赐。吾告汝：《易》之道，□□□□□□□□（用其占而不乐其辞），此百姓之□□□（所以为）《易》也。夫《易》，刚者使知瞿，柔者使知图，愚人为而不忘，惭人为而去诈。文王仁，不得其志以成其虑。纣乃无道，文王作，讳而避咎，然后《易》始兴也。予乐其知之自得，德之自生也。予何安乎事纣乎。
>
> 子赣曰：夫子亦信其筮乎？
>
> 子曰：吾百占而七十当。唯周梁山之占也，亦必从其多者而已矣。子曰：《易》，我后其祝卜矣，我观其德义耳。幽赞而达乎数，明数而达乎德，又仁守者而义行之耳。赞而不达乎数，则其为之巫，数而不达于德，则其为之史。史巫之筮，乡之而未也，始之而非也。后世之士疑丘者，或以《易》乎，吾求其德而已。吾与史巫，同涂而殊归者也。君子德行焉求福，故祭祀而寡也，仁义焉求吉，故卜筮而希也。祝巫卜筮，

其后乎。[1]

一、过错与学易

夫子老而好《易》，居则在席，行则在橐。

孔子"老而好《易》"，如果对这个"老"，定一个相对准确的时间段，可以是孔子五十岁以后。"子曰：加我数年，五十以学《易》，可以无大过矣。"（《论语·为政》）在此之前，孔子应该接触过《易》，理解未深。

孔子当时见到的《易经》版本，大概止于"经"的部分，也就是六十四卦的卦象与卦爻辞。单独看，很难理解。随着阅历的积累与时间的酝酿，五十岁左右，《易》慢慢向孔子打开了。

"五十以学《易》，可以无大过矣"，孔子对《易》的切实理解，从"过"开启。

过，简单说，是与当下时空以及人事物相错。比如坐车去某一个地方，坐过了站为"过"，提前一站下为"不及"，皆与目的地相"过"而有差错，过与不及皆为过。过，更进一步讲，是主观与客观时空不合。主观觉得到了，下车一看，怎么坐过了或者还差一站。过错，主观与客观脱节，相过而错。主客观之间的脱节，坐车坐过了站，过错自然在主观的一方。

人，尤其年轻的时候，血气方刚，总想让客观环境围绕自己旋转。或者说，以主观斡旋一段时空，一个环境。孔子去拜见老子的时候，三十出头，学富五

---

[1]《要》篇的这部分文字，主要参考张政烺著，李零等整理：《张政烺论易丛稿》，北京：中华书局，2011年；廖名春：《帛书〈周易〉论集》，上海：上海古籍出版社，2008年；刘彬等著：《帛书〈易传〉新释暨孔子易学思想研究》，北京：中国社会科学出版社，2016年；丁四新：《楚竹书与汉帛书〈周易〉校注》，上海：上海古籍出版社，2011年。原文多异体字，这里的引文尽量做了规范化处理。

车，却依然年轻。[1]

老子给他的回应是这样的："子所言者，其人与骨皆已朽矣，独其言在耳。且君子得其时则驾，不得其时则蓬累而行。吾闻之，良贾深藏若虚，君子盛德容貌若愚。去子之骄气与多欲，态色与淫志，是皆无益于子之身。吾所以告子，若是而已。"（《史记·老子韩非列传》）

良贾，好的买卖人，深藏若虚。一般做买卖的人，一上来就推销自己的商品。良贾，先看对方需要什么，搞清楚对方的需求，再拿相应的东西出来，此前深藏若虚。"学以致用"，也当如此，别懂了一点东西，就拿去到处贩卖，推销。当你不知道对方的处境，对方需要什么，你拿出来兜售的东西，几乎都与对方的实际需求相过而错。

"君子盛德，容貌若愚"。人要成就盛（shèng）德，先要积德，也就是盛（chéng）德。要想盛（chéng）得多，心胸足够大，姿态足够低，大器。再大一点，就是不器。器小，垒得再高，又能盛多少呢？器越大，越能看到自己的不足，增益的空间也就变大，越能盛（chéng）德。

盛德如谦。谦卦的象，山在地中（䷎）。君子有德，积小以高大，以致德盛如山。当实际与人交际的时候，君子把自己突出如山的东西，沉降下去。对外，与人保持齐平，让人与自己的交接，如履平地。损之高，把山落下去，自卑以下人，为"平"。与不同的人交接，皆能感受对方的高低变化而做出相应调整，以虚受人，称物平施，[2] 为"易"。平易近人，平与易，能近人，拉近自己与对方之间的距离，减少落差，从而减少过与错。

与人交集的时候，你若高高在上，如山之耸。别人跟你打交道，就像在登

---

[1] 孔子是否真的拜见过老子，存在争议。从孔子的生平来看，最有可能的时间点，是鲁昭公二十四年（公元前 518 年），孔子陪孟懿子以及南宫敬叔去周王城洛阳的时候，孔子当时 34 岁。参潘雨廷：《论孔子与"六经"》，见氏著《易学史发微》，上海：上海古籍出版社，第 32—35 页。"孔子见老子"，作为思想事件的意义更大。如果是战国时代的人，造作故事，也是为了说这个道理。

[2] 咸卦《大象》曰："山上有泽，咸。君子以虚受人。"谦卦《大象》曰："地中有山，谦。君子以哀多益寡，称物平施。"

山。很多人，远远望着，就绕开了。那些贴上来的，大多数也是为了攀附。老子对孔子说，"去子之骄气与多欲，态色与淫志，是皆无益于子之身"。骄气，多欲，态色，淫志，归纳起来，都是主观太盛。

随着年龄增长，阅历丰富，吃的亏也多了，在主客观关系上，自然会有一些修正。当意识到主客观相过，根源在自己。然后修正自己以合于客观时空变化，此为"以人合天"，这是"修身"的核心。天人合一的本质，不是天来将就人，而是人去合于天。天，是客观时空的象。客观永远是客观，天地时空坐标永远不变，人的主观不去合，人就永远在"过"中。如此，动则得咎。

"无咎者，善补过者也。"（《周易·系辞上》）修身虚己以合天，合于客观时空变化，此为"知天命"。孔子自言，"五十而知天命"（《论语·为政》）。

"吾十有五志于学"，孔子十五岁志于学。再用十五年的时间，把该学的东西基本学得差不多。"三十而立"，十五年的积累，如山之立于地。

然后，去见老子。在《庄子》演绎的故事里，是说孔子背着书去的。"孔子西藏书于周室。……往见老聃，而老聃不许，于是繙十二经以说。"（《庄子·天道》）老子说，你背着一座山来，你不累吗。在《史记》里，老子对孔子说，"子所言者，其人与骨皆已朽矣，独其言在耳。"真正说这些话的那些人早就死了。时过境迁，现在还守着这些文字，跟刻舟求剑有什么区别呢。残留的文字，与过去说这些话的人与时空，难道不是一场"大过"吗。人抱着这一堆文字，难道不是抱残守缺，眼睁睁地与面前客观时空的发展变化相错而过吗。

这，正是"过"字的象。

过（過），金文作（过伯作彝爵西周早期集成8991），从止从咼（wāi）。咼，从冎（guǎ）从口。冎，甲文作（粹1306，合3236，宾组），金文作（冎父□罕商代晚期集成9221），剔尽肉而见骨节相连之象。冎者，剐也，剐掉肉，剩下的是一堆残骨。把肉还原回去，肉之所附，为"骨"。[1] 人死肉腐，所剩者，

---

[1] 骨，篆文作，从冎从肉。《说文》曰："骨，肉之覈也。从冎有肉。"

残骨。凸为残骨，金文的"过"（ ），从止从凸，乃止于残骨之象，相当于是错过了"生生"变化的客观环境的结果。

过，金文还有一种写法，作 （过伯簋西周早期集成 3907），从辵，行与止之义。从辵从凸，行与止，皆准于残骨，亦忽视生生变化。过，篆文作 ，从辵从咼。咼，从凸从口，这个象，正如老子所说的"子所言者，其人与骨皆已朽矣"，是死人的话，时过境迁的话。行与止，以此为准，又怎能避免与当下的时空境遇不相过呢。

如果把残骨之言神圣化，尊奉为万世不变的教条，必然在人间造成大过，酿成大祸，此"祸"（祸）之所以从示从咼。这也是《庄子》一书，批评儒家将古传经籍神圣化的着眼处。庄子的这个批评，对阅读古典的读者，是棒喝般的提醒。如辵一般走走停停，只盯着古书，而对实际变化的客观现实闭上眼睛，"腐儒"的象，何其贴切。

更进一步说，活在过去与活在未来的人，与当下之时相过，都是"过"。号称"活在当下"，但缺乏历史感（对过去缺乏认知，对未来缺乏预见）的人，是不可能把握到客观时空的变化，从而真正活在当下。这个时候，"活在当下"，对这些人而言，就变成了可以随心所欲的借口。

孔子后来领会，"子绝四：毋意、毋必、毋固、毋我。"（《论语·子罕》）意必固我，皆出于主观。"毋"，禁止，修正自己的主观以求合于客观，至于"四十而不惑"。

惑，篆文作 ，从心从或，以自己的心为标准，划定外在领域。或，是"域"的本字，或就是域，相当于后来的"国"。"地势坤"，大地有自己的疆域、方向和文理。惑，不顾客观的地理，而以主观之"心"来划分客观的"或"（域），此为"惑"的根源。自己，是自己世界的王。"人法地"，人不法地而法自己，师心自用，犹如地不法天而先动，皆是"先迷失道"（《周易·坤·象辞》）。惑，是以意必固我之心，主观斡旋出的时空疆域与客观现实的时空，彼此相过，故有"或此或彼"的二分。彼此两个世界，两个"或（域）"，哪一个是真的，此为困惑之源。以此为彼，以主观为客观，是过错的源头。

四十不惑，将意必固我之心，损之又损，尊重客观，逐渐与之相合而不惑。十年之后，"五十而知天命"，对客观时空及其变化，已经了然。在这个过程中，《易》也逐渐打开，"加我数年，五十以学《易》，可以无大过矣。"《易》讲时空坐标的不易，也讲时空中阴阳消息的变易，故能"范围天地之化而不过"（《周易·系辞上》）。不过，即"与时偕行"，与时俱进。

孔子五十"学易"而"知天命"，自觉将主观合于客观，故"可以无大过"。处理好主观与客观问题，合主观于客观，是正己，为自处之道。正己之后，才能更好地处理人事问题，在与人交接处，能于人有正。

"六十而耳顺"，是从客观时空流变，对应到具体人事的精微处。耳，先听取客观信息，实事求是。圣，繁体作聖，篆文能作🄿，《说文》曰："圣，通也。从耳呈声"。聖，从耳从呈，圣人之所以是圣人，在于能以"耳""呈"现隐秘于万物的信息。为什么是用耳呈现呢？因为，在人体的感官系统中，尤其是眼耳口鼻舌五官中，耳朵最为被动，不能主动关闭。因此，耳朵接收到的信息，相对其他感官，更为客观。《庄子·齐物论》中，南郭子綦隐几而坐，"吾丧我"之后，方能从地籁人籁中，更进一步听（聽）取天籁，感通于万物。

孔子六十而耳顺，是"因"于"此"信息与人，去顺他。顺，不仅是顺着对方，而且还意味着把对方理顺。但要理顺对方，先要走近对方，理解对方，此为顺应。以平易近人，然后能平人。故"大学之道，在明明德，在亲民"（《礼记·大学》），亲民，不可直接理解为"新民"。亲民，先与民众相亲相近，打成一片。新民，基于与民众先的落差。亲民，才有新民的可能。先新民，则民很难"新"。

"七十而从心所欲不逾矩"，主观客观合一。人合于天之后，天亦合于人，天心即人心，人心即天心。在这个意义上，才是横渠四句教的第一句，"为天地立心"，此前有极其漫长的修行功夫。

孔子"五十以学《易》，可以无大过矣"，已经触碰到《易》的核心。《易》与孔子，相互打开。孔子自此进一步上出，《易》也因为孔子的上出而活了，活在了孔子身上。

司马迁在写《史记·孔子世家》的时候，用了《论语》的这一句，稍稍改动了一下，说："孔子晚而喜《易》，序《彖》、系《象》、《说卦》、《文言》。读《易》，韦编三绝。曰：假我数年，若是，我于易则彬彬矣。"假我数年，向天再借若干年。彬彬，孔子说过"文质彬彬"（《论语·雍也》）。放在这里来说，《周易》这本书，就是文。质是什么，《易》这个书的要旨是什么，教人无大过，"其要无咎"，而"无咎者，善补过者也"（《周易·系辞上》）。

《周易》的要旨，帛书《易传》有一篇，概括为"要"。孔子说："吾好学而夔闻要，安得益吾年乎"，这是极其真实的内心写照。过了大半辈子，才发现这个书原来这么好，以前在干啥呢。老天，再让我多活些岁月吧。夔，是身姿的转换，引申为学问方向的变换，见识境地的上出。能实现学问上出的前提，是"好学"，"十室之邑，必有忠信如丘者焉，不如丘之好学也。"（《论语·公冶长》）

好学，"夔"有闻"要"的机会。孔子总结一生几番大的变化，翻转上出，从"吾十有五志于学"的"学"开始。

孔子五十岁，打开《易》这本书，发出"加我数年"之叹。有人看到《周易》的好，说"我一定要好好学习"，之后往往难以兑现。孔子"好《易》"呢，"居则在席，行则在橐"。居，在家的时候。古人席地而坐，在席，《易》是手边书，坐下来就看。行，出门的时候。在橐，背包里，停下来就看。基本是书不离人，手不释卷，以至于韦编三绝。

二、用占与系辞

子赣曰：夫子它日教此弟子，曰"德行亡者，神霝之趋。智谋远者，卜筮之蘩。"赐以此为然矣。以此言取之，赐缗们之为也。夫子何以老而好之乎?

子贡对夫子"身姿"的转变，有所察觉，但还没有明白其中的意义，就问孔子。夫子以前教育我们，说过这样的话，"德行亡者，神灵之趋。智谋远者，卜筮之繁"。

德行亡，就是亡德行。亡者，丧也，缺也。亡德，丧德，缺德，以至于无德。缺德的人，"神灵之趋"，会趋向神灵，走向迷信，与鬼神作交易。人之所以亡德，德不断丧失，因为悖道而行。德，是人与道之间维系的线。悖道而行，线就容易断。

悖道为幸，"人之生也直，罔之生也幸而免"（《论语·雍也》）。直，"率性之谓道"（《礼记·中庸》），本乎天性而行，直道而行，循道而行。罔，篆文作罔，从网从亡。这里的网，乃天道纲领，人世纲纪。罔，从亡，人逃匿于天道纲领与人世纲纪，作漏网之鱼。幸，篆文作幸，从夭从屰，逆行而夭。悖道逆行而不夭死，不为道所阻断，为"幸而免"。"天网恢恢，疏而不失"（《道德经》七十三章），失道寡助，幸运不会一直降临。

缺德的人，悖道而行。他自己也知道，这样做，作死的几率很大。所以，"神灵之趋"，与鬼神作交易以侥幸。侥幸，说到底，仍然是悖道亡德之行。

"智谋远者"，即远智谋者，缺乏智谋的人。"卜筮之繁"，不能深谋远虑的人，势必经常求助卜筮。事情来了，不知道怎么办，让卜筮替他做一个选择。

深谋远虑，来自哪里呢。"不谋万世者，不足谋一时。不谋全局者，不足谋一域。"[1]万世为时间，全局为空间，研究时空体系，才能明白当下趋势。当下的一时一域，受制于历史大势的裹挟。要处理好局部，必然知整体。没有深谋远虑，求助于卜筮，从某种程度上讲，仍然是侥幸行为。

"德行亡者，神灵之趋。智谋远者，卜筮之繁。"夫子的这句话说得太好了，子贡深以为然。"以此言取之，赐缗仰之为也"，但是，如果用这句话来对比夫子现在的行为，"好《易》，居则在席，行则在橐"，夫子怎么反倒开始"趋于神

---

［1］ 陈澹然:《寤言二·迁都建藩议》，见沈云龙主编，陈澹然撰:《江表忠略·寤言·权制》，台北:文海出版社，1973年版，第577页。

灵",研究"卜筮"之书了呢,子贡搞不懂了。绻,通于惛,相当于"泯",本来清楚的变得不清楚了。佃,"信"的古文写法,这里指夫子以前说的那一套。现在孔子又做了另一套,把子贡原来相信的东西给搞乱了。子贡于是质问道:夫子,你说说,你为什么老而好易。

夫子曰:君子言以矩方也。前羊而至者,弗羊而巧也。察其要者,不诡其辞。《尚书》多於矣,《周易》未失也,且有古之遗言焉。予非安其用也,予乐其辞也。女何尤於此乎。

伏羲交尾图,一人手里拿着规,一人手里拿着矩。规以画圆,矩以画方。模拟天地方圆,以定人事规矩。"君子言以矩方",是说君子言行,皆有准则,必前后一致。说的话是否前后一致,甚至可以用矩方来丈量,看看是否有出入。

"前羊而至者,弗羊而巧也"。子贡说孔子言行前后有出入,孔子认为没有出入。继续以"矩方"为例。羊,这里应该读作"样"。[1] 前样与弗样,怎么理解呢。画一个方,先画一个直角,有长有宽。然后画一个与它相反对的直角,长宽对等,正好构成一个方,此之谓"巧"。

前样而至,是以前表现出来的一套行为。弗样,是后来表现出来一套与此前貌似相反对的行为,就是现在的"手不释《易》"。孔子说,其实呀,这两者相反相成。你只看到了一面,没有看到另一面。

"察其要者,不诡其辞"。前后两种行为放在一起,如果把行为背后的意图与逻辑搞清楚,你就会发现,我现在的做法与之前所说的"德行亡者,神霝之趋。智谋远者,卜筮之繁",并不矛盾。

"《尚书》多於矣,《周易》未失也,且有古之遗言焉。"於,通"迂",迂阔。《礼记·经解》言:"疏通知远,《书》教也"。疏,粗疏。上古的事情,过于遥远,所以只能讲一个大纲性的东西,难以详尽事情。孟子言必称尧舜,"适梁,

---

[1] 羊,张政烺释为"芉",读为"逆",见张政烺:《张政烺论易丛稿》,第241、248页。廖名春读为"祥",见廖名春:《帛书〈周易〉论集》,第99—100页。

158

梁惠王不果所言，则见以为迂远而阔于事情"（《史记·孟子荀卿列传》）。"迂远而阔于事情"，是对这里《尚书》多於"的绝妙注释。

与《尚书》的疏阔相比，《周易》"未失"。六十四卦，三百八十四爻，织成天罗地网，不仅范围天地，而且切于事情。其中，还包括"古之遗言"，保留着古代的遗教。

"予非安其用也，予乐其辞也"。《易》的"用"，在当时指的是"卜筮"。用，篆文作用，《说文》曰："可施行也，从卜从中"。卜中，可实行，为用，"用"字本身从卜筮来。用，是执行卜筮给出的好的建议。行事的正当性，来自卜筮。

"安其用"的安，与下面的"乐其辞"的乐，可看作互文。安，就是乐，乐此不疲为安。对于《易》，"予非安其用"，我并没有停留在卜筮上面。"予乐其辞也"，我沉迷的是系于卦爻之辞。此时，孔子已经发现卦爻象与卦爻辞之间的关系。但是还在自己揣摩的阶段，没有公开给弟子们讲授。

"女何尤於此乎"。尤，怨天尤人的尤，责备。所以，你何至于因为我手不释《易》而责备我呢。

子赣曰：如是，则君子已重过矣。赐闻诸夫子曰："孙正而行义，则人不惑矣。"夫子今不安其用而乐其辞，则是用倚于人也，而可乎？

"如是，则君子已重过矣"。如果夫子这样说的话，那更是错上加错了。因为，子贡曾经听孔子说过这样的话，"孙正而行义，则人不惑矣"。孙，通"逊"或"愻"，"顺"的意思。孙正，为顺正。"正"为经常，不正为奇，为非常。孙正，遵循常道。行义，做适当的事情。简单说，示人有常，而非索隐行怪，特立独行。这样的话，他的言行，就不会给周围的人带来困惑。

"夫子今不安其用而乐其辞，则是用倚于人也，而可乎。"子贡这句话，反映出一个事实。在当时，《易》其实一直被普遍视为"卜筮"之书。《易》的"用"，就是卜筮，是"正"与"常"。如果夫子好易，重点不在卜筮，而是津津于《易》的文辞，这恰恰是反常的做法。如此，在旁人看来，这就是不顺正而"用倚"。

倚，通"奇"。

从易的发展来看，把易从卜筮之书，往上拔高一个层次，时间大概当"殷周之际"，[1] 具体可以系之于"文王演易"。[2] 文王演易，给《易》带来的提升，主要有两个方面。一，是由卦而爻。文王以前，卦是不变的，静态的。文王演易，"六爻发挥，旁通情也"（《周易·文言》），发挥用九用六的爻变之义，卦爻开始动起来了，以至于"爻也者，效天下之动者也"（《周易·系辞下》）。既然，爻变能效天下之动，那么天下事，也就能在卦爻变动之中找到对应与解决之道。如此，易的"用"，就从卜筮上出，包括但不止于卜筮。

卦爻变动，并非随意变动。一爻一卦之变，皆有其原来与未来。如何能把卦爻的原来、现在与未来的动态趋势表达出来，让灵活旁通的卦爻变，不至于漫漶无归，这就是"系辞"。系辞，指明卦爻的变动趋势及其相应的结果，此为卦爻辞的制作之意，故"辞也者，各指其所之"（《周易·系辞上》）。系辞，不要直接对应到《系辞传》，最初的卦爻辞，也属于"系辞"。《系辞传》是研究"系辞"的心得，揣摩这些"辞"，是如何系到这一卦这一爻上面的。

文王演易，让卦爻动起来，然后系辞，"各指其所之"。这个工作，文王生前没有做完，周公接着做。传统的看法，是文王系六十四卦的卦辞、乾坤的爻辞。周公把剩下的爻辞接着做完。[3]

卦爻变与所系的卦爻辞，饱含圣王制作之意。不过呢，如此深远用心，藏在了《周易》的外表之下，藏在卜筮之用当中。后来，孔子"好学而龥闻要"，境界上翻，接通文王意旨，从此手不释卷，醉心于此。"假我数年，若是，我于易则彬彬矣。"彬彬，搞清楚文辞与卦爻变动之间的文质关系。

---

[1]《周易·系辞下》曰："易之兴也，其于中古乎？作易者，其有忧患乎？""易之兴也，其当殷之末世，周之盛德耶？当文王与纣之事耶？"

[2] 参潘雨廷：《易学史丛论》，上海：上海古籍出版社，2016 年，第 24—26 页。

[3] 参曹元弼著，周小龙点校：《周易学》，北京：中国社会科学出版社，2021 年，第 457—459 页。不过，实际的情况，可能要复杂得多。参潘雨廷，"论编辑成〈周易〉者的思想结构"，见潘雨廷《易学史发微》，第 107—136 页；"卦爻辞的原始意义"，见潘雨廷《易学史丛论》，第 71—86 页。

易，是卜筮之书，即便到今天，也是普遍的看法。不局限于卜筮而观象玩辞，在常人眼里，反倒奇怪。所以子贡认为，"夫子今不安其用而乐其辞，则是用倚于人也"，弃正用奇，索隐行怪，这样是不可以的哟。

子曰：校戋，赐！吾告汝：《易》之道，□□□□□□□□（用其占而不乐其辞），此百姓之□□□（所以为）《易》也。夫《易》，刚者使知瞿，柔者使知图，愚人为而不忘，惭人为而去诈。文王仁，不得其志以成其虑。纣乃无道，文王作，讳而避咎，然后《易》始兴也。予乐其知之自得，德之自生也。予何安乎事纣乎。[1]

戋，通"哉"。校，通"绞"，"直而无礼则绞"（《论语·泰伯》）。直，直率，心直口快，宁折不弯。绞，偏激。

直，本来是好的，但如果不顾场合、不顾对象，直言以对，这种人也过于偏激和任性了。"好直不好学，其蔽也绞"（《论语·阳货》），好直，追求真相，揭露一切伪装。但如果不好学，不去丰富自己看待问题的角度和层次，容易蔽于自己的偏狭。孔子批评子贡，绞哉，眼界狭小故而偏激。

孔子说，我来给你讲一下，《易》之道，（用其占而不玩其辞，）此百姓之（所以为）《易》也。"把《易》道，仅仅看作卜筮之用，而不研究卦爻辞当中蕴藏的内容与意旨，这是"百姓"对待《易》的方式。百姓，为当时的百官。尽管两千年来，易经早已不再为官方所密，如今的"百姓"与老百姓，基本上还是这样看待《易》。

你最近在读什么书，读《周易》。噢，学算命啊……

"夫《易》，刚者使知瞿，柔者使知图，愚人为而不忘，惭人为而去诈。"习《易》，有大于卜筮的东西。比如，"刚者使知瞿"，瞿，通"惧"。可以让刚猛的人，有意识地去设想行为的后果。推演的结果，可以反过来节制自己有勇无谋的

---

[1] 阙文的补充，参考刘彬等著：《帛书〈易传〉新释暨孔子易学思想研究》，第247—249页。

行为。"暴虎冯河，死而无悔者，吾不与也。必也临事而惧，好谋而成者也。"（《论语·述而》）

"柔者使知图"，柔弱，冲劲不足。难以自立的人读《易》之后，能够有所进取。图，图谋，谋划，对未来能有所预期。通过这个预期，调整与支撑现在的身心状态，让自己立得住。

"愚人为而不忘"，忘，通"妄"。愚人，蔽于一曲之人。愚人读了，可以逐渐打开自己的心胸和眼界。知道经常，也知道种种变化，就能突破一己的局限，减少妄作。

"惭人为而去诈"，愚人是憨直，惭人是灵活诡诈而不直。惭人诡诈，只看得见眼前利益，看不见长远因果。《易》教人看得长远，若是诡诈悖德，必定凶多吉少。人，皆趋吉避凶，故能慢慢去诈。

孔子对子贡说，在百姓眼里，《易》是用来卜筮的。但对于真正读《易》的人来说，却能修德。对《易》的提升，孔子系之于文王。"文王仁，不得其志以成其虑"，文王仁厚有文德，但是在当时的政治环境下，文王的政治理想和德行抱负，并不能实现。文王的仁，以及由此而来的政治抱负，对应于当时纣王的无道。

"纣乃无道，文王作，讳而避咎，然后《易》始兴也。"纣王无道，是文王"作"的前提。"述"是沿着走，如汉承秦制。"作"是重新走，重新奠立一套政治秩序。纣王无道，文王主动出来，替天行道，顺天应人重新制作，然后有商周之变。但是，刚开始的时候，文王对自己想要做的事情，有所隐晦。毕竟主政天下的还是纣王，而商代的政治制度已经延续近六百年，这是大势。当文王实力不足以扭转这个局面的时候，"讳而避咎"。

不过呢，理论上的奠基与推演，已经开始着手了，这就是"文王演易"。在文王手里，《易》从"卜筮"的层次，进一步生长，这就是"《易》始兴"。孔子的意思是说，我现在的读法，是文王奠立的。

《周易》谈论"《易》之兴"，有两个地方。一是"《易》之兴也，其于中古乎？作《易》者，其有忧患乎？"(《周易·系辞下》)点名《易》之兴，时间在中古。作《易》者，忧患之深，可以对应于殷末纣王无道之时。二是"易之兴也，其当殷之末世，周之盛德耶？当文王与纣之事耶？"(《周易·系辞下》)把"中古"这段模糊的时间，具体到殷周转换之际，人物具体到纣王与文王之际。

《易》之兴，以一个崭新的面貌出现。

"予乐其知之自得，德之自生也。予何安乎事纣乎。"孔子说，我现在好易，乐的是文王让《易》显出来的东西。《易》的这个层次，是通过文王显出来的，是文王的制作，根源是文王的"仁"。仁者，天地的果仁，天地之子，秉受天地的信息与天地之德。所以，文王的"德"，以及灌注到《周易》里面的东西，不是谁给他的，而是他"自得"的，得之于天地。这个德，与生俱来，文王如保赤子，故"德之自生"。

文王赋予《周易》的东西，来自自己的德，而文王的德，受之于天。文王刷新《周易》，属于"天工人其代之"(《尚书·皋陶谟》)。

纣王时代的易，或者说殷代的易，以卜筮为用。殷代的卜筮，非常发达，主要以卜筮通神，殷人自上而下皆尚鬼神。"安于事纣"，是安于"以卜筮为用"的政治品质。"予何安乎事纣乎"，文王演易之后，易不止于卜筮，孔子闻"要"，跟随文王一同上出了。

三、卜筮与观德

子赣曰：夫子亦信其筮乎？子曰：吾百占而七十当。唯周梁山之占也，亦必从其多者而已矣。

子贡继续追问：夫子，你整天玩易，到底信不信卜筮这一套呢。

孔子讲了自己占卜的经历。如果遇事而占，一百次，大概有七十次应验。当，命中，应验。孔子占卜的有效率，大概在百分之七十。也就是说，如果把事情的决策交给卜筮，大概在孔子那里，有七成把握。其实，有七成把握，已经不错了。一般人达不到，按心诚的程度，会递减到五成左右。

卜筮的方式，一般来说，分一人占筮与多人占筮。如果一人占筮，结果是什么就是什么。如果多人占筮，无论自己的占卜结果如何，都应该以多数人的占卜结果为是。周梁山那次的多人占卜，就是这样。至于周梁山在何处，不可考。

孔子这个话是什么意思呢？卜筮，不是纯概率游戏。百占而七十当，有相当的准确性。但孔子并不止于卜筮，孔子对易有更加关注的内容。

子曰：《易》，我后其祝卜矣，我观其德义耳。幽赞而达乎数，明数而达乎德，又仁守者而义行之耳。赞而不达乎数，则其为之巫，数而不达于德，则其为之史。史巫之筮，乡之而未也，始之而非也。后世之士疑丘者，或以《易》乎，吾求其德而已。吾与史巫，同涂而殊归者也。君子德行焉求福，故祭祀而寡也，仁义焉求吉，故卜筮而希也。祝巫卜筮，其后乎。

"子曰：《易》，我后其祝卜矣，我观其德义耳。"祝，告神，祈祷，与神沟通。祝卜，祝而卜，与神沟通然后卜筮，获得神的指示。卜筮的结果，犹如上天的指示。卜筮，是听天意。孔子说，对于《易》，我将祝卜之类的卜筮之术，放在次要位置，主要"观其德义"。德义是什么，后面孔子会解释。

"幽赞而达乎数"。赞，见面，但是不是直接见面。赞，篆文作贊，从贝从兟，执贝以兟。拿着礼物，跟着中介的引荐而面见。赞的对象是谁呢，天地神明，最终获得天意。神明，人不能直接通达，需要中介的引荐。中介引荐，为赞，此为赞从"兟"之义，跟随先至者的脚步。这个中介是什么呢，"幽赞于神明而生蓍"（《周易·说卦》）的蓍草。

蓍龟之类，皆可幽赞于神明。幽赞，凭借蓍龟，可以单独与神沟通，不为他人所见，为"幽"。幽，是不可见的通道。幽赞，某些人可以凭借蓍龟，抵达神明。

为什么凭借蓍龟，可以通达神明呢。孔子说，我观的地方，不是在见面，而是如何能见面。孔子试图把"幽赞"的幽，看清楚。

以蓍草幽赞神明，最本质的含义，是以蓍草的推演而"达乎数"。数者，气数，天地造化的气数。"大衍之数五十，其用四十有九"（《周易·系辞上》），卜筮的过程，是达乎数的过程。更具体地说，是在推演天地变化的过程中，加入占卜人的主观意愿，从而推知人与天地气数互动的一个象数结果。《说卦》曰："昔者圣人之作易也，幽赞于神明而生蓍，参天两地而倚数"。幽赞神明，是为了达乎数。

"明数而达乎德"，搞清楚天地消息的气数，从而进一步"达乎德"。天地消息的气数，笼统地讲，相当于"道"。但气数的消息，每时每刻都在变化。如果保持此时此刻对消息的把握，拥抱道而不放手，这就是"德"。德，是一个非常具体的东西，是此时此刻保持与道接通的东西。

比如，春天之气，仁通条达，其德为生。秋天之气，萧瑟敛收，其德在杀。德，是此时此地，道的具体显现。于人而言，德，是人此时此刻的言行合于当下这个时空格局，就是以德合道。德，是有道者，与道相通。亡德，则失道。

明数，知道客观时空变化规律。对应当下这样的客观时空变化，人应该随着客观环境的变化去做与之相应的事情，这就是"达乎德"。德，与道相系而能随机应变，复杂而灵活，"不可为典要，唯变所适"（《周易·系辞下》）。

"又仁守者而义行之耳"。《说卦》云："昔者圣人之作易也，幽赞于神明而生蓍，参天两地而倚数，……和顺于道德而理于义"。"明数而达乎德"，是从"参天两地而倚数"到"和顺于道德"。"仁守者而义行之"，是"和顺于道德而理于义"。

"明数"，知道天数消息，"达乎德"，能够随之变化。德，进一步细化和具体化，是"仁守者而义行之"。"仁守"与"义行"，互文见义。"仁"代表春天之德，"义"代表秋天之德。"守"就是"行"，"行"就是"守"。春天行仁，秋天行义，这是"明数而达乎德"的具体表现。

"赞而不达乎数，则其为之巫"。赞，通过蓍龟与神明沟通。"赞而不达乎数"，只求见面，不求见面的过程，不明白为什么这样能与神明进行沟通，知其然不知其所以然。这样对待卜筮的，就是"巫"。

"数而不达于德，则其为之史"。明白卜筮原理，但只是机械的理解，或者说理解仅仅停留在纸面上，不能落实在自己身上而自得之，也不能在实际生活中应变以践行之，这样对待卜筮的人，就是"史"。

"文胜质则史"（《论语·雍也》），知道得多，说得头头是道，实际上本人做事不行，言胜于行，这就是史。"不达于德"，是"知道"与"行道"之间的距离。行道，与道保持生动鲜活的当下联系。行道为德，具体表现为"仁守者而义行之"。

"史巫之筮，乡之而未也，始之而非也"。在"卜筮"这件事上，史巫"乡之而未"。乡，通"向"，方向，朝向。乡之而未，史巫虽然都在处理卜筮的事，但是巫"赞而不达乎数"，史"数而不达乎德"。巫，不达乎数，不知道背后的原理。史，不达乎德，不能守仁行义以接通人事。史与巫，对于《易》的理解，深入与引申都还不够。

"始之而非也"，史与巫，虽然都从卜筮开始，但并没有往前走得太远，因为他们对卜筮缺乏深入的理解。如果只停留在"赞"与"数"而未达于"德"的话，终究无法透彻理解当下发生的事，自然无法应变。

后世之士疑丘者，或以《易》乎？吾求其德而已，吾与史巫同涂而殊归者也。

"疑丘"，责难孔子。《易》与《春秋》相表里，"知我罪我其为《春秋》乎"，罪我，开罪责难于我。一部《春秋》，"其事则齐桓晋文，其文则史。孔子曰：其义则丘窃取之矣。"（《孟子·离娄下》）

孔子读经，关注点与传统读法不一样，从史事中汲取德义。读易也是如此，孔子读易用易的重心，从"赞"与"数"的层面，从史巫的层次上，更进一步推进到"求其德"。"吾与史巫同涂而殊归者也"，孔子与史巫虽然都玩易，但最终所取的东西不同。虽然六经皆史，孔子整理与教授之后，对这些书的理解，翻出一个新境界。

当然，对于后来的读者而言，这条路还需要自己慢慢摸索。对于卜筮，对于易，有的止于巫，有的止于史，还有一部分人求其德义。

　　君子德行焉求福，故祭祀而寡也。仁义焉求吉，故卜筮而希也。

　　福，从示从畐。畐，为长颈、大腹、圆底的容器。福，以畐盛酒以祭祀神明。酒气上达于神，与神接通，然后把自己的意愿说出。这个过程，就是祭祀，目的是求福，求神的保佑。

　　君子也求神明保佑，但君子不是用美酒佳肴献祭，而是凭借自己的德行求福。美酒佳肴的香气，可以上行，但消散很快，辐射的范围很小。人的德行呢，"君子居其室，出其言善，则千里之外应之，况其迩者乎。居其室，出其言不善，则千里之外违之，况其迩者乎。言出乎身，加乎民。行发乎迩，见乎远。"（《周易·系辞上》）所以，"黍稷非馨，明德惟馨"（《尚书·君陈》），以黍稷祭祀，真正能通达神明的，不是黍稷的馨香，而是祭祀者本人德行的馨香。

　　君子修德，无愧于天地，犹如随时在祭祀天地。"子疾病，子路请祷。子曰：有诸？子路对曰：有之。诔曰：'祷尔于上下神祇'。子曰：丘之祷久矣。"（《论语·述而》）孔子病得很严重，吃了药也不见好转。子路说，我为夫子祷告吧，求神明保佑。孔子问，有这回事儿吗，生病了祷告就能好转？子路回答，有的。祈祷文上有这样说的："祷尔于上下神祇"。

　　诔，通"讄"，《说文》曰："祷也，累功德以求福。《论语》云：讄曰：'祷尔于上下神祇。'"讄，把某人生平功德，陈述给天神地祇，求天地神明的保佑。孔子听了，说"丘之祷久矣"。如果是把生平德行，陈说天地神明听的话，我几乎一生都在祷而告之。因为，我随时都在留意自己的德行，随时都在修身，"造次必于是，颠沛必于是"（《论语·里仁》）。我做过什么，天地都看在眼里，所以不用再祷告了。孔子与子路的这一段对话，翻译一下，就是"君子德行焉求福，故祭祀而寡也"。君子的福，是自己行德义的结果，不是通过特有的祭祀仪式求得的。

"仁义焉求吉，故卜筮而希也"。合道为吉，悖道则凶。君子遵道而行，以仁义约束自身，自然得吉，所以不需要借助卜筮给一个行动的方向。"卜以决疑"，没有疑问，就不需要卜筮。君子对自己应该做什么，最终要往那里去，非常清楚，"子曰：不占而已矣。"（《论语·子路》）

"善为易者不占"（《荀子·大略》）。善为易者，本于卜筮，然后往上走，借助卜筮幽赞神明，进一步达乎数。达乎数，看清"神明"的面目。上通而下达，上通神明而达乎数，然后下接人事而达乎德。把神明之道，通过自己身体力行，在具体的人事交接中表达出来。自己的身体，就像一个道的通道，流向周围，这就是"达乎德"。德，是道的具体化身，具体表现，变化万千。

"祝巫卜筮，其后乎"。在孔子眼中，祝巫卜筮，"乡之而未，始之而非"，从此往上还有好几层天地。所以，孔子把"祝巫卜筮"，放在了相对次要的地位。

居敬与洒落之间

——吴康斋工夫论的内在张力

盛　珂[*]

摘　要：吴康斋以虚灵澄澈的心理解圣贤，相对于两宋的儒者对于心理、理气关系的形而上探讨，他更关心如何去除私欲，回归心灵的本原状态。他采用了读书和居敬的方式，克治收敛身心。与此同时，心的虚灵澄澈又令他追求自然洒脱的境界。二者在他的工夫论中构成了一种内在张力。这可以看作是二程之间本体和工夫论差异的体现。正是这种张力促使陈白沙感受到心与理不能吻合为一，开启了明代心学的探索。

关键词：吴康斋；心；居敬；洒落

---

　*　**作者简介**：盛珂，北京航空航天大学人文与社会科学高等研究院教授，主要研究中国哲学、宋明理学、当代新儒学。

一

吴与弼（1392—1469，号康斋）在明代思想史上，是一个既被重视，又众说纷纭的人物。历代对他思想的研究和定位，相去甚远，使得康斋思想的本来面目显得有些模糊。明代儒者对康斋思想多赞誉有加，[1] 至明末大儒刘宗周而致其极，称赞康斋："读得圣贤之心精。"

黄宗羲秉承师说，在《明儒学案》中，抛开薛瑄、曹端，直接由讨论康斋的《崇仁学案》开启他对于明代儒学的整体论述。表明在黄宗羲对明代哲学的整体理解中，康斋实处于一个特殊的地位。这无疑和康斋与陈白沙之间的师承有关。一旦黄宗羲将陈白沙作为真正开启明代心学传统的人物，吴康斋无疑是一个不能回避的人。然而，黄宗羲又特意撇清吴康斋与陈白沙在思想上的直接关联：在他看来，康斋是"一禀宋人成说"，对于理学并没有自己的特殊贡献。陈白沙虽然在康斋门下从学，然而"自叙所得，不关聘君，当为别派。"[2] 这意味着，黄宗羲在肯定康斋对于后来心学建立的意义的同时，又否定了心学传统直接来自康斋。黄宗羲的这种两难态度，其实已经在某种程度上预示了后世对康斋思想解读和定位的困难。

自《明儒学案》之后，历代论述明代思想的著作，都难以回避康斋，然而学者对于康斋思想的解读和定位，各不相同，有时甚至截然相反。特别是在现代学者那里，康斋的思想竟然呈现出如此不同的面貌。

有学者认为康斋思想只不过是朱子学余绪。容肇祖就认为康斋的学问"简陋"。他在《明代思想史》中，将康斋列为"明初的朱学"中的一部分，并且说

---

[1] 参见：邹建峰：《中国历代吴康斋研究综述》(1460—2010)，《深圳大学学报》(人文社会科学版)，2011年7月。

[2] （清）黄宗羲：《明儒学案》卷一，《崇仁学案》，北京：中华书局，1986年，第14页。

"吴康斋是朱学的信徒，他是极端拘守的，而且学问简陋，除'四书五经'宋儒著作外，几乎都不注意的。"[1] 对于康斋学问的判定，与黄宗羲同，然而，却比黄宗羲更加轻视康斋。

张学智教授则更重视康斋的工夫论。他认为："吴与弼之学，着重在已发上省察克治，在哲学形上学方面所造不深。……所以，吴与弼之学不是上达，而是下学，是修养工夫论的，不是本体论的。这里可以看出明代前期儒学的一个特点，这就是特别重视工夫论。"[2]

还有研究者着重强调康斋对于心和静观工夫的论述。较早的侯外庐等人主编的《宋明理学史》中，强调与康斋同时的薛瑄，学问偏于下学，主道德实践，而"吴与弼则侧重于'寻向上工夫'，求'圣人之心精'"。侯氏的论述，强调康斋的静养的工夫论，和对于心的涵养。这都是为了引出后面论述康斋对于白沙之学的开启之功。着重凸显康斋之学与朱子学之间的差异。"不难看出，吴与弼所论的心与朱说并不相同。……朱熹是主张现在身外要由'格物穷理'的下学之功，然后通过具有直觉之心，加以思虑营为而上达天理。这个时候的心，才可以说是得到莹彻昭融。这同吴与弼径直地对心浣洗、磨镜，反求吾心中固有的一切观点，显然有所不同。由此可见，吴与弼论心，接近陆九渊的本心说。"[3]

于这种看法相近的还有蒙培元，他强调指出，"吴与弼在哲学上的主要特点是，发展了朱熹的心体说。"[4] 与前述侯氏书不同的是，蒙培元强调了康斋对于心的种种新的论述，但是，并不认为这是对于朱子学的背离，而是认为是符合朱子学的，并且是对于朱子学的发展。

分析学者的不同论述，其实可以看出，造成他们之间之众说纷纭的一个很重要的原因是学者在预先设定的朱陆之辨，或者说理学与心学相互对待的框架中理

---

［1］ 容肇祖：《明代思想史》，济南：齐鲁书社，1992年，第19页。

［2］ 张学智：《明代哲学史》，北京：中国人民大学出版社，2012年，第26—29页。

［3］ 侯外庐、邱汉生、张岂之主编：《宋明理学史》下卷，北京：人民出版社，1984年，第140页。

［4］ 蒙培元：《理学的演变——从朱熹到王夫之戴震》，北京：方志出版社，2007年，第185页。

解康斋思想。由此，判定康斋思想或近朱，或近陆。在不同的学者心中，如何定义理学和心学传统的关键之处，则有不同的理解，这就造成学者们对于康斋思想的各种材料取舍各异，而且，不同的解读都能找到相应的文本支持。这也表明我们其实并没有回到康斋思想本身来理解康斋，并没有足够的贴近康斋自己的思想，先入为主的理解框架限制了我们真正理解康斋思想内部的张力。

二

正如黄宗羲所说，康斋"一切玄远之言，绝口不道。学者依之，真有途辙可寻。"[1] 明初儒学多重践履，而不太关心理论上的创获。康斋在明代早期儒者中间，尤其如此。我们在他留下的文字中，几乎看不到讨论理气阴阳、已发未发等等宋儒喜欢谈论的话题。他更关心如何在切实的践履中成圣成贤。因此，理解康斋，也许更应该从他自己如何作工夫入手，由工夫进而体贴康斋对本体的了解。

康斋早年，因读《伊洛渊源录》立必为圣贤之志。

> 永乐乙丑冬，姑苏别驾李侯能白，寄此集于先君。与弼等下阅之。伏睹道统一脉之传，不觉心醉。而于明道先生猎心之说，尤为悚动。盖平昔谓，圣贤任道之统者，皆天实笃生，非人力可勉。遂置圣贤于度外，而甘于自弃。及睹此事，乃知所谓程夫子者，亦尝有过，亦资于学也。于是，思自奋励，窃慕向焉。既而，尽焚旧时举子文字，誓必至乎圣贤而后已。[2]

［1］《明儒学案》卷一，第 16 页。

［2］《跋伊洛渊源录》，《康斋集》。《影印文渊阁四库全书》，集部 190，别集类，台北：台湾商务印书馆，第 587 上。

他虽然被宋儒道统之传感动不已。但是真正给他留下深刻印象的，不是宋儒关于形而上的理论，而是明道猎心之说。由此，他才真正意识到，圣贤并非是天生如此，也是经过学问践履而成就的。打动康斋的，不是"圣可学而至"的理论表达，而是前贤的生命体验。在此，我们已经可以看出他的学问走向了。

那么，在康斋心中，圣贤的面貌又是如何？他是如何理解圣贤的境界的？

在康斋的理解中，圣贤的境界最重要在于虚灵之心不被私欲遮蔽。心，是康斋理解圣贤之学的基础。《浣斋记》中说：

> 夫心，虚灵之府，神明之舍，妙古今而贯穷壤，主宰一身，而根柢万事，本自莹澈昭融，何垢之有。[1]

对于他来说，心是主宰一身最重要的根源，圣贤与世人共同具有此心。只不过，康斋对于心的理解颇为笼统。他并不在意辨析心与理，心与气，以及心与情的关系。他既不像朱子在意区分心为形上或行下，也不像后来的阳明那样，在意"心外无物""心外无理"。虽然他也说心是"妙古今而贯穷壤"，至于心如何妙古今而管穷壤，对他来说，从来不是问题。他理解的心最重要的特质就是"虚灵之府"，是"莹澈昭融"，是没有一丝人欲掺杂。这使得他对于心的描述，立刻就从心是什么，转到了，我们如何回归或者保有这个本心。在这里，无论我们用朱子论心来分析和看待康斋的心的思想，还是用后来的阳明心学对于心的论述来理解康斋，多少都有些不相应

正因为在康斋的理解中，心最重要的特质是"莹澈昭融"，决定了他工夫论追求的目标，是还此心的莹澈，而莹澈对他来说，就是心之宁静。在康斋那里，心原本是没有尘垢沾染的，但是一旦有了气禀的拘束，人的欲望存在，才遮蔽了这原本虚灵明觉的心，放失了这心。因此，康斋总是喜欢讨论如何收束、回复

---

[1]《浣斋记》,《康斋集》, 第561上。

173

此心。

> 人之所以异于禽兽者，以其备仁义礼智四端也。四端一昧，则失其
> 为人之实，而何以异于禽兽哉。然，蜂蚁之君臣，虎狼之父子，豺獭之
> 报本，雎鸠之有别，则以物而犹具四端之一。人而陷溺其心于利欲之
> 私，流荡忘返，反有不如一物者矣。欲异于物者，曰反求吾心固有之仁
> 义礼智而已。[1]

人心陷溺于利欲之私，就容易"流荡忘返"，就容易散失，此是人与物之根
本差异所在。人不是因为先天具有四端，而与禽兽相别，而是因为始终能保持此
心不放失。因此，圣贤之学，只是在于如何能够摆脱人欲之私，重新保有此心。
因此，他才会说：

> 凡人宜以圣贤正大光明之学为根本，则外物之来，有以烛之，而吾
> 心庶得以不失，此心一失，几何不为水之流荡，云之飘扬，莫之据哉。
> 吾之所恐，此而已，所慕，此而已。汲汲若不及，茫茫若有亡。[2]

康斋终日所想，即是如何能够使"吾心得以不失"。康斋在他诗中，对此反
复吟咏：

> 《睡觉》："俯披圣贤书，一言如指掌，至理谅易求，良心贵
> 有养。"[3]
> 《感怀》："万物人皆备，一心谁不良，如何空潦倒，甘让昔

---

［1］《劝学赠杨德全》，《康斋集》，第529上。
［2］《与九韶书》，《康斋集》，第518上。
［3］《康斋集》，第362下。

贤芳。"[1]

《感怀》："何能挽得千溪水，洗净灵台一片私。"[2]

《枕上偶成》："尝闻洪范思能睿，只恐邪思乱性真。能于思处分真妄，便是存心格物人。"[3]

每个人都有"良心""灵台"，康斋这里讲的良心，灵台，并不着意在心的道德意义，而是更关心心本身的澄澈，空灵。在他看来，恢复了心的空灵，就是恢复了心体本身，也就是圣贤之学的核心。因此，他所理解的心的本然状态，就不是从道德的角度来理解的，而是从心的宁静来理解的。心自身的空灵，就意味着，我们回复本心之后，将会得到心灵的宁静。因此，康斋的工夫论，在每一个具体的阶段，追求的都是心体的宁静不被干扰。我们在他记录自己每日修养工夫、身心状态的《日录》中，看到的最多的就是他如何克治自己的躁动之心，恢复平静。如他所说：

贫困中，事物纷至，兼以病疮，不免时有愤躁，徐整衣冠读书，便觉意思通畅。[4]

五六月来，觉气象渐好，于是益加苦功，逐日有进。心气稍稍和平，虽时当逆境，不免少动于中，寻即排遣，而终无大害也。二十日，又一逆事，排遣不下，心愈不悦，盖平日但制而不行，未有拔去病根之意。反复观之，而后知吾近日之病，在于欲得心气和平，而恶夫外物之逆以害吾中，此非也。心本太虚，七情不可有所。于物之相接，甘辛咸苦，万有不齐，而吾恶其逆我者，可乎。但当于万有不齐之中，详审其

---

[1] 《康斋集》，第 365 下。
[2] 同上，第 382 上。
[3] 同上，第 391 下。
[4] 同上，第 567 上。

理以应之，则善矣。于是中心洒然，此殆克己复礼之一端乎。[1]

　　窃思，圣贤吉凶祸福，一听于天，必不少动于中。吾之所以不能如圣贤，未免动摇于区区厉害之间者，察理不精，躬行不熟故也。吾之所为者，惠迪而已，吉凶祸福，吾安得与于其间哉。大凡处顺不可喜，喜心之生，骄侈之所由起也。一喜一厌，皆为动其中也。其中不可动也。圣贤之心，如止水，或顺或逆，处以理耳，岂以自外至者为忧乐哉。嗟乎，吾安得而臻兹也。[2]

　　读罢，思债负难还，生理蹇涩，未免起计较之心，徐觉计较之心起，则为学之志不能专一矣。平生经营，今日不过如此，况血气日衰一日，若再苟且因循，则学何可向上。此生将何堪。于是大书，随分读书，于壁。以自警。穷通得丧，生死忧乐，一听于天，此心须淡然，一毫无动于中可也。[3]

　　读《日录》知康斋之日常生涯，颇为困顿。因此，一方面是身有病痛，一方面是生活贫困，生活中的种种不如意总是困扰他的心灵。康斋日常工夫，就是如何安顿心灵，让自己能够超脱出日常的计较之心。因为一计较，则内心就无法平静。而圣贤最大的特质就在于，"圣贤之心如止水，或顺或逆，处以理耳。"对于康斋来说，心体本身是如何，并不介意，他更关注的是如何能够在日常世事纷扰之中，回归内心的平静。

　　康斋通过两种工夫回归内心的平静。一是主敬，二是读书。只不过，康斋读书并不重在寻求义理上的明白辨析，而是通过读书收敛身心，使心思烦扰归于一，主一而敬。

---

[1]《康斋集》，第 568 上。

[2] 同上，第 569 上。

[3] 同上，第 573 上。

大抵圣贤授受紧要，惟在一敬字，人能衣冠整肃，言动端严，以礼自持，则此心自然收敛，虽不读书，亦渐有长进。但读书明理，以涵养之，则尤佳耳。苟此心常役于外，四体无所管束，恣为放纵，则虽日夜苦心，焦思读书，亦恐昏无所得脱。讲说得纸上陈言，于身心竟何所益。徒散精神，枉过岁月，甚可惜也。此区区平昔用功少有所见。[1]

圣贤教人的最要紧的方法就是主敬，而主敬不仅仅是在心上作工夫，即便是外表和行动，也要一一谨慎中礼，唯如此，才能够真正收敛心体。在康斋看来，此时已经有所受用，在此之外，如果还能够读书明理，则更有助益。但是，如果仅仅是读书明理，而不在自己的身心行为上加以管束，其实对于心的收敛，并没有作用。如果说，此处，在给友人的信中，康斋在谈到读书的时候，还要人明理。在记录自己修养工夫体验的《日录》中，他说的则更为直白。

心是活物，涵养不熟，不免摇动，只常常安顿在书上，庶不为外物所胜。

应事后，即须看书，不使此心顷刻走作。[2]

明理与否，在这里已经变得并不重要。重要的是，读书能够让人将心思完全安顿在书上，能够让人心中别无所想，只是关注于一事。这样就能令心不会走作动摇，不为外物所胜，也就是能够恢复心之本体。

这样的工夫，必定不能一蹴而就，而是需要日日随时检点。因此，康斋非常强调工夫渐进的过程，强调如何每日时时处处收敛身心。

人不可以不闻道，而道亦未尝不可闻也。用一时之力，则有一时之

[1]《与友人书》,《康斋集》, 第 520 下。
[2]《康斋集》, 第 575 上。

功，用一日之力，则有一日之功，积之之久，气质自然变化矣。[1]

　　子归，净扫一室，置古圣贤格言于几，事亲之余，入室正襟端坐，将圣贤之书，熟读玩味，体察于身，一动一静，一语一默之间，必求其如圣贤者，去其不如圣贤者。积功既久，则其味道希贤之势日重，而旧习凤染之势日轻。不患不造古人门庭矣。[2]

　　一须用循序熟读小学、四书本文，令一一成诵。然后，读五经本文，亦须烂熟成诵，庶几逐渐有入。此个工夫，需要打挺岁月方可。苟欲早栽树，晚遮阴，则非吾所知也。[3]

遍观康斋之书，随处教人早晚涵泳，循序渐进，此是康斋下学之功。对于康斋来说，无论是心体澄澈，还是身心收敛，都不是可以立刻达到的境界。世事纷扰不断，人在具体的现世生活中，总是处在外物侵扰，内心摇动的状态。因此，人生活一日，就需要一日注意收敛身心，方才不致放失本心，也才能够保证内心的宁静澄澈。这也符合康斋严谨持敬的性格。君子应时时分判，何者为天理，何者为人欲：

　　圣贤教人，必先格物致知，以明其心，诚意正心，以修其身。身修以及家而国而天下，不难矣。故君子之心，必兢兢于日用常行之间，何者为天理，而当存，何者为人欲而当去。涵泳乎圣贤之言，体察乎圣贤之行，优柔厌饫，日就月将，毋期其近效，毋欲其速成，由是以希贤而希圣，抑岂殊途也。[4]

────────────

[1]《答九韶书》，《康斋集》，第518下。

[2]《劝学赠杨德全》，《康斋集》，第529上。

[3]《学规》，《康斋集》，第529下。

[4]《励志斋记》，《康斋集》，第555上。

君子之心，兢兢于日用常行之间，一时都不能放松。所以，康斋的工夫，是渐进修养，而不是顿悟的工夫。

然而，康斋工夫论的内在张力，也就在这里凸现出来。如果依康斋，圣贤之心的原本状态是内心澄澈，"扩然而大公，物来而顺应"，是不为外物所动的宁静自然。那么，要彻底回归内心的这种状态，就需要心灵最后走向洒脱的境界。真正的内心的宁静，是内心自己始终能够保持宁静，不为一毫外物所侵扰。此时，需要心灵彻底回归自己，而时刻持敬，就变成了有意识的对于内心宁静的把捉，反而成为心灵自身之外的又一层桎梏。因此，唯有彻底走向洒脱自然，才是真的能够实现圣贤的境界。我们在康斋留下的文字中，也可以看到康斋自己对于洒脱境界的向往。这不仅仅是康斋身为儒者的人生体验，也是他对于心的理解的内在理论要求。他的《题水竹居》曰：意遣憺忘归，会心溺洒落。[1] 如果说，日日兢兢业业，持敬做工夫是时时意识到自我的存在，时时意识到自己需要收敛身心，因此是"有我之境"。那么，洒落的境界，则是心灵自然流露，沉浸在周围世界的勃勃生机之中，忘掉自我的"无我之境"。我们在康斋的《日录》中，常常可以看到他在心境平和时候，彻底融入自然，体会自然之妙趣。此时的康斋处于忘情于自然之中的无我境界。

二月二十八日，晴色甚佳，写诗外南轩，岚光日色，昽映花木，而合禽上下，情甚畅也。值此暮春，想昔舞雩千载之乐，此心同符。[2]

坐门外，图书满案，子弟环侍，乘绿荫，纳清风，群物生意满前，而好山相宾主。览兹胜趣，胸次悠然。[3]

徐步墙内看秧生，胜静中春意可乐也。[4]

---

[1]《康斋集》，第 421 下。

[2] 同上，第 570 上。

[3] 同上，第 576 上。

[4] 同上，第 584 上。

雨后生意可爱，将这身来放在万物中，一例看，大小大快活。[1]

早想自得亭，亲笔砚，水气连村，游鱼满沼，畦蔬生意，皆足乐也。[2]

这些文字中映出的康斋，一反原本严谨拘束的形象，而随处感到至乐。这种乐是"孔颜乐处"之乐，是身心自然舒展之乐，是心彻底回归自身，不再拘束之乐。只不过，这样的乐是康斋希望达到的境界，对他来说，是可遇而不可求的。因为他自己的下学的工夫入路不允许他始终处于如此自然和乐的状态中。我们可以从他在很短的时间里写下的两首诗来看康斋自身的这种内在张力。

《康斋集》中有两首安排在一起的诗，描写的都是雨后在自得亭中的感受，很可能是他在同一时间写下的两首诗。然而，其中的意味却截然不同。

其一题曰：《自得亭即事》：一亭潇洒隔纷嚣，坐卧于斯兴自饶，雨后落红殷满地，崇桃相对尚妖娆。

一曰：《自得亭对雨书怀》：刚恨平生学圣难，余龄程课肯容悭，洛闽幸有阶梯在，精白斯心日夜攀。[3]

第一首，题曰"即事"，可以想见，是康斋独坐亭中，即景抒情而作。亭名"自得"，坐在亭中的康斋，不免也兴起自得之意。自得亭隔去了自然的风雨，仿佛是隔断了尘世的嚣嚷，让在亭中的康斋一时感受到内心的宁静。如此心灵虚静放眼望去，只见落红满地，崇桃妖娆。

然而，这样的自得之意在康斋身上不会停留太久。他立刻从对自然的投入中抽身而出，想到了自己的修养工夫。因此第二首诗虽然名曰《对雨书怀》，其实已经眼前的雨没有任何关系了。他想到的是自己平日学习圣贤，日渐衰老，所以

---

[1]《康斋集》，第585下。

[2] 同上，第586上。

[3] 同上，第505上。

180

要日夜不断地依照前贤指引的路径不断努力。可见，日常的持敬与最终追求的洒脱，在康斋自己身上是矛盾的。那么，我们如何理解康斋修养工夫中的这种矛盾，这仅仅是康斋自己修养工夫不够的结果吗？

三

清人在《四库全书》所收《康斋集》的提要中说："然与弼之学，实能兼采朱陆之长而刻苦自立。其及门弟子，陈献章得其静观涵养，遂开白沙之宗；胡居仁得其笃志力行，遂启余干之学。有明一代，两派递传，皆自与弼倡之，其功未可以尽没。"[1]

与其说康斋兼采朱陆之长，不如说他兼采二程之学。《康斋集》几乎只字不提陆九渊之学，对他来说，二程和朱子才是学问之正宗。康斋的修养工夫的内在张力，在某种程度上可以看做是二程工夫论的差异在具体践履中的表现。

宋明理学中，工夫从来不是脱离理学家对于本体的看法而单独存在的。有什么样的本体论就有什么样的工夫。甚至对于很多理学家来说，正是工夫论上践履体验的差异，影响了他们对于本体的认知和体察。所以，工夫论和与之相应的本体论是结合在一起构成一个整体的，不同的体系之间并不能简单的凑泊到一起。康斋面对的就是这样一个问题。

儒家虽然一直有修养工夫。但是，与具体的本体思想结合在一起，成为系统的工夫论，在二程那里才真正成形，构成一套完整的理论实践体系。也正是在二程那里，工夫论呈现出不同的面相，而这种不同的面相，是来自二者不同的对于本体的体认和把握。

明道持彻底的"一本"之论。着重天地万物为一体，而天地万物为一体的本

---

[1]《康斋集》，"提要"。第 358 下。

体是天道与性命通而为一，这意味着内在于人的性体与作为天地万物本体的天道是同一的。在明道的体系里，因为这种内在的本体上的同一，充分实现天理的工夫要求，就是能够回归自身的本体，充分实现自己的内在本性，就能够实现天理。西方世界最早研究二程哲学的葛瑞汉就这么解读明道的识仁篇：

> 对明道来说，既然仁是对他人的一种积极的无私关怀，仁就是道德的全体，那么，我们通过自身的体仁，就能通晓理，明白自己与他人为一体。通过识仁，我们就与万物一体。[1]

葛瑞汉继续说道：

> 《定性书》告诉我们，如果认识不到己与物一体，己身就会体验到欲望，物就会（对自我）显示出诱惑。佛徒竭力压抑情和感官知觉，那是一种头痛医头脚痛医脚的方法，是佛徒动机根本上自私的一个证明。他们希望保留分离的自我，又想摆脱欲望和诱惑，而欲望和诱惑正是为这种物我分离所付出的代价。[2]

这就意味着，对于明道来说，要回归天地万物为一体，回归原本的人内在的本性，更好的成为自己，就不需要任何别的工夫，只要能够去除私欲，回归原本的内心就可以了。并且因为这种纯粹内在性是一种自然的流露，因此，如何检验这种对于内在本性的回归和呈现是否完成的标准，就是是否能够自然洒脱。唯有彻底的"鸢飞鱼跃"，活泼泼的，我们才能说，没有一丝一毫外来的桎梏或者任何意图的掺杂，彻底的实现了人的内在本性。对于明道来说，这是一种道德修养

---

[1]［英］葛瑞汉著：《中国的两位哲学家：二程兄弟的新儒学》，程德祥等译，郑州：大象出版社，2006年，第160页。

[2] 同上，第172页。

的境界，同时，也是真正成圣成贤的标识。所以，在明道那里，我们可以看到很多对于这种超越的修养境界的描述。明道也让我们更多的观察体贴天地万物的生意，而不是紧紧的拘束自我的内心。这种工夫论，这种对于境界的追求和描述，都是和明道对于本体的认知和体验紧密联系在一起的。

温伟耀很好的描述了这种状态，他说："明白道体之无对无外，亦超越亦具体，变更把握约处、这就是圣人之途。否则只是穿凿系累，自非道理。这种破分殊而圆融地去把持那绝对统摄性，浑然一体的道体，当然与上述圆顿关照境界是息息相连的。"[1] 也唯有如此，明道才能做到"穷理尽性以至于命，三事一时并了"。

伊川的工夫论则呈现出一幅完全不同的面貌。伊川工夫论宗旨为"涵养需用敬，进学则在致知"。一切学问途径由格物致知入手。这同样来自于伊川对于本体的认识。

葛瑞汉认为，在伊川的哲学中，"心的本初的统一体称为诚，而这种状态在活动中得以保持的过程称为敬。"[2] 因此，"心动之时，思想往往会变得混乱起来，毫无关联的思绪会互相干扰，相互阻挡，要使心保持统一的状态，就要在一个时间内，只注意一件事，对他全神贯注，不受任何别的事情的干扰。"[3] 这就是伊川所谓的"主一"，而主一，即是敬。

这是工夫涵养阶段的主敬。此时的主敬已经意味着，需要时时提撕惊醒，一刻不能松懈。

至于格物致知，则更是与伊川对天理和心的理解相关。在伊川那里，现实的人的心只是形而下的、有气质沾染的心，因此，虽然伊川也承认心中有天理，但是单纯依靠人的心，是无法彻底体验呈现天理的。就需要格物致知。伊川训格物致知为即物穷理。因此伊川说："眼前无非是物，物物皆有理。""人妖明理，若

---

[1] 温伟耀：《成圣之道：北宋二程修养工夫论之研究》，开封：河南大学出版社，第39页。

[2] ［英］葛瑞汉：《中国的两位哲学家：二程兄弟的新儒学》，第120页。

[3] 同上。

止一物上明之，亦未济事，须是集众理，然后脱然自有悟处。"(《二程遗书》卷十七）。在伊川那里，格物致知，是一个不断向外探求天理，不断积累的过程。虽然伊川也说到了，格物致知行至最后，会有一个脱然自有悟处的状态。并不必把天地之间的万物的道理都穷尽，而是最后能有一个类推的状态。但是，仅仅格少量的物是完全不可能实现这个状态的。因此，格物致知在伊川那里，在人的有限生命中，几乎是一个无法完成的过程。另一个方面，格物致知的结果，是得到天理，人的修养工夫还有另外一层，就是用格物致知得到的天理来规范人心，来规范人的行为。这是较之格物致知本身更加复杂的生命历程，而贯穿这个生命历程的，则是伊川的"敬"。因此，在伊川那里，我们看不到对于洒脱的期待和描绘，在他的生命世界中，并不奢望最后能够达致洒脱，他的理论形态也不要求用最后境界话的自然洒脱来标识生命境界。

对照二程工夫论的差异，正如温伟耀所说："明道的工夫论是从境界入，重点是简约原则和极度简单化的生命情调。而伊川的工夫论是从致知和涵养入，重点是积集原则和'千蹊万径皆可适国的生命情调。'"[1]

在此基础上，重新审视康斋的工夫论，就可以很明显看到其间的张力。康斋服膺宋代诸儒，特别是二程和朱子。因此，他全面的接受了二程对于工夫论的探索和体验。他本人的气质看上去也更倾向于伊川，比较拘谨严肃。他效仿伊川，不断做克己工夫。对他来说，具体的工夫更多的是不断通过读书，收束自己的身心，使之不被私欲和气质所牵绊。然而，另一方面，他又推崇明道的洒脱境界，时时观万物之生意，时时希望自己也能实现这一境界。然而，这两种工夫论是无法切实的完全统合在一个人身上的。因为这牵扯到心与天理的关系。推崇明道，则在某种程度上，意味着心中即有天理。因此，才可以通过圆顿的方式，直接实现道德上超越的境界，而不必向外进行格物致知的探求。最终的状态是一种"无我"的状态。然而，强调收束身心，居敬谨慎，其实本质上是对于人的现实存

---

[1]　温伟耀:《成圣之道：北宋二程修养工夫论之研究》，第127页。

在的心的不信任，是需要通过外向型的格物致知，探究天理，然后在回来约束身心，这是一种始终保持"有我"的状态。这完全是两条不同的道路。如果我们大胆一点说的话，康斋的性格决定了他不能做到像明道那样洒脱，但是，理论上的理解，又让他更加倾向于明道。由此，两种不同的工夫在康斋身上集合在一起，呈现出某种内在的张力。

正是这种内在的张力，影响了陈白沙。陈白沙在康斋那里，学习的是朱子学的正宗理论描述，进行的日常工夫，也是伊川、朱子一系的格物致知的工夫。然而，与此同时，他又接触到明道的对于洒脱境界的追求。这两者之间的差异，如果说，对于并不着力于精微的康斋来说，还并不如何冲突的话，对于感受更加敏感的陈白沙则是无论如何也无法统合为一的。因此，白沙才会发出，无论如何做工夫，都会感受到此心与理未能吻合为一的感慨。其实就是两种不同的工夫论内在的张力。

正是这种张力，促使白沙进入到自己的思考和体验的世界里面，开启了"静中养出端倪"的新的道路，真正展开了明代儒学的面貌。然而，这一切其实在康斋工夫论的张力中已经蕴含了。从这个意义上，我们更能够认清康斋在明代思想史中的真正的位置。

徐文靖与清初《尚书》学研究

——以《管城硕记》为中心

赵成杰*

摘　要： 徐文靖撰有《禹贡会笺》《管城硕记》等著作，擅长地理考据，受胡渭《禹贡锥指》影响较大，在清初《尚书》学领域占有一定地位。由其所撰《管城硕记》可见其《尚书》考证特点：一是以补正蔡《传》为主，兼采今文、古文。二是长于利用《竹书纪年》考订《尚书》年代。三是深谙舆地之学，用以考证《尚书》之山川地理。徐文靖处于清初到清中叶的过渡时期，能够对程朱之学提出质疑，并以所专长进行考辨。

关键词： 徐文靖；清初；《尚书》学；《管城硕记》；《禹贡会笺》

　　宋人蔡沈的《书集传》在《尚书》学史上占有重要地位，清康熙前期及以前的著作大都尊蔡《传》为主，如孙承泽《尚书集解》、张英《书经衷论》皆是此

　　*　**基金项目：** 同济大学中央高校基本科研业务费专项资金资助项目"学术思想史视野中的桐城派经学研究"（22120220311）。

　　作者简介： 赵成杰，文学博士，同济大学中文系助理教授。

类。这一时期，学者对伪古文《尚书》偶有怀疑。康熙二十二年（1683），阎若璩《尚书古文疏证》第一卷成书后[1]，《古文尚书》真伪问题成为《尚书》学研究的焦点，随之而来出现了对蔡《传》怀疑、驳斥、补充之作，如姜兆锡《书经蔡传参议》以及左眉《蔡传正讹》等。徐文靖在清初学术史上少有关注，撰有《禹贡会笺》《管城硕记》等著作，其学术研究偏向天文地理，擅长实学考据。

一、徐文靖生平及治经思想

徐文靖（1667—1756），字位山，号禹尊，安徽当涂人。雍正元年（1723）举人。乾隆丙辰（1736），荐试鸿博。辛未（1751），又荐举经学。壬申（1752）会试后，以年老，特授翰林院检讨，寻假归，卒年九十余。《清儒学案·位山学案》称"先生贯串经史，择善而从，不墨守先儒，亦不妄加排诋。著《禹贡会笺》十二卷，因胡氏渭《禹贡锥指》所已言，更推寻所未至。"[2]

徐文靖于雍正元年（1723）得中举人，受到黄叔琳的器重。卢文弨《竹书纪年统笺跋》："岁辛未，余馆北平黄昆圃先生家。先生门下士知名者众，顾独诧癸卯主江南试所得三人，曰任翼圣（启运）、陈亦韩（祖范）、徐位山（文靖）。此三人者，其学皆博而醇，且曰：'人但侈榜中有状元，孰若得一二不朽之士哉！'任既宦达，名益著，陈、徐亦并以经学征，陈老不至，徐君年亦八十五矣，健独应征。"[3]《清代朴学大师列传·考史学家列传第十五》称"雍正癸卯，与任启运、陈祖范同举江南乡试。主考黄叔琳（字昆圃）诧曰：吾得三经师矣。"[4]黄叔琳（1672—1756），字昆圃，号金墩，官至吏部侍郎，《清史稿·徐文靖传》称

[1] 李燕著：《清代学术变迁视野下的古书考辨研究》，北京：华文出版社，2018年，第162页。

[2] （清）徐世昌编：《清儒学案》，北京：中国书店，2013年，第898页。

[3] （清）卢文弨撰：《抱经堂文集》卷九，陈东辉主编：《卢文弨全集》第8册，杭州：浙江大学出版社，2017年，第127页。

[4] 支伟成著：《清代朴学大师列传》，上海：泰东图书局，1925年，第432页。

"侍郎黄叔琳以得三不朽自矜"。乾隆元年（1736）博学鸿词科考试，与夏之蓉（1697—1784）、杭世骏（1695—1773）、齐召南（1703—1768）等人同年中举，乾隆十七年（1752）诏举经学，授翰林院检讨。自五十七岁中举人至年近九旬的翰林院检讨，与同龄人方苞（1668—1749）、王懋竑（1668—1741）相比，徐文靖可谓大器晚成。

徐文靖著有《山河两戒考》十四卷，成书于雍正元年（1723）；《志宁堂稿》不分卷，成书于雍正十三年（1735）；《管城硕记》三十卷，成书于乾隆二年（1737）；《竹书纪年统笺》十二卷，成书于乾隆十六年（1751）；《禹贡会笺》十二卷，成书于乾隆十八年（1753）；《经言拾遗》十四卷等，成书于乾隆二十年（1755）；《周易拾遗》十四卷，成书于乾隆二十一年（1756）。以上著作结集为《徐位山六种》，并以光绪二年（1876）补刻本传世。从成书时间上看，徐文靖的著作皆在中举之后刊刻；从著作上来看，徐文靖留心舆地、方志之学，对《禹贡》之地理、《竹书纪年》之历法皆有深研。

志宁堂是徐文靖的室名，取自《伪古文尚书·旅獒》"玩人丧德，玩物丧志。志以道宁，言以道接"句。《志宁堂稿》卷首有《七字诗并序》大致阐明了作者写作缘由：

> 岁辛卯（1711），儿慎枢受书课以《书·禹贡》时，因蔡氏《传》间有踌驳，取《日记》《埤传》《疆里》《合注》诸书，荟萃为《禹贡证发》一编。越明年（1712），稿就。兄熙菴冠山偕饮花下，因请是正可否。弟苇山适至关末数页，辄叹曰：近乡隅结习"之乎者也矣焉哉，安排平稳亦遇何"须博综乃尔。[1]

《志宁堂稿》收《七字诗》，是用"之乎者也矣焉哉"七个助词开头来作诗之

---

[1]（清）徐文靖撰：《志宁堂稿》，四库未收书辑刊编纂委员会编：《四库未收书辑刊》玖辑·贰拾叁册，北京：北京出版社，2000年，第757—759页。

作。辛卯年，为康熙五十年（1711），以《禹贡》授其子。当时见蔡《传》时有舛误，取当时所见诸书，如《尚书日记》《尚书埤传》《禹贡疆里》《尚书合注》等，四种著作分别是：宋人易祓（1156—1204）《禹贡疆里》，明人王樵（1521—1599）《尚书日记》，明人夏允彝（1598—1645）《尚书合注》，清人朱鹤龄（1606—1683）《尚书埤传》，上述著作皆是宋学代表，多遵从蔡《传》，以宋学之理释《尚书》。其中，易祓《禹贡疆里》已无单行本，《禹贡会笺》："胡朏明谓其书亡，余从徐常吉《禹贡解》中备录原文，冀籍以广其传。"[1]

孙嘉淦（1683—1753）《管城硕记序》"称徐生向留心著述，其所著《禹贡证发》《山河两戒考》诸书，久已见称于世"[2]，《禹贡证发》应是指《禹贡会笺》，成书于康熙五十一年（1712），"《会笺》成于康熙壬辰，藏之巾箱四十余年，旋里后逐一校，冠以图说，始出问世，时年八十八矣。"[3]《禹贡会笺》首列《禹贡》山水总目，以《水经》为主，间下己论；后附图十八幅，是书多据蔡《传》为之，《禹贡会笺自序》："余窃有志而未逮，顾已为《禹贡会笺》一书，又何能已于图也？爰列图若干于前，并以图说附注之，稍吁其讹误。如此后之君子，按图而兴感，思大禹明德之远，而不为小智之凿，则又《会笺》绘图者之私愿夫！"[4]

徐氏治《尚书》兼采今文、古文，取《尚书日记》《尚书埤传》补正蔡《传》，《管城硕记·凡例》"书以孔《传》为主，蔡仲默《书传》讹舛颇多"。[5]《禹贡会笺》继胡渭《禹贡锥指》后又增进了一步，《四库全书总目提要》："书中皆先引蔡《传》而续为之笺，博据诸书，断以己意。盖说《禹贡》者，宋以来梦如乱丝，至胡渭《锥指》出，而摧陷廓除，始有条理可案。文靖生渭之后，因渭所已

［1］（清）徐文靖撰：《禹贡会笺》，文清阁编委会编：《历代禹贡文献集成》第5卷，西安：西安地图出版社，2006年，第2343页。

［2］（清）徐文靖撰，范祥雍点校：《管城硕记》，上海：上海古籍出版社，2013年，第648页。

［3］（清）耿文光著：《万卷精华楼藏书记》卷四，北京：北京图书馆出版社，1997年，第155页。

［4］（清）徐文靖撰：《禹贡会笺》，《历代禹贡文献集成》第5卷，第2340页。

［5］（清）徐文靖撰，范祥雍点校：《管城硕记》，第1页。

言而更推寻所未至，故较之渭书，益为精密，盖继事者易有功也。"[1]

二、《管城硕记》所见《尚书》之考证

《管城硕记》三十卷，是作者考订经史札记，涉及《易》《书》《诗》《春秋》《礼》《楚辞集注》《正字通》《杨升庵集》以及杂述，共 1293 则。前有《自序》《凡例》及合河孙静轩嘉淦、永阳明恕斋晟二序，又有何鑫锄庭树、婿胡宁仓、唐时敏、侄婿毛大鹏四跋。《自序》云：

> 余株守一经，不能尽蓄天下之书，罗古今之富，凡耳目所经涉者，不过数千卷书耳。而姿禀愚钝，又不能博闻强记，积贮逾时，纵穷年翻阅，掩卷辄忘。回忆平生，枵腹如故。不得已而托之管城子，假以记室，凡经传、子史、骚赋、杂集，遇有疑信相参，先后互异者，则速为濡毫摘输，类聚部分，寸积铢累，哀为一集，凡三十卷。于《易》也，远稽乎子夏，旁揽乎康成、辅嗣以及程传。其于《书》也，兼采乎古文、今文，暨《日记》《裨传》，以纠正蔡氏之讹。……以姿禀愚钝之人，目不睹古今之富，而妄欲择其善者，识其大者，是亦方隅之见而已矣。爰遂名之曰"硕记"，而又不敢没管城之劳，因并弁之于首云。时乾隆九年，岁在甲子，孟春上元日，当涂徐文靖位山自识。[2]

"管城子"是唐人韩愈在《毛颖传》中讲的一则寓言，以"管城子"代指毛笔。"管城硕记"大概就是以毛笔记录经传、诸子之随感。此笔记主要为考订讹误而作"每一则以前人之言为客，复加按字以相为驳难"。《管城硕记》成书于乾隆

---

［1］（清）永瑢等：《四库全书总目提要》卷十二，北京：中华书局，1965 年，第 101—102 页。
［2］（清）徐文靖撰，范祥雍点校：《管城硕记》，第 1 页。

二年（1737），刊刻于乾隆九年（1744）。《四库全书总目提要》卷一百十九："此其所作笔记，自经史以至诗文，各加辨析考证，每条以所引原书为纲，而以己按为目，盖欲小变说部之体，其大致与笺疏相近。……然其推原《诗》《礼》诸经之论，旁及子史说部，参互考证，语必求当，亦颇能有所发明，要可谓博而勤者矣。"[1]《郑堂读书记》："其书博引群书，捃摭秘册，或一说而取证十说，必求其正且大，使之有可信无可疑而后已，则诚可以为记之硕者矣。"[2]

《管城硕记》卷三为《尚书》部分，无小标题，共七十九则，多是先引前人观点，再以按语形式加以说明。如卷一对"鲁共王坏孔子宅，于壁中得先人所藏古文虞、夏、商、周之书"的按语：

> 《尚书》有古文者，仓颉书也，孔壁所藏者是也。今文者，汉隶书也，伏生所授者是也。……又《晋书·皇甫谧传》云："姑子外弟梁柳边得《古文尚书》，故作《帝王世纪》，往往载孔传五十八篇之书。"《晋书》又云：晋太保公郑冲以古文授扶风苏愉，愉授天水梁柳，柳授城阳臧曹，曹授郡守子汝南梅赜，又为豫章内史，遂于前晋奏上其书，而施行焉。时已亡失《舜典》一篇。晋末范宁为解时，已不得焉。至齐萧鸾建武四年，姚方兴于大航头得而献之，议者以爲孔安国之所注也。值方兴有罪，事亦随寝。至隋开皇二年购募遗典，乃得其篇焉。[3]

考证《尚书》之流传大致自汉儒伏生传《今文尚书》讲至东晋梅赜进献伪古文《尚书》，其中东晋《尚书》流传常语焉不详。徐氏引《晋书·皇甫谧传》知梁柳边最先得《古文尚书》，又言郑冲授苏愉，愉为梁柳师，又授臧曹，再传梅赜。这段记载不见于今本《晋书》，王鸣盛《十七史商榷》卷四十八《皇甫谧传

[1]（清）永瑢等：《四库全书总目提要》卷一百十九，第1120页。
[2]（清）周中孚编：《郑堂读书记》，上海：上海书店出版社，2009年，第976页。
[3]（清）徐文靖撰，范祥雍点校：《管城硕记》，第49页。

无尚书事》亦言《晋书·皇甫谧传》《郑冲传》皆无记载，指出孔颖达所据《晋书》应是他本，"《古文尚书》惟郑氏康成所传者系孔壁真本，唐人作《疏》之本并《传》谧所造，托名于孔者。谧生于汉献帝建安二十年，去康成没十余年。"[1]

《管城硕记》考订《尚书》突出的特点有三：

一是以补正蔡《传》为主，兼采今文、古文。《管城硕记》开篇就古文、今文作了界定，《尚书》有古文者，仓颉书也，孔壁所藏者是也。今文者，汉隶书也，伏生所授者是也。"作者亦将伪古文《尚书》所传定为《古文尚书》。是书常辨析蔡《传》所引《古文尚书》，如卷四"外方"条，蔡《传》曰："《地志》颍川嵩高县，有嵩高山，古文以为外方。"[2]"过九江，至于敷浅原"条，蔡《传》曰："《地志》豫章历陵县南有傅易山，古文以为敷浅原。今江州德安县博阳山也。"[3]

作者对蔡《传》多有订正，亦对伪孔《传》有所辨析。卷三"《泰誓》'惟十有三年春，大会于孟津'，蔡传曰'十三年者，武王即位之十三年也'"条，按朱子曰："《泰誓序》十有一年武王伐殷，经云十有三年春大会于孟津，《序》必差误。说者乃以十一年为观兵，尤无义理。旧有人引《洪范》'十有三祀，王访于箕子'，则十有一年之误可知矣。"作者辨析了经文中的"三"为误字，《书序》不误，应是"十有一年"，作者继而辨析了"春者，孟春建寅之月也"：

至于以建子之月为春，则《春秋》二百四十二年，其书春王正月者九十有三，凡皆周正建子之月也。后汉元和三年[4]，陈宠奏曰："夫冬至之节，阳气始萌，故十一月有兰、射干、芸、荔之应。《时令》曰：'诸生荡，安形体。'天以为正，周以为春。十二月阳气上通，雉雊鸡乳，

---

[1]（清）王鸣盛撰；黄曙辉点校：《十七史商榷》，上海：上海古籍出版社，2013年，第581页。

[2]（清）徐文靖撰，范祥雍点校：《管城硕记》，第70页。

[3]同上。

[4]"三年"，《后汉书·陈宠传》作"二年"。

地以为正，殷以为春。十三月阳气已至，天地已交，万物皆出，蛰虫始振，人以为正，夏以为春。"则是季冬、仲冬皆可言春也。《魏书·李彪传》"诚宜远稽周典，近采汉制，不于三统之春，行斩绞之刑"，则是建子、建丑皆可为春也。[1]

作者指出"季冬、仲冬皆可言春""建子、建丑皆可为春"，清人万斯同《周正汇考》卷二言孔安国以春为建子之月，"周之季春，于夏为孟春"是孔安国之误。[2]文中还指出蔡《传》混淆了唐孔颖达《尚书正义》与汉孔安国《尚书大传》。

二是长于利用《竹书纪年》考订《尚书》年代，推演三皇五帝事迹。徐文靖长于天文历法研究，著有《竹书纪年统笺》十二卷，李慈铭称此书"援据精博，荟萃经史，真必博作也"。[3]如卷四"禹锡玄圭，告厥成功"条，蔡《传》曰："锡，与'师锡'之'锡'同。水土既平，禹以玄圭为贽，而告成功于舜也。"作者则认为：

> 按《竹书》"帝尧七十五年，司空禹治河。八十六年，司空入觐，贽用玄圭"，则是当云告成功于尧。蔡《传》以为告舜，误。温公《通鉴》"尧七十有二载，命禹平水土，八十载，禹功告成"，亦以为尧时也。

运用《竹书纪年》证明蔡《传》"告成功于舜"实则"告成功于尧"。《管城硕记》对伪古文《尚书》多所引证，如《太甲上》"阿衡"，引《竹书纪年》："沃丁八年，祠保衡。"《说命》："昔先正保衡。""罔俾阿衡，专美有商。"《君奭》："在

---

[1]（清）徐文靖撰，范祥雍点校：《管城硕记》，第88页。

[2]（清）万斯同：《周书汇考》，方祖猷主编：《万斯同全集》，宁波：宁波出版社，2013年，第33页。

[3]（清）李慈铭著：《越缦堂读书记》，上海：上海书店出版社，2015年，第380页。

太甲时则有若保衡。"《诗》毛传曰："阿衡，伊尹也。"《书》孔《传》曰："伊尹为保衡。"[1] 保衡以伊尹之号，甚佳。章太炎指出："《书·君奭篇》称曰保衡，保阿为女师之官，名见《列女传》……近在人君左右，故职掌亦得相兼矣。伊尹虽辅汤致王，然本以保阿庖人进见。革命代夏，参与帷幄密谋，其权尊矣。"[2]

又如《多方》："惟五月丁亥，王来自奄，至于宗周。"蔡《传》曰："成王即政之明年，商奄又叛，成王征灭之。"《管城硕记》卷三引《竹书纪年》记成王五年五月"王至自奄"，"蔡《传》据为成王即政之明年，皆失考也"[3]。

三是由于作者有深厚的地理学基础，常考《尚书》之山川地理。前揭徐文靖撰《禹贡会笺》，并绘《禹贡图》，徐氏深谙舆地之学，在《管城硕记》里常有考证之语。如《禹贡》："既修太原，至于岳阳。"蔡《传》曰："岳，太岳也。山南曰阳，即今岳阳县地也。盖汾水出于太原，经于太岳，东入于河，此则导汾水也。"徐文靖引朱鹤龄《尚书埤传》："此岳阳谓霍山之南，所包者广。蔡《传》专指岳阳县言，非。"又引《山海经》郭璞注曰："至汾阴县北，西入河。"证明蔡《传》云"东入河"是错误的。汾水原出山西宁武之管涔山，折向西入于黄河。

又如《禹贡》"沱潜既道"，蔡《传》曰：《尔雅》水自江出为沱，汉出为潜。此则荆州江汉之出者也。今按，南郡枝江有沱水，然其流入江，而非出于江也。华容有夏水，首出江，尾入沔，亦谓之沱。若潜，则未有见也。"[4] 作者认为：

> 按《史·夏本纪》"沱涔已道"，索隐曰："涔亦作潜。"《汉志》"南
> 郡枝江县，故罗国。江沱出西，东入江"，师古曰："沱即江别出者也。"
> 胡三省注《通鉴》曰："江水于枝江县西别出为沱，而东复合于江。"蔡

————————————

[1]（清）徐文靖撰，范祥雍点校：《管城硕记》，第84页。

[2]（清）章太炎：《驳金氏五官考》，《章太炎全集》9，上海：上海人民出版社，2018年，第40页。

[3]（清）徐文靖撰，范祥雍点校：《管城硕记》，第101页。

[4]（宋）蔡沈撰，王丰先点校：《书集传》，北京：中华书局，2018年。

《传》以为非出江，误矣。《汉志》："武都，东汉水受氐道水，一名沔，过江夏，为之夏水，入江。"又"陇西氐道，《禹贡》养水所出，至武都为汉"。师古曰："养，本作漾。"据此，则夏水自汉出而入江。蔡《传》依郑氏注，以为首出江，误矣。盖郑氏之误以氐道为蜀郡湔氐道，江水所出。不审其为陇西氐道县，乃漾水所出也。

又按，《尚书埤传》曰："王氏炎曰：《隋志》南郡松滋县有涔水。涔即古潜字。今松滋分为潜江矣。"考《承天府志》汉水自钟祥县北分为芦洑湖，经潜江东南复入汉。此为古潜水，甚明。蔡《传》依郑氏注，谓潜水则未有见，皆失考也。[1]

"潜沱既道"据王引之《经义述闻》，"道"读为"导"，训为"通"，通达之意。[2]徐文靖指出蔡《传》所言"江沱在东，西入大江"的错误，清人王鸣盛《蛾术编》卷四十一亦引《地志》指出"《禹贡》江沱在西，东入大江"。[3]又引朱鹤龄《尚书埤传》证明"涔水"即是古潜水，乃钟祥县之芦洑湖，经潜江东南入汉之水，即郑玄所谓"西汉水"，然郑玄不云"涔水"，蔡《传》不明郑氏所言"西汉水"即是"涔水"。

三、徐文靖《尚书》学之学术史价值

徐文靖所处的清初是《尚书》学由专尊蔡《传》到怀疑、驳斥蔡《传》的过渡时期。宋蔡沈《书集传》问世后，治《尚书》奉蔡《传》为圭臬，尤其是明代

---

[1]（清）徐文靖撰，范祥雍点校：《管城硕记》，第61页。

[2]（清）王引之撰，虞思徵、马涛、徐炜君点校：《经义述闻》，上海：上海古籍出版社，2017年，第173页。

[3]（清）王鸣盛著，顾美华整理标校：《蛾术编》，上海：上海书店出版社，2012年，第582页。

195

科举考试，官方指定蔡《传》后。"明洪武间，初定科举条式，诏习《尚书》者并用夏氏、蔡氏两《传》。后永乐中《书经大全》出，始独用蔡《传》，夏氏之书浸微。"[1]据《清世祖实录》卷六八，清顺治帝在顺治九年（1652）九月二十二日临太学，听祭酒、司业讲《易经》《书经》。顺治十一年（1654）王熙奉诏译《尚书》，康熙十九年（1680），席勒纳等奉撰《日讲书经解义》，是书"取汉、宋以来诸家之说，荟萃折中，著为《讲义》一十三卷。"《四库全书总目提要》卷十二"大旨在敷陈政典，以昭宰驭之纲维；阐发心源，以端慎修之根本。"另一部康熙敕作《钦定书经传说汇纂》，成书于雍正八年（1730），"取蔡沈《书集传》居前，附众说于后，凡蔡《传》说解安妥者，则加以佐证；凡蔡《传》说解谬误者，则加以匡正。"[2]两部官方《尚书》著作的出现，代表官方对蔡《传》的崇拜。《日讲书经解义》的编纂者还有王鸿绪、张英等学者，张英作《书经衷论》"非敢自持臆说，皆折衷于昔人之言，依篇章次第，分为《衷论》四卷，又以四年来在内廷编辑之书，不敢自覆其短，冒陈九重乙夜之览。"[3]

清初理学家已经注意到程朱学者不读书的现状，孙嘉淦言："程朱之书，详言格物，独得孔子之传以惠后学。而今日学者之流弊，则非程朱所及料也。漫无志于天下国家之大，亦并忘其耳目手足之官。讥释氏之不能诚意，并其正心而失之。"[4]孙嘉淦，字锡公，号静轩，山西兴县人。历任国子监司业、顺天府尹、工部侍郎、刑部侍郎、吏部侍郎、都察院左都御史等职。孙氏以直谏闻名，著有《春秋义》《诗义折中》《周易述义》等，孙氏为《管城硕记》作序，"读古人之书，而自谓了了无可致疑，此其人正不可与论古。盖好古而能信圣人也，蓄疑求信以期进于圣人之道者，学者事也。此徐生《管城硕记》所由撰与？硕者何？实也，大也。"[5]孙氏作序表明了自己对当时尊程朱的看法，读古书应有疑，"蓄疑

[1]（清）永瑢等：《四库全书总目提要》卷十一，第 90 页。

[2] 罗志欢撰：《中国丛书综录选注》，济南：齐鲁书社，2017 年，第 540 页。

[3]（清）张英：《书经衷论》，上海：上海古籍出版社，1987 年。

[4]（清）尹会一：《健余札记》卷四，丛书集成初编本，第 45 页。

[5]（清）徐文靖撰，范祥雍点校：《管城硕记》，第 101 页。

求信"方能推动学术之前进，清人对蔡《传》的怀疑很大层面上是实学兴起对作为官学的宋学之批判。孙氏又云："余尝谓士人读书，但当息心静气以折衷理之至是，初不必毛举他人之短，以矜一己之长。然或经传、子史、事理、名物，讹以传讹，转相承袭，初学不知而信为诚然，贻误将来，伊于胡底！"由此也能说明，当时官方理学家对实学是肯定的。

清以前，对蔡《传》质疑、补正的著作也有数种，如元人陈师凯《书蔡传旁通》"为蔡《传》所遗者，皆一一补注，段委颇详"，明人刘三吾《书传会选》"以刊定蔡《传》之误"，袁仁《尚书砭蔡编》"皆纠正蔡《传》之误"，陈泰交《尚书注考》"是书亦纠正蔡《传》之讹"等等皆是此类。[1] 至清学者纷纷在元明人纠补蔡《传》之上提出异说，驳蔡《传》亦成为当时之风气。姜兆锡《书经蔡传参义》以及左眉《尚书蔡传正讹》是清初两部驳蔡《传》的代表。如《尚书蔡传正讹》"引蔡傅之误，依《尚书》编次罗列，旁引孔安国传、孔颖达疏及晁错、马融、朱熹等先儒众说，相互佐证，融会贯通，折中己意。文中多论蔡传历法、地理之谬，于讹误原因，亦有探究……蔡传引文出处亦著录于文中。此书旁征博引，论据详实，驳证讹误颇有可取之处，然乃钞撮他说为主，颇乏创见。"[2] 有关蔡《传》的质疑，到乾隆中叶仍有著述，顾栋高作《尚书质疑》三卷，《自序》云："臣七岁受《尚书》，当时苦其棘吻难读。二十岁以后，颇疑蔡氏《书传》未尽合经文本旨。"[3]《四库全书总目提要》卷十四："《山海经》本不足信，蔡《传》引其怪说以注《禹贡》，自是一失，栋高驳之，是也。"[4] 徐文靖处在过渡时期，能够对程朱之学提出质疑，并以所专长进行考辨，是其经学研究的学术史价值之一。

————————

［１］（清）永瑢等著：《四库全书简明目录》，上海：上海科学技术文献出版社，2016 年，第 36 页。

［２］续修四库全书总目提要编纂委员会编：《续修四库全书总目提要·经部》，上海：上海古籍出版社，2015 年，第 97 页。

［３］（清）顾栋高撰：《尚书质疑》，曾学文，徐大军主编：《清人著述丛刊》第 1 辑《顾栋高集》，扬州：广陵书社，2019 年，第 1 页。

［４］（清）永瑢等：《四库全书总目提要》卷十四，第 116 页。

徐文靖所撰《禹贡会笺》先引蔡《传》而续驳之，当即受当时驳蔡、补蔡风气之影响。不过徐氏驳蔡《传》并无义理取向，纯为"实事求是"之学。其《尚书》研究的特色尤在于地理学一面，即《管城硕记》中所记亦多为纠正蔡《传》地理谬误，而后者疏失恰多在于地理问题。徐文靖于《禹贡图》"自序"中云"陆氏文裕曰：'余尝欲取今之州县，推而上之，会于《禹贡》之命名，以著古今之离合迁改为一书。'志诚伟哉！余窃有志而未逮"，可见其有考古今地理沿革之志，所以其《禹贡》地理考据本乃其志的具体实践，非纯为从纸上求是非。《禹贡图自序》："余家藏有《六经图》，《禹贡图》一二而已。又所藏宋大观中《地理指掌图》，其中有帝喾及尧《九州图》、舜《十二州图》《禹迹图》，然胪列当时郡县于《禹贡》山泽，六十余地不能备载。少尝见艾千子《禹贡图》，简而能该，第从前讹误尚未驳正。"[1]徐氏长于《禹贡》地理考证，其家藏多种版本的《禹贡图》，徐氏将各版本进行校勘，订正前人之误，亦是其学术史价值之一。

徐氏又撰有《山河两戒考》一书，亦可见出其学术趣味乃在于"经济"实学。尚未形成乾嘉考据学之前，徐文靖所处的清初受到顾炎武"经世致用"的影响，开始重视实学。黄叔琳《〈山河两戒考〉序》："考据经史，讲求实学。岂直为摘文掞藻之士所可参列而并论哉！"[2]《〈山河两戒考〉自序》："《易》有之'仰以观于天文，俯以察于地理'，穷理之事也。格物以穷理，而求其端于天地，则古所谓贤人者，辨星辰逆顺者也。从而考之，或庶几希贤之一助乎！"程朱学派强调"格物以穷理"，这是对事物本质的探讨，故而需求之于天文地理，然而作者进一步强调"实事求是"的重要性，"所引书凡撰述姓氏，必考其实，不敢承袭误引。"[3]

清初实学兴起以后，《尚书·禹贡》因其地理之祖的独特地位，便自成一系

［1］（清）徐文靖撰：《禹贡会笺》，《历代禹贡文献集成》第5卷，第2340页。

［2］（清）徐文靖撰：《山河两戒考》，《四库全书存目丛书》第173册，济南：齐鲁书社，1996年，第648页。

［3］同上，第656页。

《禹贡》之学，于《尚书》学中另开一面。所以徐氏《尚书》研究，在《禹贡》一支中继胡渭更近一步，而在清代地理学研究中亦有其价值。如《禹贡》"九江孔殷"，胡渭《禹贡锥指》卷七："渭按：今岳州府巴陵县，本汉下隽县地。县西南有洞庭湖。"胡渭引《尚书正义》及《水经》，证九江在下隽县西北。徐文靖《禹贡会笺》对九江所在进行了考辨："按：《前志》有'下隽'，《后志》'长沙九江在下隽县西北'，非《水经》之言也。桑钦乃西汉成帝时人，《班志》何不引乎？蔡《传》乃据之谓，洞庭为九江。范致明撰《岳阳风土记》以下隽地在蒲圻，即以洞庭为九江，亦在下隽之西南，何从在西北乎？"[1]《禹贡会笺》引汉人说证明九江在下隽县西南，纠正了前人的误解。胡渭《禹贡锥指》引书凡例大致是，首列孔安国《传》、孔颖达《疏》，再列宋元明诸家说，表现出对《汉书·地理志》的格外重视，且对朱子诸说引证频繁，多引朱子文集、语录等著作，但对蔡《传》评价不高。就凡例来谈，《禹贡会笺》"会笺"取"四海会同"之义，杂采经传百家之言，中所载《禹贡图》多采明人艾南英《禹贡图注》。"是编主于驳正疑误，故列蔡《传》于前。是者可之，不是者否之。要皆各有所证发。宁可得罪于先贤，不敢贻误于后学。"可见是书与《禹贡锥指》最大不同在于是否直接驳斥蔡《传》。《禹贡会笺》继承了胡渭《禹贡锥指》的考据成绩，"此等考据真发前人所未发，《会笺》中不敢剿袭雷同，而又不忍为割爱，故列于此。"[2]

　　清初《尚书》学研究围绕蔡《传》展开，官方经学尊蔡《传》，成为程朱传统的延续。官方理学家既有李光地、张英等维护蔡《传》者，亦有孙嘉淦、徐文靖这类批蔡《传》的学者。就私学角度而言，清初学者如阎若璩等学者大都受顾炎武"经世致用"学说的影响，实学之风渐起，发展为清中叶的乾嘉考据学，此后汉学兴起，与宋学对立，成为清代学术的主流。

---

［1］（清）徐文靖撰：《禹贡会笺》，《历代禹贡文献集成》第5卷，第2437页。
［2］同上，第2343页。

"礼时为大"

——贺麟论中国人的时空问题

方　用 [*]

贺麟（1902—1992）以翻译和研究斯宾诺莎和黑格尔哲学而闻名于学界，但其并非只攻西学，亦深受中学熏染，更关心时代。以"新心学"显明的贺麟，对冯友兰的"新理学"颇有微词，但对熊十力一脉，包括其学生牟宗三、唐君毅等都赞誉有加 [1]。贺麟对熊十力难得的不满是："熊先生于本心即性，本心即仁，皆有所发挥，惟独于'本心即理，心者理也'一点，似少直接明白的发挥。" [2] 他则以"心即理也""心者理也"为中心建构哲学。贺麟自言其学问有三个特点："有我"（即"有我的时代、我的问题、我的精神需要"）、"有渊源"（即"中国传统的文

---

[*]　**作者简介：** 方用，同济大学人文学院副教授，主要研究中国近现代哲学。

[1]　详见贺麟：《五十年来的中国哲学》，上海：上海人民出版社，2012 年，第 25—28、34—35、57—59 页。

[2]　贺麟：《五十年来的中国哲学》，第 15 页。但对此，他也充满理解和期待："不过或由于熊先生注重天地万物一体之仁，以生意盎然，生机洋溢，生命充实言本体，而有意避免支离抽象之理。或者他将于次一著作《量论》中，更畅发'心即理也'之旨，亦未可知。"（同上，第 28 页）

化和儒家思想")以及"吸收西洋思想"[1]。就时空而言，贺麟曾著长文《时空与超时空》[2]，以"时空是心中之理"的命题接续康德在时空问题上的"不朽见解"，反对以时空为离心而有的客观事物。更重要的是，贺麟敏锐而坚定的要将"时空"问题视作中国人以及中国哲学自己的问题，赋予"礼时为大"以新含义，回应时代问题、安顿世道人心，并试图以此"补充与发挥"康德之时空观。贺麟的时空之思既是他对中西时空观念史的阐发和推进，更是对现代中国之人生问题的探究与回答，是其复兴中国文化、挺立中国哲学的题中之义。

一、"新心学"中的"心"与"理"

1934 年，刚过而立之年的贺麟发表了《近代唯心论简释》一文，该文被视作贺麟"哲学思想的宣言"，"此后的许多文章，都是此文所阐述的基本思想的扩充与引申"[3]。可以说，此文标志着贺麟"新心学"体系的初创。

从题目来看，有两点值得注意。

首先是"唯心"，意味着他的"新心学"是要确立宇宙人生的"唯"即根基、

[1] 贺麟:《文化与人生》序言，上海：上海人民出版社，2011 年，第 9 页。

[2] 该文于 1940 年发表于《哲学评论》第 7 卷第 4 期。后作为第二篇论文收入 1942 年出版的《近代唯心论简释》。在 1942 年的初版和 1944 年的再版中，都只有"上篇"而无"下篇"。1959 年商务印书馆出版《资产阶级学术思想批判参考资料（第四集）》时，增补了"下篇论超时空"，并说明"此系手稿，未曾发表"，并附《论时空——答石峻书》一文（原载于 1944 年《思想与时代》第 35 期），1990 年商务印书馆出版《哲学与哲学史论文集》、2009 年上海人民出版社出版《近代唯心论简释》时都包括了"上篇""下篇"和《论时空——答石峻书》三部分。谢幼伟说:"《近代唯心论简释》一书，虽仅为一部哲学论文集，而非系统的著述，然亦自有其一贯之主张。此一贯之主张，即贺君唯心论之主张是。"（贺麟:《哲学与哲学史论文集》，北京：商务印书馆，1990 年，第 411 页）徐梵澄在《近代唯心论简释述评》一文中说，《时空与超时空》是全集中最沉博的一文。虽然篇与篇之间似乎没有联系，但正是理性论最强有力的支柱。"（徐梵澄:《近代唯心论简释》述评，收入贺麟:《近代唯心论简释》，上海：上海人民出版社，第 280 页）

[3] 贺麟著，张学智选编:《贺麟选集》前言，长春：吉林人民出版社，2005 年，第 4 页。

或本体的。在心物关系中，以心为本；在心之理与其他要素如情意等相较，他强调理的主宰，"心者理也"[1]。这样，"新心学"既与唯物主义思潮不同，也有别于朱谦之的唯情论或梁漱溟的唯意志主义等非理性主义思潮。他批评冯友兰"离心以言理"，实际是把心视作"形而下的实际事物"[2]；反之，他高扬"心即理也""心中之理"，因而其唯心论明显具有主观性。当然，此"唯"同时也标志着其与张东荪之"多元论"不同的立场。

其次是"近代"，如同冯友兰自觉是"接着说"，贺麟也声明其学问虽有"渊源"，但亦"有我""有吸收"。"有我"不仅是作为个体有感受或心得，更有"我的时代"，也就是他要开展出传统心学的"近代"形态。无论中、西，都有强盛的唯心论传统，但中国"近代"形态的"新心学"必须能面对和回应中国的时代问题：即古今中西之争中，中国向何处去？

贺麟对"心"的定义，既明确展示了其"心"之"渊源"，也清晰阐发了其"心"之"有我"，即"新"或"近代"的形态。《近代唯心论简释》一文开宗明义：

> 心有二义：（1）心理意义的心；（2）逻辑意义的心。逻辑的心即理，所谓"心即理也"。心理的心是物，如心理经验中的感觉、幻想、梦呓、思虑、营为，以及喜怒哀乐爱恶欲之情皆是物，皆是可以用几何方法当作点线面积一样去研究的实物。[3]

就"心"而区分心物，纳物入心，这是唯心论的基本套路。贺麟此文基本未作哲学史的考查，但在《时空与超时空》中，他提出了一些"主观时空观"的重

---

[1] 徐梵澄说："心者理也，是一个最扼要的主旨。"（徐梵澄：《近代唯心论简释》述评，收入贺麟：《近代唯心论简释》，第280页）

[2] 贺麟：《五十年来的中国哲学》，第44页。

[3] 贺麟：《近代唯心论简释》，《近代唯心论简释》，第3页。

要代表，都是反对把时空视作"心外之实物"，而明确时空在心中。他说：

> 普通人所谓"物"，在唯心论者看来，其色相皆是意识所渲染而成，其意义、条理与价值，皆出于认识的或评价的主体。此主体即心。一物之色相、意义、价值之所以有其客观性，即由于此认识的或评价的主体有其客观的必然的普遍的认识范畴或评价准则。若用中国旧话来说，即由于"人同此心，心同此理"。离心而言物，则此物实一无色相、无意义、无条理、无价值之黑漆一团，亦即无物。[1]

因有人心为主体，才将"物"从"黑漆一团"的状态中拯救出来，有了色相、意义、条理、价值，因人心之"感"使物成为物，物的客观性来自人心的客观性，阳明南镇观花，"你未看此花时，此花与汝心同归于寂；你来看此花时，则此花颜色一时明白起来，便知此花不在你的心外"（王阳明：《传习录》），贺麟思路与此古今相应。

尽管贺麟强调心物合一，但把"心理的心"视作"物"，无疑又将人心剖为两半，一半是逻辑的、理性的，另一半是感觉经验和情感欲望等。一方面，他说："理是心的一部分，理代表心之灵明部分。理是心的本质，理即本心，而非心的偶性，如感觉意见情欲等。"[2]作为心的一部分，"理"是心之"性"，"非理性"则是"心"中之"物"、是"偶性"。另一方面，他主张"注重心与理一，心

---

[1] 贺麟：《近代唯心论简释》，《近代唯心论简释》，第3页。

[2] 贺麟：《时空与超时空》，《近代唯心论简释》第19页。对于贺麟的"心物"之论，当年谢幼伟曾有质疑："贺君一方面认为心物永远平行，而为一体之两面，另一方面又认心为主宰，物为工具，心为体，物为用，心为本质，物为表现，此其平行论与主从，或体用论，能否调和，作者对之亦有所疑盖心物如确平行，则心物之间，似不能有主从或体用之可言。如心物确有主从或体用之可言，则心物似非平行。"（贺麟：《哲学与哲学史论文集》，第414—415页）贺氏对此也有回应，试图通过对黑格尔哲学的主观化阐发，沟通斯宾诺莎的心物平行说与黑格尔的精神外化论，建构新心学。但其辩护未能很圆融。（同上，第419页）

负荷理，理自觉于心。"[1] 以"心即理也"之心"主乎身""命物"，作为"理想的超经验的精神原则""经验、行为、知识以及评价之主体"。当然，这种理性主义难免会无视或弱化生命的完整性以及情意的存在及其积极价值。

但是，无论是把"心即理也"名为"逻辑意义的心"，还是认为"物"是可以"用几何方法当作点线面积一样去研究"，都是与中国古代非常不同的表述。"逻辑"是一现代输入的西方新词，是否讲逻辑是中国现代非常注重的中西差别之一。中国传统的"理"有现代的"逻辑"义，但如冯友兰、金岳霖等所言，逻辑的原则和方法在中国古代只是惊鸿一瞥，并非主流。贺麟也有见于东方哲学玄妙而形而上、却疏于沟通有无、主客的逻辑桥梁，以及西方哲学以逻辑为主体活动根基的优势。他也自觉以"逻辑之心"为核心范畴来构建他的唯心论。[2] 另一方面，将"物"当成"有形者"、以作"几何"的研究、或以"下界说"的方式探物之"性"（essence），也并非中国传统观"物"的基本方法和态度，毋宁说，这更是现代科学的要求。强调"逻辑""几何"，这是"新心学"之"新"、或"近代唯心论"之"近代"的标志。同时，贺麟之"理"含义丰富："理是一个很概括的名词，包含有共相、原则、法则、范型、标准、尺度以及其他许多意义。"[3] 此"理"作为"心"演绎出来的先验的逻辑观念，其内涵已不再限于宋明思想中的天理、物理、伦理，而包含了西方哲学中"共相""形式"等含义；其言心物关系对斯宾诺莎和黑格尔也多有借鉴。主动对话西方哲学，这也是中国现代哲学的

[1] 贺麟：《近代唯心论简释》，《近代唯心论简释》，第4页。
[2] 贺麟曾讲过一个生动的故事来说明"逻辑之心"在唯心论中的意义："波士威记下了与英国著名的约翰生博士在散步时的谈话，问约翰生：'贝克莱说任何东西都是观念，你看呢？'约翰生一脚踢开一块石头，说：'我踢的是石头，不是观念，我这就把贝克莱驳倒了！'贺追问：你约翰生踢的是经验外的石头还是经验内的石头？只能是经验观察的、知觉的、观念化的石头！而唯一不在观念化（经验）之中的东西就是逻辑之心。心理之心有什么稀奇的，可用科学去研究，而逻辑之心却是极点（太极），更无前提（无待），只依自性而动；所以本质上即是自由的，为主而不为客；依自己创造的对象来认识自己，命物而不命于物。唯心论即应此逻辑之心、理性之心、理念之心而起论，研究此种唯心论，就是研究一切知识和意义的前提条件，万事万物的本性精华。"（宋祖良、范进编：《会通集——贺麟生平与学术》，北京：生活·读书·新知三联书店，1993年，第68页）
[3] 贺麟：《时空与超时空》，《近代唯心论简释》，第18页。

特征之一。

在贺麟看来，唯心论正是"因科学发达、知识进步而去研究科学的前提知识的条件，因物质文明发达而去寻求创造物质文明、驾驭物质文明的心的自然产物"的结果，其首先要去了解创造物质文明的精神基础、要去追溯构成科学知识的基本条件。值得留心的是，贺麟将"认识"与"评价"都视作人心的活动内容，所以其唯心论的领域亦兼及道德、政治等方面，并强调"具体的共相"[1]，这就兼顾了知识和价值、可信与可爱，避免了唯科学主义或实用主义。他说：

> 唯心论又名理想论或理想主义。就知识之起源与限度言，为唯心论，就认识之对象与自我发展的本则言，为唯性论，就行为之指针与归宿言，为理想主义。理想主义最足以代表近代精神。近代人生活的主要目的在求自由。但自由必有标准，达到此标准为自由，违反此标准为不自由。漫无标准与理想之行为，不得谓之自由。[2]

将唯心论视作"理想主义"，并以"理"为"行"的标准和理想，其对知识与行为关系的讨论在后来的"知行合一"思想中得到了更充分的阐发，也在其时空观中得以贯彻。更重要的是他将"理想主义""自由"视作"近代精神"，也意味着"新心学"的宗旨即在确立"标准"并实现"自由"，这也是"近代性"的另一表现。当然这并不意味着中国古代没有自由精神，而是说，近代的自由与古代有着不同的特质，比如贺麟强调"自由"必须建立在认识和遵循"标准"的基

[1] 贺麟：《近代唯心论简释》，《近代唯心论简释》，第6页。
[2] 同上。对于"唯心论"一词可能招致的误解，贺麟早有领会。他以体用言心物，并如此区别唯物论与唯心论："唯物论者离心而言实在，离理而言实在，离价值而言实在。换言之，唯物论者以为真实之物，是离意识而独立存在，是不一定合理性合理想，有价值有意义的。唯心论者则合心而言实在，合理而言实在，合意义价值而言实在。换言之，唯心论者认为心外无物，理外无物，不合理性，不合理想，未经过思考，未经过观念化的无意义无价值之物，均非真实可靠之物。"（贺麟：《哲学与哲学史论文集》，第129页）

础之上，这显然与其"新心学"的理性主义是一致的。

二、"时空是心中之理"

在"新心学"的视域中，时空也有了特殊的意涵和意义，"心"和"理"是贺麟时空观的关键词。

贺麟始终将时空统一起来讨论的，他首先梳理了哲学史上的各种时空观，指出在此问题上，有一些"正相反对的说法"，具体表现为"物与理对或事与理对""客观与主观的对立"和"不确定的时空说与确定的时空说对立"三个方面[1]。他分析了古今中外哲学史上各种有关时空问题的不同观点，并明确提出了自己的见解。他说：

> 我关于时空的思想，分开来说，可用四个命题表达；总起来说，可用一个命题表达。
>
> 1. 时空是理。
>
> 2. 时空是心中之理。
>
> 3. 时空是自然知识所以可能的心中之理或先天标准。
>
> 4. 时空是自然行为所以可能的心中之理或先天标准。
>
> 总结上面四点，可以说"时空是自然知识和自然行为所以可能的心中之理或标准。"[2]

第一个命题是回应"物或事与理"的冲突。贺麟批评牛顿认时空为实物或实有（entity）、也否定爱因斯坦等相对论者以及受相对论影响的哲学家以时空为事

---

［1］ 贺麟：《时空与超时空》，《近代唯心论简释》，第 11 页。

［2］ 同上，第 18—21 页。

（event），他认为此二者皆将时空当作了物理学研究的对象。他赞赏康德以时空为"感性的先天原则（原则即是理）""感性所具有的两个纯范型，或构成先天知识的原则"，以此为"不朽的伟大发现"。"时空是理"一开始就明确反对将时空视为"物"或"事"，他认可康德的时空观，强调时空不是经验中的事物，而是使经验中的事物可能的先天之理或先决条件。

　　第二个命题涉及"客观与主观"的对立。他指出牛顿以及现代许多实在论和唯物论的哲学家或者主张时空是离人类意识而独立存在的物或事、或者是以运动来度量的客观存在、或者是事物与事物间的客观关系等，其实质都是将时空视作客观的。当然也有许多哲学家认时空是主观的，只是心中的状态、抽象观念、原则等，不是离心而独立的存在，比如在中国古代，他推崇陆象山和陈白沙；在西方近代哲学家中，他认为斯宾诺莎及康德是"持时空主观说最有力者"。当然他再次接受了康德的"颠扑不破的真理"，并指出康德所谓时空之主观性可概括为三层意思，即"时空的理想性""属于主体方面的认识功能或理性原则"和"为时空在经验方面之所以是必然普遍而有效准的原则奠立基础"，由此他批评了各种独断地离开主观去肯定客观（无论是实物或物自身，还是属于客观对象方面的性质或关系）之说，他指出："心外无（可理解的）理，心外无时空，心外无（经验中的）物。离心而言时空，而言时空中之物，乃毫无意义。"[1] 时空是"理"，具有客观性、普遍性，但"理"在心中，客观归于主观。同时，时空作为主体特有的"认识功能或理性原则"，是人心的部分和本质。

　　第三个命题与时空的"不确定或确定""无限与有限"相关。贺麟将不确定的时间称为"绵延"（duration）、不确定的空间称为"扩张"（extension），以此为感觉的对象或内容，换而言之，是"物"而非"理"；他认为"绵延"与"扩张"是可加以衡量、但尚未经衡量的量（unmeasured measurable quantity）。时间是衡量"绵延"的准则，空间是衡量"扩张"的准则，所以时空都是确定的、而可度

[1]　贺麟：《时空与超时空》，《近代唯心论简释》，第13页。

量的，确定的时空，也是有限的。正因为时空具有确定性，才可名之为"理"或"标准"，并且可以衡量不确定的"绵延"与"扩张"。这样他不仅与柏格森等也划清了界限，也反驳了将时空视作个人主观的、无常的意见或幻想的观点，再次肯定了康德之时空所强调的普遍必然性。

第三个命题的宗旨是将时空作为"自然知识"所以可能的理或标准，贺麟把"自然知识"分为三种：

> （1）感觉的自然知识，为自然的时空标准所决定；（2）权断的实用的自然知识，为权断的时空标准所决定；（3）科学的或因果律的自然知识，为理性的时空标准或因果律所决定。[1]

这里，他将"时空标准"分为三种：自然的、权断的、理性的，并指出不同的时空标准可作为相应的自然知识的先决条件。时空标准愈精密愈合理，其所决定的自然知识也愈精密愈有条理。时空"即是吾人行使感觉机能时所具有之两个内发的原理或标准，据此原理或标准，吾人可以整理排列感觉中的材料，因而使得感觉也不是纯全混沌而被动，乃亦有其主动的成分，而自然知识因此形成。"[2]就时空为"心中之理"而言，贺麟称之为"心之德"，亦即以时空为心之功能或德性。就时空为使基于感官的自然知识可能之理而言，贺麟又名之曰"感之理"。贺麟"心之德"与"感之理"之论基本是对康德之"不朽见解"的接受，但他的时空标准是多样的，从而也为各种知识之可能性找到了基础。

贺麟认为，确定的时空一定是"有限的时空"，而"有限的时空"也必然是确定的时空，此"有定有限的时空"，才是可以作为科学"所以可能的心中之理或先天标准"的时空。贺麟澄清了关于时空无限性的几种含混之论。比如以"无限的时空"为"不确定的时空"，即感觉中混沌复杂的材料、无限制未经范型规

---

[1] 贺麟：《时空与超时空》，《近代唯心论简释》，第31页。
[2] 同上，第20页。

208

定过的物质（unlimited or formless matter）；他认为作为认识的对象，其不确定性是可以消除的。其次是以"无限的时空"为"无穷（endless）的时空"，即有限空间的无穷伸展、有限时间的无限延长。但他认为此种"直线式的无限"是出于"想象的作用及理智之不依规范的滥用"，所以是要排斥的说法。可见这两种"无限"均通过理性的认识活动，均可化为"有限"。在此，贺麟第一次提出了对康德的批评，即"不能不拒绝接受康德认时空为无限的体积或量的说法"，并认为康德之论是"受了牛顿的影响而尚未解脱者"。第三种是以"无限的空间"为"普遍性"（universality），等于一切地任何地，等于超空间；以"无限的时间"为"永恒性"（eternity），等于一切时任何时，等于超时间。他认为超时空与形而上学同义，与"自然知识"无涉；但"就知识的性质分析起来，超时空的关键，在于知时空"[1]，坚持了时空问题上的理性主义。

但贺麟与康德在时空观上的最大分歧在第四个命题上。第四个命题涉及"自然知识"与"自然行为"的关联，康德只考察了时空为科学建基的方面，但贺麟认为，时空不仅是"自然知识"，而且也是"自然行为"所以可能的先天之理或标准。与三种"时空标准"相应，他也将"自然行为"区分为不同层次的三种：即完全遵循"自然的时空标准"的"本能行为"、建筑在"权断的时空标准"之上的"实用的社会化的自然行为"，以及"理性的时空标准"决定的"合礼的艺术化的自然行为"。他认为第一种是"自然人"的行为，实质只是"享受自己生存的纯绵延"，既非道德也不实用，在生存竞争文明进步的社会里，"终在被淘汰之列"。第二种如钟表时间，虽非自然，但"建筑在个人实用的目的、行为的方面与社会效率的增进秩序的维持上"，有实用性。不过，他重点阐发的是第三种时间标准及其意义。在他看来，西方哲学、包括他极为钦佩的康德，对此都无

---

[1] 贺麟：《时空与超时空》，《近代唯心论简释》，第38页。贺麟后来补作下篇"论超时空"，并声明"本文是《论时空与超时空》全文的一部分。上篇论时空，大意发挥并补充康德的学说……此为下篇，主旨在解答超时空是否可能的问题，并说明超时空的真意义。……超时空与形而上学同义，假如超时空不可能，则形而上学亦不可能。"（同上）

所见[1]，但"中国哲人早已把握住时间空间（特别时间）的标准与道德行为的关系"，这突出地体现其对古老的"礼时为大"的新阐发中。

三、"礼时为大"

在贺麟看来，儒家之"礼"就是"理与时之合"：

> 礼一方面是符合时空标准的道德行为，一方面又是用时空标准去节制情欲使符合道德律的理则或尺度。道德而不进于"礼"则道德永远不能艺术化，不能与当时当地的人发生谐和中节的关系。[2]

显然，贺麟认为，道德律即某种"心中之理"。贺麟熟谙康德哲学又自觉接续阳明心学，在此他仅简单以"人性本善""理性"和"意志自由"做担保，并指出"遵循理性而行乃是意志自由的本质"[3]。他进而将"理"与"礼"联结而论，以"礼"为循理而行的道德行为。

当然，上溯其源，《礼记》已言"礼也者，理也"（《礼记·仲尼燕居》），《礼记正义》云："理，道理。言礼者，使万事合于道理也。"后人在此发挥颇多，尤其是宋明儒者，如朱子云："礼即理也，但谓之理，则疑若未有形迹之可言。制而为礼，则有品节文章之可见矣。"（朱熹：《朱文公文集》卷六十，《答曾择之》）阳明曰："礼字即是理字。理之发见，可见者谓之文；文之隐微，不可见者谓之理：只是一物。"（王阳明：《传习录》）换而言之，"理"无形迹、不可见，而

---

[1] 他也提到，亚里士多德虽有所涉，但语焉不详。（详见贺麟：《时空与超时空》，《近代唯心论简释》，第33页）

[2] 贺麟：《时空与超时空》，《近代唯心论简释》，第34页。

[3] 同上，第36—37页。

"礼"是制度节文，是隐微之理的外在体现。贺麟视"礼"为道德行为或理则、尺度，也是强调"礼"之可知可见、可循可行。

《礼记》亦云："礼，时为大。"（《礼记·礼器》）圣人制礼有先后，与"顺""体""宜""称"等相比，"时"居其首，于礼中最大。此"时"，《礼记》解之曰"尧授舜，舜授禹，汤放桀，武王伐纣，时也。言受命改制度"。尧舜相禅、汤武征伐，都是"时"，"时"，即客观的历史境况；以"时"为大，即"礼"并非一成不变的，而是据"时"而革。孔子亦言礼有"损益"，此处则以"时"为"损益"的根据或动力。朱熹后来也说："礼，时为大。有圣人者作，必将因今之礼而裁酌其中，取其简易易晓而可行，必不至复取古人繁缛之礼而施之于今也。"（朱熹：《朱子语类》卷八十四）古今有别，"礼"亦有取有裁，需要合乎时宜。

贺麟以"礼时为大"为"礼之特质"，即强调任何道德都必须合乎时宜。他指出"礼"作为时空标准必须注意"当时当地"，要与实际的时空中各种具体场域合拍中节，不能"错过此转瞬即逝的时间成分"。

但贺麟视时空为心中之理，其"时"与旧说仍然有别。在他看来，首先，礼乐相须，时间的准则"实为使音乐之为音乐、音乐之有节奏的唯一要素。但音乐上的时间乃是为理性、为审美的规范所决定的时间。有其自然处，但是美化的自然，有其权断处，但是以美为目的而权断。"[1] 儒家主张礼乐并用，"礼"并非一些外在的死板的规矩或仪式，其以"仁"为本，且可以通过"乐"自然活泼地呈现出来。"节奏"是音乐之美的重要元素之一，通常被喻为音乐的骨骼，具体表现为声音的长短、高低、强弱等在时间中的某种周期性的连续展开。音乐中，声音变化有先后秩序、且又合乎规律，此即贺麟所谓音乐之美中的"理性"的规范或权断。当然他也说"有其自然处"，但他认为音乐并非自然的直接呈现，而是经过"美化"的，此"美化"中就蕴含了时间因素，亦即人心中的理则。至于此"美化"的、合乎时间规律的，为何一定是符合道德的？贺麟虽未深究，但在康

---

[1] 贺麟：《时空与超时空》，《近代唯心论简释》，第35页。

德哲学、或中国儒家传统中，并不缺少有关美善合一、合规律性与合目的性合一的论证。

其次，贺麟认为"礼"中依旧体现了时空的统一性，因为礼不仅不能爽时，也须合乎时宜的空间标准。尽管这些贺麟所论不多，但中国儒家传统中空间的确实充满了伦理意味，某些乐舞也必须在适合的空间中进行，比如八佾即不可舞于庭。另一方面，"礼"的艺术化形式多样，既可以是以时间准则为重的音乐诗歌，可展现为以空间准则为重的图画雕刻建筑。可以说，"礼"在儒家传统中，既是以某种有限、确定的时空方式展开的行为，又是无时不在、无处不有，具有普遍性和永恒性的，换而言之，礼是时空与超时空的统一。

20世纪20年代以来，朱谦之、梁漱溟、方东美等都是侧重以"易"为源论时空，其重点在将"变易""生生"等思想与柏格森的绵延互相发明，强调时间的创化义，强调以情意等非理性因素为时间的动力。虽然为了自觉避开非理性主义的盲目冲动，他们同时也论"不易"论"调和"。他们也论礼乐之美、道德的艺术化，侧重就时间的流动性绵延性而论礼乐发抒的情意之活泼、自由。比如梁漱溟说："这些礼文，或则引发崇高之情，或则绵永笃旧之情……礼乐使人处于诗与艺术之中"[1]。对于时空作为"理性"的能力或标尺，换而言之，在音乐流动中的时空相对稳定的静态结构，他们所论确实不多[2]。贺麟直接由"礼乐"而言时空，言道德律与时空准则的合一，主张："时空的准则与纯道德律合一而产生'礼'，时空的准则与审美的纯规范合一而产生艺术。礼即是艺术化的道德，而艺术化的道德，就是不矫揉造作而中矩度有谐和性的自然的本然的道德。也可以说

---

[1] 梁漱溟：《中国文化要义》，《梁漱溟全集》第三卷，济南：山东人民出版社，1990年，第113—114页。在写于1966年的《儒佛异同论》之，他仍极赞儒家礼乐为"社会人生所必不可少"："儒家极重礼乐仪文，盖谓其能从外而内，以诱发涵养乎情感也。必情感敦厚深醇，有发抒，有节蓄，喜怒哀乐不失中和，而后人生意味绵永，乃自然稳定。"（梁漱溟：《儒佛异同论》，《梁漱溟全集》第七卷，济南：山东人民出版社，1993年，第166页）

[2] 相较而言，朱谦之在1935年曾著《中国音乐文学史》，对音乐的研究更丰富。但此书的最大贡献在考察"音乐"与"文学"的关系，对音乐本身的审美原则展开得并不深入。

是与时谐行随感而应的自然道德。"[1]古代在论"乐从和"亦会涉及音乐的节奏、自然界和人之身心的同构关系[2]，贺麟则直接以时空切入了音乐的"形式"或"结构"。他以时空为道德行为，以及道德自然化、艺术化的必要条件。时空在这里，是标准、规范，是偏于"静"的理，这也提供了我们理解和复兴中国传统的"礼乐"另一视域。但这些中国思想者都心仪儒家的礼乐传统，主张尽善尽美、强调与时谐行随感而应，因而又殊途同归。

四、"超时空"

虽然贺麟之"理"也有共相之义，但其理不在心外，与冯友兰的客观之理有别；当然最大的悬隔在于贺麟强调时空是"理"而非"物"或"关系"，而冯氏则视时空为"关系总和"。贺麟侧重静态的形式、冯友兰关注动态变化中的秩序。贺麟讲自然行为的三个层次与时空三个标准的联系；冯友兰讲境界，不同境界中人其受时空的制约不同，此处也有异曲同工。

在冯友兰那里，有超越道德境界的天地境界，此中之人"同于大全"，"他觉解人虽只有七尺之躯，但可以'与天地参'；虽上寿不过百年，而可以'与天地比寿，与日月齐光'。"[3]冯氏认为不可思议的"大全"是超时空的，但这与贺麟所言的"超时空"不尽相同。

贺麟说："所谓超时空之真义，不在超绝时空，知行与任何时空不相干，堕入虚无寂灭之域，乃即在于运用理性以把握时空，决定时空，使时空成为表现理

---

[1] 贺麟：《时空与超时空》，《近代唯心论简释》第 35 页。

[2] "如果去掉古代所不可避免的神秘解释，其关键就在：要把（一）音乐（以及舞蹈、诗歌）的节律与（二）自然界事物的运动和（三）人的身心的情感和节奏韵律相对照呼应，以组织、构造一个相互感应的同构系统。"（李泽厚：《华夏美学·美学四讲》，北京：生活·读书·新知三联书店，2008年，第 25 页）

[3] 冯友兰：《新原人》，《三松堂全集》第四卷，郑州：河南人民出版社，2001 年，第 500 页。

性法则之工具也。"[1] 就超时空有"从心所欲不逾矩"之义，二人还是若合符节，但冯氏以共相、理是"不在时空中"的，是在"事先""事上"的，这是贺麟不认可的，在他看来，超时空就"寓于"自然行为"其中"，是完全自由的"理性为体、时空为用"的局面。他认为"超时空"与"形而上学"同义，"中文的'形而上学'，就字义讲即是超时空之学"[2]，"超时空"是"形而上学"可能的必要条件。他反对将"超时空"理解为"与时空不相干"的抽象真理，从真实事物、具体真理、存在出发，他说：

> 所谓超时空的境界、体验、生存，亦即指心与理一，神与道俱，与造物者游，与无死生者友，与天地精神往来的境界、体验、生存而言。道体超时空，体道之境界亦超时空。性体超时空，识性之体验亦超时空。仁体超时空，识仁，得仁，三月不违仁之境界亦超时空。因为体道与道体，识性与性体，得仁与仁体，一而不可分。[3]

在超时空的境界中，自然行为是完全自由的，但自由之真义即在"心与理一"，即完全自觉地体认和遵循时空标准。他努力以清晰的理性之光照亮超时空之域，扫除时空问题上的神秘主义，遗憾的是"论超时空"只是"手稿"，其又有"述而不作""译而不作"之意，其"新心学"的形而上学内容虽然丰富，形式却并不谨严。

贺麟对哲学方法有着相当的自觉。在时空问题上，他主要运用的是从先天的公理或原则出发推论出各种定理式观点的先验逻辑方法，他也是研究辩证法和直觉的高手。在《时空和超时空》一文中，他首先非常明确地列出关于时空的一个总命题和四个分命题，还通过"外在的证明""内在的证明""形而上的证

---

[1] 贺麟：《时空与超时空》，《近代唯心论简释》，第37页。
[2] 同上，第38页。
[3] 同上，第40页。

明"和"先天的证明"予以阐发和论证。他还自陈"用康德的先验逻辑方法来弥补康德之不足",也就是他将康德的方法用于理解中国哲学有关时空与行为之关系的讨论。这样他不仅试图沟通中西时空观,也将时空从知识论、或书斋中解放出来,不仅与他知行合一的学说自成一体,更使"时空"成为"人人已有的切身问题"。

五、时空是"人人已有的切身问题"

贺麟认为,"时空"是哲学家必须面对的"很困难很专门的哲学问题之一",甚至是"最哲学的哲学问题之一"。在他看来,哲学必须关切人生,要对"人的重要的根本的问题进行研究"[1],所以:

> 哲学的知识或思想……是应付并调整个人以及民族生活上、文化上、精神上的危机和矛盾的利器。哲学的知识和思想因此便被认为是一种实际力量——一种改革生活、思想和文化上的实际力量。[2]

对贺麟而言,"时空"作为哲学问题的重要性源自他对"哲学"之功能或职责的理解,他认为哲学应该以人生为本,应该成为能实际影响和促进生活、解决人生困境的重要动力。不仅哲学家要思考时空问题,事实上,"时空"本质上是每一个人都不可回避的问题。他说:

> 时空乃是人人已有的切身问题……时空既是与我们心性知行有密切关系的问题,故我们有权利也有义务加以考察,加以解答。蕴于我

[1] 贺麟:《文化与人生》序言,《文化与人生》,第8页。
[2] 贺麟:《五十年来的中国哲学》,第15—16页。

们心中，出于我们本性，与知识行为都有关系的问题，亦即人类的普遍的问题。[1]

这首先意味着"时空"并非书斋中的玄想，而是出于每个人的本性、与每个人的知识和行为密切相关的问题。"理"是"心"之性，"时空"是"心"中之"理"，循"理"而行，人才能实现不为物役的自由。

贺麟认为，"人生"、尤其是中国人的"人生"，既是每个中国人都不可能彻底回避的问题，这也是其哲学之思的出发点和基本方向，他曾说：

自信十余年来，我的思想没有根本的转变，没有今日之我与昨日之我的矛盾的地方，只是循着同一个方向进行发展，即是从各方面，从各种不同的问题去发挥出我所体察到的新人生观和新文化应取的途径。[2]

贺麟希望以哲学的方式思考和指引人生，并将"时空"视作探讨和解决人生问题的基础观念。在他看来，哲学之生命在于能对大众有益，而大众若想过有意义的生活，也需要亲近哲学。人生是哲学之本，他希望每个中国人都应具有"典型的中国人气味"，希望每个中国人都有一点"儒者气象"，但他主张传统的儒家思想在现代应该沿着"艺术化、宗教化、哲学化"的方向有新的开展，一方面应该"减少狭义道德意义的束缚"，另一方面要"提高科学兴趣""奠定新科学思想的精神基础"。他在《时空与超时空》的开篇说：

大概讲来，西洋人注重时空，东方人注重超时空。……古代人注重超时空，近代精神则注重时空。宗教、艺术、哲学中注重超时空，科

---

[1] 贺麟：《时空与超时空》，《近代唯心论简释》，第 10 页。
[2] 贺麟：《文化与人生》序言，《文化与人生》，第 8 页。

学、政治、经济、实业则注重时空。[1]

如前所述，贺麟认为真正"超时空"的自由是以认识和遵循"时空"为前提的，中国古代虽然在时空与行动上有独见，但总体特点与近代精神不匹配。比如，他意识到"时空问题似与数学物理有关"，而这方面恰是中国传统哲学的"短板"："中国过去的哲学家对此问题似不感兴趣，很少谈到，少有贡献。"[2]如果说中国传统哲学在人生方面创获颇丰，蕴含了比较丰富的有关时空问题的探究，但从数学物理方面去理解、思考时空就十分单薄。[3]然而在中国的现代化进程中，时空与数学物理的勾连已无法忽视。贺麟认为现代儒者应该是品学兼优之人，"凡有学问技能而又具有道德修养的人，即是儒者。"[4]工业化的社会需要"儒商""儒工"等新的人才，不仅要提高道德水准，还需要发展专业的知识水平。现代儒者对"时空"的把握就不能仅关注个体的自然知识或人生境界，更必须从科学、知识等出发理解时空、留意普遍化客观化的公共时间，并以此作为自己行动的准则，这是"人生观现代化"的要求。

贺麟指出，重视和探究时空问题，也是中国哲学现代化的内在要求。他认为建构真正独立的"中国哲学"是每一个爱国的中国哲学人最深沉也最浓烈的热望：

> 若要中国哲学界不仅是西洋哲学的殖民地，若要时空问题成为中国
> 哲学自己的问题，而不仅是中国人研究外国哲学中与自己不相干的问

---

[1] 贺麟：《时空与超时空》，《近代唯心论简释》，第10页。

[2] 同上。

[3] 就此而言，牟宗三在其第一本哲学著作《周易的自然哲学与道德函义》就注意到胡煦易学中的时空问题，尤其是胡煦对时空与"数"的讨论，确实是慧眼独具出手不凡。他以胡煦易学为"科学底哲学"，以胡煦为"中国的最大之纯粹哲学家"（详见牟宗三：《周易的自然哲学与道德函义》，《牟宗三先生全集》第1卷，台北：联经出版事业有限公司，2003年，第183页），亦并非溢美之词。

[4] 贺麟：《文化与人生》，第18页。

题，或西洋哲学问题在中国，我们必须将中国哲学家对于时空问题的伟大识度，提出来加以发挥，使人感觉到这原来是我们心坎中、本性内、思想上或行为上的切身问题。[1]

贺麟的时空观试图融汇知识与行动、认识与评价。如前所述，他也称"新心学"为理想唯心论、道德的理性主义，主张以理性把握和遵循时空，也以时空标准为理想超越和改造现实。"用理想以作认识和行为的指针，乃是任用人的最高精神能力，以作知行的根本。"[2]他以理想为价值的本源，一方面重视理想在认识中的作用，"吾人理想愈真切，则对于事实之认识亦更精细。理想可以制定了解事实之法则和方式，使吾人所搜集之事实皆符合理想的方式，而构成系统的知识。理想不唯环违背事实，而且可以补助并指导吾人把握事实，驾驭事实。"[3]另一方面强调理想对行动的指引，主张以理想鼓舞人们改造现实、引导人们追求自由。理想高于现实，也超越当下。他重视"礼"与"理"的关系，但他并没有以"礼"释"理"、更不会以"礼"代"理"，从而确保了现代之"理"更为丰富的含义。贺麟汲取了西方哲学重视时空的传统和成果，但更发掘和融入了中国哲学对时空与行动之关系的贡献，用心构建了一个"现代儒者"的时空观。

在现代的"心学"阵营中，熊十力和牟宗三是学脉绵延的师生，恩师奠基开道，学生青胜于蓝，二人有更多共享的思想资源和研究成果，他们与贺麟最大的不同是非常浓厚的佛学背景、以及对《周易》的推崇。他们以时空为人心之"执"，并结合《周易》来讨论时空的具体特征。主张"新心学"的贺麟与他们是同道，虽然他在《五十年来的中国哲学》中青眼有加的牟宗三还只是初

---

[1] 贺麟：《时空与超时空》，《近代唯心论简释》，第10页。

[2] 同上，第10页。

[3] 贺麟：《哲学与哲学史论文集》，第135页。

出茅庐，但似乎已可料见其后数十年之风光无限。仅就"时空"问题而言，三者都非常重视康德的观点，试图将之与中国传统尤其是陆王一系会通，重视时空作为知识先决条件的作用，并主张时空不离心，将客观归于主观；并且还努力将理论有所推进。三者都重视哲学与人生、知识与行动的关系、重视体用关系，熊、牟以"心"之有执与破执往返于时空与超时空之域；相较而言，贺麟具有更强的理性主义特征，无论时空还是超时空，都是以"理"为基，同时也将超时空与形而上学何以可能相联系。尽管贺麟有基督教背景，但在学理上也不赞同以上帝为时空的创造者，"惟有理智的动物，能够将时空作为知识的对象的人，方有超时空的可能。因为人既然能够研究时空，思想时空，构成理论来解释时空，则此人必不仅是受时空限制的玩物，且会觉得时空不过是思想对象之一，知识内容之一，或理性之我认识外界的功能或形式之一（康德），因而有超时空之感。故理解时空，即是超时空。"[1] 其时空之超越性和无限性仍源自人心，这点亦与熊、牟合辙。三者中，熊十力更受益于柏格森时间，他也将"时间"理解为创生不已大化流行的本体之"用"，为不可度量的绵延；但其同时视"空时"为"范畴"之首，是主观的"两大格式"，这又是鲜明的康德烙印。然而熊十力声明"空时，本缘物上具有此形式"[2]，这点与张东荪又颇为接近，不同的是，张氏主张"多元认识论"，他只认为"空时"作为主体的"内界格式"，与外界"条理"相应、且交互作用，但他并不赞同"唯心主义"[3]。贺麟曾说："故我认为大体上我们必须接受康德的不朽见解，自己加以补充与发挥，而不可对康德之说盲目不加理会。"[4] 张东荪自诩为"修正的康德主义"（revised Kantianism），在循着"康德的真贡献"讨论时空的同时，也不断调整和改进就说。张东荪前期试图将认识论建成独立而完整的哲学，后来

---

[1] 贺麟：《时空与超时空》，《近代唯心论简释》，第38页。

[2] 熊十力：《新唯识论》（语体文本），《熊十力全集》第三卷，武汉：湖北教育出版社，2001年，第313页。

[3] 详见张东荪：《认识论》，北京：商务印书馆，2011年，第33—34、53页。

[4] 贺麟：《时空与超时空》，《近代唯心论简释》，第18页。

因思量哲学与人类幸福的关系而转向知识社会学[1]，由此也可见贺麟兼顾知识与价值、主张知行合一的重要性。总之，我们从中国哲人复杂丰富的观点交锋中亦可清晰地看出贺麟之言：时空是重要的哲学问题，更是中国人自己的时代问题。

---

[1] "我自己仍然一直在怀疑哲学家的贡献。……我觉得，我们所学的学问如果与人类幸福无关，则其价值都是可疑的。我这样说，并不是浅薄得不讲理论的价值，我是研究知识论的，读康德（Kant）最多，后来改从社会学去研究知识论，兴趣渐渐转到社会研究上去，而不再专讲形而上的奥妙的那一套，于是就变为社会学与知识论的合并，把文化发达与社会学配合起来看。"（张东苏：《哲学是什么，哲学家应该做什么》，《时与文》，第 1 卷第 5 期，1947 年 4 月）

普鲁塔克《论学诗》首章中的诗歌形象

张轩辞 *

　　什么是诗？我们应该如何来理解诗，才可能帮助青年由学诗之路走上哲学之路？这是普鲁塔克《论学诗》（*De audiendis poetis*）中所要处理的主要问题。与伊壁鸠鲁派对诗歌的决然拒绝不同，普鲁塔克重视诗歌对于儿童教育来说的积极意义。在他看来，与其禁止儿童读诗不如为他们提供正确的指导，使他们既能获得诗所带来的快乐，又能避免诗可能带来的伤害。普鲁塔克的《论学诗》可以看作是这样一份指导青年学诗的手册。在《论学诗》中，普鲁塔克给出了很多具体的指导意见。这些学诗意见的给出基于普鲁塔克自己对诗的理解。在首章中，[1] 普鲁塔克没有讨论诗学中的常见主题：诗歌中的虚构成分和模仿技艺等问题。在导言性质的首章里，普鲁塔克言及的是多个与诗歌相关的具体形象：诱人的美食、

---

* **作者简介：** 张轩辞，同济大学人文学院副教授，主要研究古希腊哲学和思想史。
[1]　Heirman 对《论学诗》的分章问题作了简要的说明。最早的《论学诗》版本没有分章，Xylander（1572）的版本把这篇文章分为 18 章，导论部分单独列出，没有编号。Amyot（1594）的译本把全文分成 20 章，但他所用的原文版本也没有分章。后来（1801）还有人将其分为 57 个小章。我们现在通常所讲的 14 章的划分来自较新的版本。14 章的版本为学者们普遍接受，我们现在的讨论都是依据这个版本。参见 Heirman, L.J. R, Plutarchus 'De Audiendis Poetis', Leiden, 1972, p. 20。

海伦的药汁、塞壬的歌声与掺水的酒。通过这些具体的诗歌形象，普鲁塔克向我们展现了他对诗的理解。

诱人的美食：带来快乐的诗

《论学诗》是普鲁塔克写给友人的一封长信。这封信记录了普鲁塔克自己不久以前做过的一个关于诗的讲座。无论在那个讲座的开始还是这封信的开始，普鲁塔克首先提及的都不是诗而是食物：

当肉尝起来不像肉，鱼尝起来不像鱼的时候，它们的味道最为美妙（ἥδιστα）。（14d）[1]

在《论学诗》的开篇，普鲁塔克引用了诗人斐洛克塞诺斯关于美食的诗句。这位斐洛克塞诺斯很可能是公元前五世纪末四世纪初的酒神诗人库特莱的斐洛克塞诺斯（Philoxenus of Cythera）。这位诗人热爱美食，关于他的奇闻异事多与饮食相关。[2]与满足于素朴食物的苏格拉底不同，斐洛克塞诺斯认为，最能给人带来快乐的美食是那些以别样味道掩盖自身的美食。这种独特风味到底来自某种特殊味道的食材，还是来自某种特殊的烹饪技艺，我们不得而知。甚至这句诗所讲的

---

[1]　Plutarch, How to Study Poetry (De audiendis poetis), Edited and Comm. by Richard Hunter and Donald Russell, Cambridge, 2011. p.31. 文中普鲁塔克《论学诗》引文皆为笔者依据希腊原文译出，译文参照 Heirman, L.J.R., Plutarchus "De Audiendis Poetis", leiden, 1972; Babbitt, F.C., Plutarch's Moralia, Vol.1(Loeb), London and New York, 1927。

[2]　历史上有三位斐洛克塞诺斯，除了库特莱的斐洛克塞诺斯之外，还有洛卡斯的斐洛克塞诺斯（Philoxenusof Leucas）和伊如克斯（Eryxis）之子斐洛克塞诺斯。这三人有个共同特点，那就是热爱美食。前两位是诗人，他们在美食方面的轶事多有流传，而第三位是美食家。所以，当普鲁塔克提到"诗人斐洛克塞诺斯"的时候，人们更直接想到的是美食。参见 Plutarch: How to Study Poetry (De audiendis poetis), pp.70-1。

内容是否正确，我们也不得而知。普鲁塔克没有给我们答案，他把这个问题留给了专业的美食鉴赏家。那么，为什么普鲁塔克关于诗歌的讨论从美食开始？

虽然，人们在何为最美味食物的问题上不一定达成一致意见；但是，美食给人们带来快乐，这一点是毫无异议的。美食为人们所喜爱，特别受到孩子们的欢迎，就像故事和诗歌受到孩子们欢迎一样。在引用了关于美食的诗句之后，普鲁塔克马上写到哲学与故事（诗歌）对孩子们的不同影响。正是从故事中，而不是哲学文本中，孩子们获得更大的快乐。因为快乐，孩子们自愿投入到诸如《伊索寓言》等故事的阅读中去。

给孩子们带来快乐，这是美食和故事（诗歌）的共同特点。正是因为这一共同特点使得普鲁塔克在随后的行文中强调，人们不应只在饮食问题上监督和培养孩子，还应该在听和读的方面监督和引导他们，使他们形成适当享受其中的快乐并同时从中发掘有益东西的习惯。"诗人多谎"，诗人编织的故事虽然听起来诱人，给孩子们带来快乐，但有可能给孩子们带来负面影响。如同美食虽然带来快乐，但同时也具有欺骗性一样。"某物不像某物"的表述形式揭示了美食中所含有的欺骗特性。具有欺骗性和能够带来快乐正是斐洛克塞诺斯诗句所描述的美食的两大特点。因为美食的这两大特点恰好与诗的特点类似，所以普鲁塔克在讨论学诗问题的书信开头引用了斐洛克塞诺斯的这一诗句。当他在信中重述自己之前讲座中的相关内容时，普鲁塔克的讲述同样从食物开始。

从人们熟悉的美食经验出发，普鲁塔克开始了他关于如何教儿童读诗的讨论。他认为，既然儿童像喜欢美食那样喜欢诗，那么，作为家长和教师，不应该禁止孩子们读诗，而应该在孩子们读诗的时候给予适当的监督和指导。而要进行正确的指导就需要家长和教师在展开具体指导活动之前知道，诗可能给孩子带来什么样的影响，这其中哪些是好的，哪些是坏的。普鲁塔克以食物中的乌贼头为例解释了读诗时会遇到的问题：

乌贼头虽然吃起来最为美味，但却会使人在睡觉时噩梦连连，梦见令人困惑的、怪异的幻象。类似地，在诗中不仅有很多带来快乐和滋养青年人灵魂的东西，同时也有不少带来干扰和误导的东西，除非他们在聆听的时候碰巧接受正确的指导。（15b）

就像美味的乌贼头既给人带来食用的快乐，又给人带来迷惑的幻象一样，诗带给人的影响也是两方面的。通过读诗，孩子们可以获得滋养也会受到误导。诗的这一双重作用使普鲁塔克想起了海伦药汁的出产地埃及。在那片土地上，生长着"各种草药，很多益处混合着很多毒素"[1]。诗就好似埃及土地上生长的草药，既有有益的部分，也有有害的部分。那么，如何认识有着双重功效的诗，诗中有益的部分是什么，有害的部分又是什么呢？对诗的用处的分析离不开与对诗之本性的分析。由药汁比喻开始，普鲁塔克借由荷马开启了关于诗歌的讨论。

海伦的药汁：诗之本性

在《奥德赛》卷四中，奥德修斯之子特勒马科斯去往拉克得蒙，向父亲的战友、斯巴达国王墨涅拉奥斯打探父亲的消息。当人们听见墨涅拉奥斯讲到奥德修斯难返家园时，所有人哭成一片。也就是在这个时候，海伦拿来了埃及女神相赠的药汁，把它滴进人们的酒里。众人举杯畅饮，海伦和墨涅拉奥斯讲述奥德修斯伪装进城，用谋略攻破特洛伊城池的故事。在皮诺斯的涅斯托尔那里，特勒马科斯没有流泪，而在墨涅拉奥斯的王宫里却和众人一起痛哭。正是因为大家的眼泪，海伦才拿出了神奇的药汁；也正是由于药汁的独特功效，海伦才开口言说关于奥德修斯的故事。

在普鲁塔克的引述里，我们直接看到的是埃及这片土地，以及出自这片土地

---

[1]［古希腊］荷马：《奥德赛》卷4，230。

的草药和药汁，我们没有直接看到的是在其背后，却可能更为重要的形象：海伦。荷马告诉我们，拥有这一由埃及草药制作而成的药汁的人不是别人，正是全希腊最美的女人海伦。在记录宴席谈话的《会饮》中，普鲁塔克曾又一次讲到往酒里加药汁的故事，并在那里明确提到了海伦。[1] 与生长草药的埃及相比，海伦与诗之本性的关联似乎更为密切。[2]

作为最美的希腊女人，宙斯的女儿海伦有着美神、爱神阿芙洛狄忒的守护。虽然普鲁塔克没有在这里直接提到海伦的名字，但当他紧随其后引用《伊利亚特》中的诗句来形容诗对人的影响的时候，他透过阿芙洛狄忒唤起人们对海伦的记忆。"那里有爱情、欢欲，还有蜜语甜言，那言语能使聪明人完全失去智力。"[3] 这句本用来形容阿芙洛狄忒的魔法腰带的诗句，在这里被普鲁塔克用来解释如同海伦药汁般的诗。美与爱欲有着迷惑人心的力量，同样有着这种力量的还有言辞。海伦药汁的神奇功效与高尔吉亚描写的言辞的神奇力量非常相似。[4] 而把言辞与药物相类比，论说言辞力量非凡的高尔吉亚在是在为海伦辩护而作的《海伦颂》中展开这些讨论的。

海伦不是一个普通的女子。一见到特勒马科斯，她便立刻凭其外貌认出他是奥德修斯的儿子。[5] 在特洛伊，只有她一人认出乔装打扮的奥德修斯。[6] 海伦具有洞察一切的能力，可以透过表象认识本质。同时，海伦也拥有让人忘却苦痛的药汁，可以麻痹人。她在大家饮下药酒之后才开始故事的讲述，这一方面是为大

---

[1] 见 Plutarch, Moralia, 614c。普鲁塔克是在讨论宴饮时是否适合哲学谈话的语境中提到这个故事的。海伦让人们饮下滴有来自埃及药汁的酒，这是为了让人们能够在一种适合的状态下倾听她要讲的奥德修斯的故事。在酒席宴上谈论哲学的情况与之类似：轻松愉快的气氛有助于哲学讨论的进行。

[2] 海伦与诗的关联是一个有着悠久传统的研究主题，参见 Plutarch, How to Study Poetry (De audiendis Poetis), p. 77。

[3] ［古希腊］荷马：《伊利亚特》14. 216，罗念生译，上海：上海人民出版社，2004。

[4] 它们都可以治疗悲苦，带来快乐，带走哀伤。海伦的药汁可以"解愁消愤，忘却一切苦怨"见荷马：《奥德赛》，卷4，221。高尔吉亚认为言辞也具有"消除悲伤，制造快乐"的力量，见《海伦颂》8，DK82B11。

[5] ［古希腊］荷马：《奥德赛》，卷4，143。

[6] 同上，卷4，248。

家解忧，另一方面则使其言说具有了某种模糊性。清晰与不透明在海伦这里同时得到体现。半神海伦具有诗的一切特点：与神的亲密关联、洞察力、欺骗性及对人心的抚慰。诗人的被动性是诗与神密切关联的体现；诗人的洞察力可以穿透一切迷雾，同时诗人又常以带有欺骗性的语言为人的心灵带来安慰，遮蔽残酷和痛苦，给人带来勇气和快乐。

透过海伦，我们不仅看到诗处于人神之间、迷醉和洞悉之间，而且也看到诗的魔力中所含有的欺骗和虚假。海伦的药汁和阿芙洛狄忒的腰带都可以为人解忧。不过，它们的解忧都只是暂时的，因为它们都凭借外在的力量，都以欺骗的方式给人带来快乐。赫拉骗来阿芙洛狄忒的腰带对宙斯施以美人计；海伦把药汁滴进酒中，也只是让人不再流泪，并没有改变不幸的命运。诗歌在给人的耳朵带来欢愉的同时，也在某种程度上欺骗人。如果说诗中有益的部分是它所带来的快乐和它所包含的对真的指引的话，那么，诗中的有害部分便是它所含有的欺骗要素。

我们要如何认识这种欺骗？我们该如何对待骗人的诗歌？是全然禁止，还是善加使用？历代人们对此态度不一。普鲁塔克认为，要面对诗中的欺骗要素，首先要知道这些诗对什么人产生影响。是所有人呢，还是某些特殊的人群？

> 这其中的欺骗要素（τò ἀπατηλòν）并不能影响那些极度愚蠢（ἀβελτέρων）和没心智（ἀνοήτων）的人。而这就是西蒙尼德斯（Σιμωνίδης）回答人们提问时的依据。[有人问：]"为什么特萨利亚人是唯一一群你没有欺骗的人？"[他回答道：]"他们如此无知（ἀμαθέστεροι）以至于我无法欺骗他们。"高尔吉亚把悲剧称为骗局（ἀπάτην）。在那里，骗人的人比不骗人的人真诚，被骗的人比不被骗的人聪明。（15c—d）

普鲁塔克认为，诗中的欺骗要素并不对所有人都产生影响。极度愚蠢和没心

226

智的人不会受到欺骗要素的影响，也就是说，他们无法受骗。普鲁塔克用诗人西蒙尼德斯与人们的一段谈话，和高尔吉亚的相关说法来佐证自己的观点。在普鲁塔克的表述里，"愚蠢的人"的希腊文是 ἀβελτέρος。这个 βελτέρος（ἀγαθος "善的、好的"的比较级形式）的否定形式常用来形容愚蠢的、没脑子的、轻率的。不过，仅就字面含义来看，它指的是那些不那么好的，不那么善的人。善好（ἀγαθος）是希腊文化中推崇的德性。在《伊利亚特》中，阿基琉斯与阿伽门农争执的焦点即是谁是最好的（ἄρστος）阿开奥斯人。[1] 好人具有各种美德：他们勇敢、智慧、节制、正义。而那些不那么好的人，自然是没有这些美德的，尤为突出的是没有智慧，缺乏理性。如果把连接词 καὶ 理解为含有解释的涵义而不仅仅是单纯地并列的话，后面的 ἀνοήτων（没心智的人）就帮助我们进一步理解普鲁塔克这里指的蠢人是怎样的一群人了。

形容词 νοήτος 出自动词 νοέω（想到、认出），指有理性的，有理解力的，与有感知的（αἰσθητικός）相对。柏拉图在《理想国》中讲了一个著名的四线段比喻：一条线分为两部分，分别代表可见世界和可知世界。在这两部分中又根据清晰程度的不同做了第二次分割。在四线段中，最高的部分，是通过理念间的辩证推理而获得的知识，与之相应的灵魂状态是 νόησις（理性）。[2] νόησις 和这里的 νοήτος 有着相同的词根，在意义上也彼此关联。在 νοήτος 前加上否定前缀 α 就变成了这里所讲的"没心智的人"。没有心智指的是没有理性认识能力，不能进行辩证推理，无法进行哲学学习。对于这样的人，在普鲁塔克看来，诗歌中的欺骗要素不能对他产生影响，也就谈不上要避免诗歌带来的危害了。诗歌能影响的不仅是感觉敏锐的人，也必须是具有理性能力的人。这样的人现在可以学诗，将来可以学哲学。他们有学习的兴趣，也有学习的能力。

诗人西蒙尼德斯在回答人们问他为什么不诱骗特萨利亚人时说道，因为那些人无知。他用的 ἀ-μαθέστεροι 是 ἀμαθής 的比较级形式。从字面看，这是对学习

[1]［古希腊］荷马：《伊利亚特》卷 1，91，244，412。
[2]［古希腊］柏拉图：《理想国》卷 6，509d—511e。

（μαθεῖν）的否定。也就是说，那些人是不学习的，所以必然是无知的，而且比一般的不学习和无知更甚。这则关于西蒙尼德斯的趣谈，以及西蒙尼德斯到底是如何回答的，我们只是通过普鲁塔克这里的讲述才得知。虽然，关于西蒙尼德斯的奇闻轶事很多，他的诗句也常常被人征引，不过，这则故事我们在别处并没有看到。[1] 普鲁塔克的讲述应该不会无根无据，但他在这里借西蒙尼德斯之口说出不学习之人无法被骗，则显然有着他自己的用意。因为不学习也就是不爱智慧，即与哲学无缘。[2]

虽然西蒙尼德斯所讲的"欺骗"的含义因缺乏语境而不甚明确，但是，既然普鲁塔克在这里讲这个故事，那么这里的欺骗应与诗相关。高尔吉亚则明确地把欺骗与诗联系起来。他把"悲剧称为骗局"。在古希腊，戏剧属于诗的传统。高尔吉亚如此来说悲剧，实质上指出了"欺骗"对于诗而言所具有的核心意义。这个被认为是诗中的有害部分的欺骗要素，并不是偶然地混杂在诗里，而是必然地存在于诗中。正因为必然含有欺骗，所以骗人的人比不骗人的人真诚。诗人说谎行骗是在履行自己的承诺，因为他们在作诗。[3] 对于听众而言，那些能被骗，会受到坏影响的人都是聪明人。因为他们有敏锐的感受力，能体会言词带来的愉悦，所以他们容易受到影响。当普鲁塔克把诗与海伦药汁的出产地埃及相提并论之后，很快就提到诗中的有害部分影响什么人的问题，可见普鲁塔克对诗教对象的重视。

歌声与酒水：如何对待诗

在指出诗对人产生好的和坏的两方面影响，点出诗中的有害部分是其欺骗性

---

[1] 参见 Plutarch, How to Study Poetry（De audiendis Poetis），p.78。

[2] 在《理想国》中，苏格拉底对格劳孔说城邦护卫者的天性时说，"爱学习和爱智慧是一回事"。参见柏拉图，《理想国》卷 2, 376b。

[3] 普鲁塔克在 348c 处也引用了高尔吉亚的这句话。在那里，他把欺骗者解释为"更正义的"，理由即是他履行了他的承诺。参见 Plutarch, How to Study Poetry（De audiendis Poetis），p.78.

之后，普鲁塔克进一步讲道，诗中的欺骗要素不可避免，以及诗中的欺骗要素影响的是那些有理性、将来要接受哲学教育的青年。普鲁塔克在海伦药汁比喻之后讲到的这两点直接关系整个《论学诗》要处理的问题，即要不要学诗和如何学诗的问题。海伦在使用药汁之后开始讲述奥德修斯的故事，普鲁塔克关于如何对待诗的讨论亦来自奥德修斯归程中一次历险的启发：

> 那么，我们可以用又硬又不溶于水的蜡封住年轻人的耳朵，就像对待伊塔卡人那样，迫使他们升起伊壁鸠鲁的船帆远离诗，从其身边安然驶过？或者，我们更应该［帮助他们］用正确的理性推理（ὀρθῶι τινι λογισμῶι）来确立判断，并且迫使他们坚守这种判断，以此来引导并保护他们，使其不被欢愉诱惑从而驶向伤害？（15d）

借用《奥德赛》中奥德修斯带领伊塔卡人安全驶过塞壬女妖岛屿的例子，普鲁塔克列出两种对待诗的态度和方法：一是绝缘，一是引导。这两种方法都能使人免于诗所带来的危害。前者是奥德修斯的同伴们躲避危险的方式，后者则是奥德修斯自己所采用的方式。

在返回伊卡塔的途中，奥德修斯用蜡封住同伴的耳朵以免他们受到塞壬歌声的蛊惑，从而保证同伴们不会停止划动船桨。[1]塞壬女妖拥有美好的歌喉，讲述吸引人的故事。她们利用优美的歌声迷惑过往的船员，正如诗歌迷惑儿童的心智一般。封住耳朵暗指禁止一切与诗的接触。既然没有接触到诗，自然也不会受到来自诗的伤害。但是，封住耳朵并不是避免受害的唯一方式。

奥德修斯从冥府归来，女神基尔克告诉他后面将要经历的事情。他们首先见到的就会是塞壬们。基尔克教奥德修斯用蜂蜡塞住同伴的耳朵。对于奥德修斯的那些同伴而言，这是顺利通过女妖居地的唯一办法。而对于奥德修斯而言，他有

---

[1]［古希腊］荷马：《奥德赛》卷12，174—178。

两种选择。基尔克告诉他，如果他想听歌唱，可以让同伴把他牢牢绑在桅杆上，并吩咐同伴，即使他恳求解开绳索也不给他松绑。这种办法适用于奥德修斯有听塞壬歌声的愿望的情况下，所以，基尔克在教这一方法前加上了"如果你愿意（αἴ ἐθέλησθα）"这样的虚拟式，而不是前面教奥德修斯把蜡涂在（ἀλεῖψαι）同伴耳朵上时那样使用的是命令式。[1] 这意味着，如果奥德修斯不想听的话，他完全可以像他的同伴们一样，也把耳朵塞住，让自己听不到塞壬们的歌声。不过，奥德修斯显然是愿意听的，他有着强烈的好奇心和求知欲。在返家的途中，每当他们经过一个岛屿的时候，奥德修斯都会派人上岛，或自己与同伴一起上岛了解那里的风俗民情。无论是生长着洛托斯花的洛托法戈伊人的国土，还是独眼巨人库克洛普斯们的居地，奥德修斯都会前去了解和探究。他的一些同伴甚至因此丢掉了性命。所以，当奥德修斯有机会听到著名的塞壬歌声时，他是不会放弃这个机会的。正因为如此，对于奥德修斯，基尔克给出了既可以听到歌声，又可以不受到坏影响的可选方案。

学诗就像听塞壬歌唱，让人觉得悦耳却可能受到伤害。[2] 伤害谁都想避免，而动听的歌声却对有些人具有特别的吸引力。奥德修斯的那些同伴如此顺利地被封上耳朵，除了对主人的服从之外，是不是本身对歌声就不是那么感兴趣呢？普鲁塔克在前面讲过，能被诗所影响的是那些比一般人好学、优秀的青年。塞壬的歌声也一样，它只能引诱那些打开耳朵的人，那些关上耳朵的人不会受其蛊惑。足智多谋的奥德修斯比其他人优秀，有着哲学家的品质。他的耳朵是打开的。所以，当他听到塞壬的歌声，听到她们说自己知悉"丰饶大地上的一切事情"时，[3] 会被它吸引。如果不是同伴把他绑紧，奥德修斯可能无法安全返家。

---

[1]［古希腊］荷马:《奥德赛》卷 12，40—54。

[2]《奥德赛》卷 12 中的塞壬神话被看做是对诗的特性和能力的比喻。参见 Kaiser, "Odyssee-Szenen als Topoi" Museum Helveticum 21: 113-36; Wedner, Tradition und Wandel im allegorischen Verständnis des Sirenenmythos, Frankfurt, 1994; Hunter, Critical moments in classical literature, Cambridge, 2009, 176-177.

[3]［古希腊］荷马:《奥德赛》卷 12，191。

奥德修斯这样的人与普鲁塔克这里所要教育的儿童有着相似之处。学诗的儿童不是所有的儿童，是那些聪慧的、将来要学习哲学的儿童。那么，对于这些儿童，禁止其接触诗不仅不可能、不现实，也是不应该的。对于他们，家长和教师不能采用第一种隔绝的方法，而必须因势利导采用第二种方法。

诗就好比塞壬的歌声，在为人们提供知识的同时提供欢愉，当然也会伴有灾祸。除非事先有恰当的准备，否则听到塞壬歌声的人们都会遭殃。奥德修斯听从基尔克的建议，事先被笔直地绑在桅杆上，因此可以安全地享受塞壬的歌声。值得注意的是，奥德修斯不是以任何其他方式捆住手脚，而是以直立的（ὀρθὸν）方式绑在桅杆上。身体的直立好似灵魂的正确。亚里士多德在伦理学中多次讲到"正确的理性（ὁ ὀρθὸς λόγος）"，其直译即是"直的道理"。[1]奥德修斯依靠桅杆保持了身体的直立，这是他要听塞壬歌声时事先所做的准备。那么，读诗的人也应该事先有所准备。他们的准备不是身体的，而是灵魂的，是来自家长和教师的正确教育和引导。通过正确的教导，孩子们学会运用理性进行判断。这种理性判断的能力同时也是进行哲学思考的能力。通过学诗，孩子们灵魂中的理性能力得到训练，对于将来的哲学学习来说，这是有益的必要准备。灵魂坚守正确的判断如同身体被笔直地绑在桅杆上。只有这样，他们在享受知识带来的欢愉的同时，才不会被欲望侵袭从而受到伤害。

理性对于诗歌来说，如同水对于酒。接下来，普鲁塔克开始了他关于酒的论述。在人们的日常饮食中，酒似乎是理智清明的敌人。喝醉的人便会没有脑子，行为不当。说一个人"喝醉了"甚至可以成为一句骂人的话。[2]酒可以让人放松、快乐，但饮酒过多便会使人醉态百出，走向理智的反面。酒能使人的快乐、痛苦、激情、欲望、感觉、记忆、知识等加强，但当人喝醉时，所有这些又都将离

---

[1]　亚里士多德在《尼各马可伦理学》1103b33，1114b29，1119a20，1138b20，29，34，1144b23，《优台谟伦理学》1222b7，1231b33等多处讲到 ὁ ὀρθὸς λόγος，认为"正确的理性"可以为行为提供准则，是行为符合中庸之道的依据。

[2]　阿基琉斯在象征荣誉的战利品被剥夺之后，用凶恶的言语骂阿伽门农泄愤："你是喝醉了，头上生狗眼，身上长鹿心……"，见荷马：《伊利亚特》卷1，225。

人而去。[1]酒的这些特点与诗的特点非常接近。它们都能带来好处，同时也可能造成危害。普鲁塔克对待酒的态度也就是他对待诗的态度：酒也不应该被禁绝，就像诗不应该被禁绝一样。[2]

普鲁塔克在提出两种对待诗的态度之后，讲到吕库尔戈斯。《伊利亚特》中，狄奥墨得斯告诉格劳科斯，他不会与不朽的神明作战，并举了吕库尔戈斯的例子。凡人吕库尔戈斯驱赶狄奥尼索斯的保姆和年轻的酒神，因此招来天神的怒火，被宙斯弄瞎眼睛，短命而终。[3]关于吕库尔戈斯有很多寓言故事，在那些故事中，吕库尔戈斯常以葡萄栽培者的形象出现。[4]当他看到酒带来危害的时候，他便命人把用来酿酒的葡萄藤连根斩断。普鲁塔克批评吕库尔戈斯的做法缺乏理智（voῦv），[5]在荷马的讲述里吕库尔戈斯的行为也触犯了全体天神。狄奥尼索斯的保姆被吕库尔戈斯所杀，酒神自己则被迫钻进海浪中逃生。最后救下酒神的是海神的女儿忒提斯。忒提斯用自己的怀抱安抚惊恐万分的狄奥尼索斯。在荷马的故事里，我们似乎可以通过狄奥尼索斯的遭遇看到酒的命运：第一，酒具有神性不容被摒弃，对酒的单纯禁止会带来不好的后果；第二，酒只有到了水中才是安全的。

普鲁塔克非常重视水对于酒的意义。水是清醒、明智的象征。普鲁塔克认为，吕库尔戈斯与其让人砍断葡萄根茎，不如在葡萄旁掘井。普鲁塔克引用柏拉图在《法篇》中的说法来论证酒中加水的必要。水与酒的适当调和可以使酒变得美味、温和。[6]就像读诗的时候需要理性来护卫一样，酒需要掺水来化解它的危

---

［1］［古希腊］柏拉图：《法篇》卷1，645d—e。

［2］普鲁塔克对酒的态度可以参见他在《健康准则》（132b—f）中的讨论。在那里，普鲁塔克把酒视为最有益的饮品。酒能带给人愉悦和放松，特别是在身体处于紧张、劳累状态的时候。不过，酒的烈性使得它在很多情况下需要水来柔化才能变得真正对身体有益。

［3］［古希腊］荷马：《伊利亚特》卷6，130—140。

［4］参见 Plutarch, How to Study Poetry（De audiendis Poetis），p.80。

［5］［古罗马］普鲁塔克：《论学诗》15d。

［6］参见［古希腊］柏拉图：《法篇》卷6，773d。

害。"事实上，掺了水的酒去除了酒的害处，而没有去除酒的用处。"[1]在保留了酒对人的好处的同时，[2]去除了酒可能带来的危害。所以，禁酒远不如往酒中掺水。同样的，禁诗也不如给诗加一个理性伴侣。诗的这个伴侣就是哲学。普鲁塔克认为，诗中所包含的有益的部分和有害的部分我们应该区别对待。对于那些有害的部分，我们要依照正确的理性来进行修剪，而对于那些有益的部分，我们恰好可以借由它来把哲学引入：

> 让我们引进哲学，并把哲学［与诗］混合起来。就像曼陀罗草那样，当它长在葡萄藤边上，把它的功效作用在酒上的时候，可以使饮酒之人的醉酒程度浅些。（15e）

通过普鲁塔克讲述的药汁、歌声和酒的比喻，诗的形象越来越清楚地向我们展现。在药汁比喻中，我们看到诗的双重作用，并认识到诗的害处来自它的欺骗性。在歌声比喻中，我们知道了两种对待诗的态度，并采用其中的第二种来为学诗的儿童提供保障。在酒的比喻中，普鲁塔克进一步向我们明确诗的不可或缺，指出学诗需要哲学理性的参与。在关于什么人会受诗的影响的分析里，在关于对待诗的两种态度和方式的分析中，我们都已经注意到诗与哲学间的隐秘关联：爱诗的人与爱哲学的人很可能是同一群人，学诗与学哲学需要相同的能力。正是由于存在这种关联，诗需要哲学，因为哲学为学诗者提供方向和指引，给予学诗者支持和保护；同时哲学也需要诗，因为诗与哲学都用来教育青年，它们有着相似的主题，而诗比哲学更平易近人。它把严肃的哲学修饰成学童喜闻乐见的样式，吸引他们踏上通往哲学之路。

---

[1]［古罗马］普鲁塔克：《论学诗》15e。
[2] 普鲁塔克在156d中对酒（狄奥尼索斯）的用处做了这样的描述：酒可以使人放松，性情变得温和，让彼此较为陌生的人熟悉起来，成为朋友。

青年儒学论坛

万斯同"为学三变"考

胡游杭[*]

摘　要：清初学者万斯同因初步奠定《明史》规模蓝本而为世所知，然而万斯同的学术并非从一开始即自专于明史，而是经历了多次转变逐渐定型并发展成熟的，故万氏自谓"学凡三变"。万斯同大致在其二十八至三十六岁之间进入其学术生涯的集中转型期，对于经世之学的呼唤是万斯同学术发生转变的开端，以作于康熙五年（1666）左右的《与从子贞一书》为标志性事件，之后陆续通过《寄范笔山书》《与友人书》《与李杲堂先生书》《与钱汉臣书》构建起其后半生学术的主要方向与主体框架。"学凡三变"仅是万斯同晚年对其学术生涯的一次高度浓缩式的概括，尚须结合其思想转型期内的重要书信文献与相关事件方能还原其基本面貌，更完整展现其学术重心变化的轨迹与脉络，理解其背后的深层次含义。考察万斯同"学凡三变"这一个案，对于从微观层面研究明清之际的学术形态转变，以及由黄宗羲所开创的浙东学术一脉都具有重要的学术思想史意义。

关键词：万斯同；学凡三变；经史之学；浙东学术

　作者简介：胡游杭，同济大学人文学院哲学系中国哲学专业博士研究生。

引　言

　　万斯同（1638—1702）是明末清初大儒黄宗羲高足，因"不署衔，不受俸"以布衣身份入明史馆修史，初步奠定后来殿本《明史》规模蓝本而为世所知。然而万斯同的学术并非从一开始即自专于明史，而是经历了多次的转移波折之后才逐渐定型并发展成熟的，故万氏自道"仆生平学凡三变"[1]，此可谓万斯同晚年自陈其学术之定论。大约在康熙四年至康熙五年（1665—1666）间，亦即万斯同二十八岁左右，其学术思想与心态开始发生集中性突变，这一过程大致在康熙十二年（1673）即万氏三十六岁前后基本结束，这前后七、八年的时间可称为万斯同学术思想的转型期。由于这一阶段万斯同思想变动剧烈，且加速其变化的一系列重要事件都在此期间接踵而至，故而该阶段对于万斯同学术路向的确立与规模框架的形成至关重要，可谓是万氏学术生涯最为关键的一个阶段。在此阶段内，万斯同有五封书信——《与从子贞一书》《寄范笔山书》《与友人书》《与钱汉臣书》《与李杲堂先生书》，恰好印证了其学术思想心态发生剧烈变化的主要过程，也正是沿着这五封书信所阐发的思路，万斯同从不同的侧面确认了自己学术研究的旨趣与方向，并由此初步构建起未来学术的主体框架，其学术规划至此初具雏形。因此，以万斯同这五封书信为引导线索，确定其大体时间段与演变进程，是理解万斯同学术思想变化，勾勒其学术重心转移轨迹的关键节点，对于深入理解万斯同成熟时期的学术规模具有重要意义。此外，若将书信中万斯同的自我表达与在此转型期内的一系列重要事件相联系予以综合考察，则可发掘出一条贯穿于其学术重心转移背后的内在线索，从而为解读万斯同"学凡三变"的深层意义提供助益。

---

[1]（清）刘坊：《万季野先生行状》，方祖猷主编：《万斯同全集》第8册，宁波：宁波出版社，2013年，第511页。

一、转变肇始：从"古文词诗歌"到"经国有用之学"

诗古文辞的创作是万斯同早年钻研的领域之一，亦可谓是其学术生涯的正式起点。早年的万斯同追随世风，热衷于古文诗歌的创作，其自述曰："弱冠时为古文词诗歌，欲与当世知名士角逐于翰墨之场。"[1] 其时，万斯同更是与诸兄侄、同里友朋约为文会，畅谈古文。明末文社及其所倡导的古文是明代科举、文学、思想、政治等因素共同作用下的产物，万斯同早年所习的古文辞诗歌与所参加的文会即是明代这一文化现象的延续。然而之后万斯同却开始厌弃古文词诗歌之学，开始向"经国有用之学"急速转型，曰："既乃薄其所为无益之言以惑世盗名，胜国之季可鉴矣。已乃攻经国有用之学，谓夫天未厌乱，有膺图者出，舍我其谁？时与诸同人兄弟自有书契以至今日之制度，无弗考索遗意，论其可行不可行。"[2]《与从子贞一书》即是万斯同集中阐发其经世致用学术理想的一篇重要文献。

贞一即万斯同长兄万斯年的长子、万斯同的侄子万言，叔侄二人年齿相若，常相与论学出游，之后两人的生命轨迹与学术活动亦颇多重合，彼此互为毕生至亲兼学友。[3] 此信正是万斯同写给万言的一封重要的论学书信。该书以劝导万言抛弃古文诗词的创作而从事于经世之学的研讨为主轴，阐发了万斯同此时的学术

---

[1]（清）刘坊：《万季野先生行状》，方祖猷主编：《万斯同全集》第 8 册，第 511 页。

[2] 同上。

[3] 万言之后与万斯同一起入京纂修《明史》，并兼修《大清一统志》和《盛京一统志》。因主修《崇祯长编》，力拒史书中所涉人物的后人为其先祖求得宽免之事而触怒权贵，出知五河县，几近被害丧命。方祖猷《全祖望、钱大昕所著万斯同传纠误》认为全祖望所作《万贞文先生传》误以将此事属万斯同，故后世以讹而增误，皆以为万斯同事。然全祖望《鲒埼亭集内编》卷二十二《陈卜年志》载："同里万征君管村之在史馆也，性鲠直，不肯徇所干请。其时，故国辅相家子弟多以赂入京，求史馆诸总裁末减其先人之传，而管村适主《崇祯长编》，力格之。"《万贞文先生传》曰："故督师之姻人，方居要津，乞史馆于督师少为宽假，先生（指万斯同）历数其罪臆告之。"可见，全祖望既知此为万言事，何以又在《万贞文先生传》中窜为万斯同事？甚怪之。然此亦可知万斯同与万言叔侄二人关系之紧密。

思想理念，是万斯同该时期思想心态的突出表现，其要点主要有：

一、指明以经世之学为学术志向，力图恢复儒家救时济世的优良传统，使其真正作用于政治社会现实。在此时万斯同心中所形成的学术价值层级里，当世的学问大体可划分为四种：举业之学、古文诗词之学、"身心性命之学"与"经世之学"。研制举业即八股时文最为鄙陋而不足道；诗古文辞相对于科举时文虽稍需学问功底，但亦非圣学而不可安于此；"身心性命之学"虽必不可少，然而"经世之学"则于当前更为切要。曰：

> 今天下但知制举业矣，使有一读书好古之士，鄙举业为不足道，而力工诗歌古文，以庶几于古之作者，岂不诚贤？顾儒者当为之事，宁无更进于此者乎？其上者如身心性命之学，此犹饥渴之于饮食，固不俟言矣。至若经世之学，实儒者之要务，而不可不宿为讲求者也。今天下生民何如哉？历观载籍以来，未有若是其憔悴者也。使有为圣贤之学，而抱万物一体之怀者，岂能一日而安居于此？夫天心之仁爱久矣，奚至于今而独不然？良由今之儒者皆为自私之学，而无克当天心者耳。吾窃不自揆，常欲讲求经世之学。[1]

因为儒家之学贯通天人，人心与天心在此恻隐仁爱万物之心上彼此通达无碍，是以真正有志于圣贤之学的儒者，必然负抱万物一体之志，以天下世务为己任，体物不遗，经纶天下。而明清之际天崩地解、生灵涂炭的政治社会现实正是因为当世儒者割裂了人心与天心，遮蔽了天心发挥仁民爱物的功能作用以至不能施诸于世教，故无论是举业、古文还是性命之学，在此意义上其本质都是无能"克当天心"的"自私之学"，事实上抛弃了孔孟之道中经天纬地、救时安邦的核心要义，致使学术理论与经世实务判然为二，学术与政治一起沉沦，无真学故亦

---

[1]（清）万斯同：《与从子贞一书》，方祖猷主编：《万斯同全集》第 8 册，第 260 页。

无善治。而万斯同认为，以学问之道经世济民、治国安邦是儒家与生俱来的本质属性，为圣贤之学者必然具有经世致用的志向与本领，否则便不能称之为真儒。因此欲变革沉溺于诗歌古文和身心性命之学的时代学风，就要将治平天下、救时济世的儒家传统精神与学脉发掘出来，使学术与经济、性命与经世、修身与治平再度合二为一。故曰：

> 吾窃怪今之学者，其下者既溺志于诗文，而不知经济为何事；其稍知振拔者，则以古文为极轨，而未尝以天下为念；其为圣贤之学者，又往往疏于经世，见以为粗迹而不欲为，于是学术与经济遂判然分为两途，而天下始无真儒矣，而天下始无善治矣。呜呼！岂知救时济世，固孔孟之家法，而已饥已溺，若纳沟中，固圣贤学问之本领也哉！[1]

二、阐明其经世之学的内涵范畴，指出使之实现的途径与方法。"经世"一词本身就有治理当世、管理时务之意，积极入世、关怀世务也是儒家与生俱来的性格。儒家的经世精神亦可以理解为一种强烈的参与处理当下现实社会政治事务的热情与动力，无论儒学在各个历史阶段所呈现的形态如何变化，治国平天下无疑都是历代儒者所共同追求的终极理想。面对明代中晚期政治社会的剧烈变动，多有儒者着眼于现实经世之策，而明清易代之际的大变革更是激发不少学者开始从更为宏大的视野思考探索中国历史社会运动变化的内在规律与深层逻辑，黄宗羲、顾炎武、王夫之等思想大家皆其选也。正是在这样新的社会现实与思想文化背景下，万斯同对于经世之学亦赋予了新的思想内涵。万氏所理解的"经世之学"并非仅局限于日常社会治理事务中的具体方法措施，而是基于对历史上所形成的国家社会制度进行总体性与根本性的批判总结研究，从而制定出一套行之有效并可为后世所效法的典章制度体系。曰：

---

[1]（清）万斯同：《与从子贞一书》，方祖猷主编：《万斯同全集》第 8 册，第 260 页。

夫吾之所为经世者，非因时补救，如今所谓经济云尔也。将尽取古今经国之大猷，而一一详究其始末，斟酌其确当，定为一代之规模，使今日坐而言者，他日可以作而行耳。[1]

其研究的依据与对象在此书中被万氏表述为"古今经国之大猷"，亦即其晚年在自述"学凡三变"时所言的"自有书契以至今日之制度"，更具体而言则是"《典》《考》《志》诸书所载"[2]，即《通典》《文献通考》《通志》以及纪传体正史中的《志》所载一类。其具体的方法与途径，是要详究考索历代典章法制的利弊得失，在历史的高度因革损益创造而出新的法度体系，如此方为道德性命与经济事功合一的儒者之实学：

使古今之典章法制，烂然于胸中而经纬条贯，实可建万世之长策，他日用则为帝王师，不用则著书名山为后世法，始为儒者之实学，而吾亦俯仰于天地之间而无愧矣。[3]

三、指出历代制度演变的阶段性与规律性，申明当前变革治法积弊的必要性。万斯同以为，中国历史上良治善法具有在施行一定时间段后必然走向式微衰亡的规律特征，而在旧法完全失去自我更新的动力与有效组织的能力后，新的良治善法必然取而代之，从而再次进入上述循环。夏、商、周三代之制传衍既久至秦一变而不复，汉、唐、宋相传之制至元而再变又不复，而明代制度因袭元代又多自创，本非善法，中叶以后其法已然无力，而清初承明末弊政，更是积重难返。是以万斯同判断，当今之世正是革除旧法，创制新的良法善治的绝佳历史契机，无容纵失。曰：

---

[1] （清）万斯同：《与从子贞一书》，方祖猷主编：《万斯同全集》第8册，第260页。

[2] （清）刘坊：《万季野先生行状》，方祖猷主编：《万斯同全集》第8册，第511页。

[3] （清）万斯同：《与从子贞一书》，方祖猷主编：《万斯同全集》第8册，第261页。

吾尝谓三代相传之良法，至秦而亡，汉、唐、宋相传之良法，至元而尽失。明祖之兴，好自用而不师古，其他不过因仍元旧耳。中世以后，并其祖宗之法而尽亡之。至于今之所循用者，则又明季之弊政也。夫物极则必变，吾子试观今日之治法，其可久而不变耶？天而无意于生民则已耳，天而有意于生民，必当大变其流极之弊，而一洗其陋习。当此时而无一人焉起而任之，上何以承天之意，下何以救民之患哉？则讲求其学以需异日之用，当必在于今日矣。[1]

《与从子贞一书》大致作于康熙五年（1666）左右，[2]而促成万斯同这次学术转变的契机很有可能与其师黄宗羲的影响有关。就在万氏作此书的时间节点前后即康熙四年至六年（1665—1667）期间，包括万斯同、万斯大、万言在内的万氏叔侄，及其甬上学友陈赤衷、陈锡嘏、范光阳、钱鲁恭、张九英、郑梁等人前后数次谒见黄宗羲，并经由早已成为梨洲弟子的万氏兄弟引荐陆续执贽于黄宗羲门下。[3]而在此稍早前的康熙二年（1663），黄宗羲的《明夷待访录》初成，[4]

[1]（清）万斯同：《与从子贞一书》，方祖猷主编：《万斯同全集》第 8 册，第 260 页。

[2] 王焕镳《万季野先生系年要录》称作于康熙四年，陈训慈、方祖猷《万斯同年谱》与朱端强《万斯同与〈明史〉修纂纪年》均系于康熙五年。

[3] 关于甬上诸贤集体前往余姚谒见梨洲并执贽黄门的具体时间尚存争议，主流说法有两种：康熙四年己巳（1665）与康熙六年丁未（1667）。就史料而言，万言《怀旧诗八首为陈怡庭寿》、万斯备《寒村七十祝辞》、全祖望《证人讲社诸弟子诗》、黄炳垕《黄梨洲先生年谱》皆记为康熙四年己巳；而万经《濠梁万氏宗谱》、范光阳《祭郑兰皋先生文》、陈锡嘏《陈母谢太君六十寿序》、《（雍正）宁波府志》都称在康熙六年丁未。故此，近现代学者对此大体亦分为两派，王焕镳《万季野先生系年要录》、朱端强《万斯同与〈明史〉修纂纪年》即主康熙四年说，方祖猷则主康熙六年说。按，正如万言所说"自是，非余辈过姚江，即先生过甬"，故而甬上诸弟子前往余姚谒黄宗羲应不止一次，其拜师入门亦应各有先后，因此诸人所述有异，或因多次前往而有冠戴，亦属正常，盖甬上诸贤曾先后数次拜谒黄宗羲，且正式入学黄门也有先后，大致皆在康熙四年至六年期间。

[4] 黄宗羲《明夷待访录·题辞》曰："癸卯，梨洲老人识"，癸卯即康熙二年（1663）；又《留书·题辞》中也说："癸巳秋，为书一卷，留之箧中，后十年续成《明夷待访录》之作。"癸巳即顺治十年（1653），后十年恰为康熙二年（1663）。两处皆梨洲自白，当不误。

其实，黄宗羲尝与万斯同讨论商议过典章制度，[1] 万斯同应该在《明夷待访录》（乃至更早的《留书》）成书之前就已对其有所阅览，甚至作出过间接贡献，而在《待访录》书成后，万氏等甬上弟子也应是最先一批得以受教的人，因此万斯同《贞一书》中所论颇近其师黄宗羲的思想风格。《明夷待访录》倡导回归到"三代以上"公天下的理念，并以此原理出发，重新规划君臣、法律等一切社会关系与制度设施，从而形成"有治法而后有治人"的新局面。从新的政治原理（理想化的三代）出发要求重新审视两千多年来的一切制度设计及其实际状况，进而重新调整、规划、制定新的政治社会关系，这正是万斯同所倡导的"尽取古今经国之大猷，而一一详究其始末，斟酌其确当，定为一代之规模"思想脉络的根源。因此，万斯同在康熙五年左右发生明显的学术思想与重心转变以及其强烈经世情怀的触发，与其师黄宗羲尤其是以《明夷待访录》为核心的思想结构体系具有一脉相承的直接关联。

总之，万斯同的《与从子贞一书》集中系统地阐发了其在该时期的学术思想与心态的转变，正式宣告万斯同在其二十八岁前后学术思想的转变与学术重心转移进程的开始。

二、催化蜕变：潘平格学说的搅动

批判并反思宋明理学走向空疏无用的弊病，在传统儒学中重新找到经世济民的力量是明末清初学者的普遍共识与共同关怀，万斯同确立经世之学志向的重要原因亦是激于明清鼎革残酷的社会现实，以及对明末学术高谈性命、无力救世流弊的不满，故欲重新赓续救时济世的"孔孟家法"，使儒家学术能在现实政治社会中真正发挥定国安邦的实际效用。但从《与从子贞一书》中亦可发现万氏的困

---

[1] 如《破邪论·科举》中有"余尝与万季野私议"云云。见吴光主编：《黄宗羲全集》第 1 册，杭州：浙江古籍出版社，2012 年，第 205 页。

扰：已经被前儒推向巅峰的身心性命之学究竟如何才能展开为治世之学而在现实政教实践中得以落实，使"判然分为两途"的学术与经济重回一体，从而将儒家的经世学问与精神重新纳入"孔孟心法"之中？这是万斯同乃至明清之际思想界所面临的学术困境与精神焦虑。而潘平格及其学说的出现，则恰好击中了当时学者的焦虑与关怀，从而在甬上黄门内部引发了一场轩然大波。

万斯同晚年曾向好友李塨回忆道：

> 吾少从游黄梨洲，闻四明有潘先生者曰："朱子道，陆子禅。"怪之，往诘其说，有据。同学因轰言予叛黄先生，先生亦怒。予谢曰："请以往不谈学，专穷经史。"[1]

此时距万斯同最终去世已不足一年，可谓是万氏向好友吐露的深埋多年的心结，足见潘平格事件对于万斯同学术道路选择定型所具有的重要意义。潘平格（1625—1677），字用微，其学说以"求仁复性"为宗旨。"仁者浑然与天地万物为一体"是潘氏学说的立论基础，潘平格认为仁是人的本质真性，此性本来浑然与天地万物为一体："浑然天地万物一体者仁也，吾性一仁而已。"[2] 既然吾性浑然与天地万物为一体，则求仁复性就不应遗落人群与社会而仅仅停留在悬空致思的层面，而是必须要打破人我之间、个人与社群之间的私欲隔阂，感通人与人、人与天地之间的关系，如此才能回复到浑然一体的本然状态。基于此，潘平格对宋明理学中的核心议题之一的"格物"说进行了全新的重释。潘氏认为，《大学》是"求仁全书"，而"造道之要，在于格物。"[3] 而宋明儒者误解格物之义是造成《大学》"求仁"宗旨不明的根本原因："夫后世格物之说多端，而究无与《大

---

［1］（清）李塨：《万季野小传》，方祖猷主编：《万斯同全集》第 8 册，第 483 页。

［2］（清）潘平格：《求仁录》卷五《浑然一体中条理》，钟哲点校：《潘子求仁录辑要》，北京：中华书局，2009 年，第 111 页。

［3］（清）潘平格：《求仁录》卷三《致知格物上》，钟哲点校：《潘子求仁录辑要》，第 54 页。

学》之旨者，非特误在格物也。"[1] 无论是朱子穷至事物之理的主张还是阳明以正事释格物的观点在潘平格看来皆不合《大学》之旨，潘氏将"格物"训为"格通人我"，格即通，物即是身、家、国、天下，格物就是格通身、家、国、天下，其曰：

> 夫格物之物即"物有本末"之物，易知也；"物有本末"之本末即"本乱末治"之本末，亦易知也。"本乱"之"本"，谓身也；"末治"之"末"，谓家、国、天下也。则"物有本末"之"本末"，必指身、家、国、天下，无容异释矣。"物有本末"之本末既指身、家、国、天下，则物是兼身、家、国、天下，亦无容异释矣。故格物之物，谓身、家、国、天下也。格者，通也，经所云"格于皇天"是也。格物，谓格通身、家、国、天下也。[2]

以此格物论为基础，潘平格重新定义了心、意、知的涵义并以此调整了"八条目"的关系，心、意、知的对象与格物、致知、诚意、正心的目标都统统指向齐家、治国、平天下，所有的修身工夫都在格通身、家、国、天下的价值世界里得以圆融一体，曰：

> 无离家、国、天下之身、心、意、知，无遗齐、治、平之修、正、诚、至。盖浑然身、家、国、天下一体之谓心，心运于身、家、国、天下之谓意，触于身、家、国、天下而不虑而知谓之知，反之于身而浑然家、国、天下一体之谓大人之身。若离家、国、天下，则失其所谓身、心、意、知。为父子兄弟足法而藏恕、絜矩之谓修，心复其浑然一体之谓正，意运于家、国、天下而真实之谓诚，良知充达于家、国、天下之

---

[1]（清）潘平格：《求仁录》卷三《致知格物上》，钟哲点校：《潘子求仁录辑要》，第55页。
[2] 同上，第54页。

246

谓至。若不足以该齐、治、平，则不可谓之修、正、诚、至。故言身、心、意、知，而家、国、天下举之矣；言修、正、诚、至、而齐、治、平举之矣。……吾性浑然天地万物一体，故吾志必欲明明德于天下，而吾学无离家、国、天下为工夫，格物与修身皆不离家、国、天下以为工夫者也……不离家、国、天下以为工夫，正复吾性浑然天地万物一体之实用力处也。[1]

潘平格学说有两个显著的性格特征：一、极力批判之前宋明理学的思想传统。其《求仁录》中大部分篇幅都是对宋明诸儒学说的批评，潘氏认为理学、心学的理论基础来源于佛、道，故周、程、张、朱、陆、王诸家无一真儒，其学皆不合孔孟圣贤宗旨，以至沦为"盘桓于腔子"的悬空蹈虚之学，无力于救人心之陷溺，挽世教于倾颓。二、虽然潘氏极力否定宋明理学，但其立论依据、思维框架以及语汇系统依旧脱胎于理学传统，只是其倡导的核心理念更为朴素，加之其对理学中关键命题的重新阐释与结构改造，使原先关乎心性的概念突然间全都具有了社群意义与政治关怀，心性修养与治平天下之间的鸿沟似乎从此消弭，组合而成一套不容间断、互为因果的整体链条。故正如王汎森所言："潘氏构建了一个体系，用'仁者浑然与天地万物为一体'将宋明理学以来一切问题装进去，并加以改造，使得理学体能与'保天下，救四海'的哲学结合起来。"[2]潘平格的思想虽不算严密精微，却凭借这两个鲜明的特质准确地击中时代的痛点，以一种"旧瓶新酒"的方式迎合了当时学界对于经世问题的关怀与真正儒家传统的焦虑，故而迅速俘获了一帮追随者。对此钱穆先生谓："用微之在当时，实自有其足以令人折服者。"[3]

[1]（清）潘平格：《求仁录》卷一《辨清学脉上》，钟哲点校：《潘子求仁录辑要》，第18—19页。

[2] 王汎森：《潘平格与清初思想》，原刊《亚洲研究》二十三期，1997年7月，收录于《晚明清初思想十论》，上海：复旦大学出版社，2004年，第293页。

[3] 钱穆：《中国近三百年学术史》，北京：九州出版社，2011年，第64页。

康熙八年（1669），潘平格造访当时正方兴未艾的甬上证人书院，与包括陈赤衷在内的甬上讲会成员发生过争辩，[1]但也有如颜曰彬等弟子深为潘说所吸引，遂改换门庭，师事潘氏。[2]此时的万斯同正在绍兴姜希辙家中授课，并未在第一时间接触到潘平格，只是在听闻潘氏的奇怪言论之后心生疑窦，遂回宁波与之辩，反为潘所折服，述曰："闻四明有潘先生者曰：'朱子道，陆子禅。'怪之，往诘其说，有据。"[3]康熙十二年（1673），同为甬上同学的毛文强从万斯同处得观潘平格的著作，"一见而嗜之"，从此私淑潘氏，为之搜辑刊刻遗著，宣扬其学，成为潘平格最忠实的信徒。[4]此外，平日最为敬仰深服黄宗羲的郑梁、郑性父子亦同样心仪潘氏之学。郑性少时曾听闻其父郑梁称许潘学"甚贯穿"，[5]其己则从毛文强处得览潘氏遗著，亦"许为别具只眼"，[6]并为毛氏主导刊刻的《求仁录》作序，将潘平格比作儒门观音，曰："儒门之有潘子，犹释氏之有观音也。观音欲使天下之人无一为佛，有一不为佛，即从而慈悲之；潘子欲使天下之人无一不为圣人，有一不为圣人，即从而恻隐之，一也。观音之说，释氏不能磨灭；而谓潘子之说，儒门独能磨灭乎？"[7]潘平格的思想虽算不上精深，但其言论中对天下生民悲惨命运的怜悯，对当时学术无益于国计民生的愤慨，对孔孟圣学晦暗于后世的痛惜，对士大夫勇担世教人心责任的呼唤，无一不与万斯同及当时士人普遍的志向关怀与焦虑困惑相契合。且此时万斯同正处于学术思想激烈振荡与转型的关键时期，思想与心态尚未成熟稳定，在遭遇一种似乎完全符合自己口味的学说时暂时为之所吸引，亦

---

[1] 黄宗羲《陈夔献墓志铭》有曰："当讲会初立……有以格物之说，自夸独得，历诋宋明诸儒，千里来见，夔献贯宗勾极，亦折角而去。"其所指显为潘平格。

[2]（清）潘平格撰，钟哲点校：《潘子求仁录辑要》，281页。

[3]（清）李塨：《万季野小传》，方祖猷主编：《万斯同全集》第8册，第483页。

[4]（清）毛文强：《潘先生传》，钟哲点校：《潘子求仁录辑要》，第5页。

[5]（清）郑性：《求仁录序》，钟哲点校：《潘子求仁录辑要》，第3页。

[6]（清）全祖望：《五岳游人穿中柱文》，朱铸禹汇校集注：《全祖望集汇校集注》（上），上海：上海古籍出版社，2000年，第379页。

[7]（清）郑性：《求仁录序》，钟哲点校：《潘子求仁录辑要》，第3页。

在情理之中，这也与前文所述潘平格的学说何以在短时间内俘获一帮追随者的原因是一致的。

万斯同的老师黄宗羲对于潘平格的态度曾出现摇摆，"梨洲初拒而后纳之，使主证人书院"，却因其引发了黄门甬上弟子的分化最终"已而仍摈斥之"。[1] 针对潘平格的学说，黄宗羲至少两次致书万斯同从学理上予以辩驳，之后在不同场合仍对潘氏暗中指摘，足见梨洲之深恶痛绝。《与友人论学书》是黄宗羲从学理层面全方位检讨并驳斥潘平格学说最集中、最用力的一封书信，在《与友人论学书》之前，黄宗羲尚有一封书信与其同学姜希辙，而《与友人论学书》则是对《姜书》的深化，二者共同构成了黄宗羲对潘平格学理的思想批判。然《姜书》已佚，未知其详，但姜希辙为黄宗羲同窗好友，二人"同为子刘子之弟子，同辑子刘子之遗书，同侧子刘子之讲席"[2]，并一起复举绍兴证人书院，思想倾向与学术志趣亦趋同，故姜氏并非潘说信徒，黄宗羲实无必要致书以辩，而在潘平格至甬上证人书院的康熙八年，正是万斯同在姜希辙家中授经之时，故而该书名为予姜，实则授万，乃是老师黄宗羲对于学生万斯同的提命。或因前书效果不佳，故梨洲再修长达数千字的《与友人论学书》从学理上对潘说予以全面批判，实则仍是予万之言，故全祖望曰："南雷最斥潘氏用微之学，尝有书为万征君季野驳之，凡数千言。"[3] 明示黄宗羲致书的对象就是万斯同。

面对老师黄宗羲的激烈态度，万斯同没有进行过多的争辩，仅仅是"谢曰：'请以往不谈学，专穷经史'"。[4] 这表面上似乎是在回避与老师的正面冲突，然而这种对于黄、潘双方的理学思辨都不置可否的态度颇为耐人寻味，或许正是由于这次事件的意外催化，万斯同至此不愿再纠缠于原先宋明儒者的理学思想框架与话语系统下所展开的形上学思考，而是选择亲自回归儒家的经史原典中去探究

［1］（清）全祖望：《五岳游人穿中柱文》，朱铸禹汇校集注：《全祖望集汇校集注》（上），第 379 页。

［2］（清）黄宗羲：《姜定庵小传》，吴光主编：《黄宗羲全集》第 10 册，624 页。

［3］（清）全祖望：《五岳游人穿中柱文》，朱铸禹汇校集注：《全祖望集汇校集注》（上），第 379 页。

［4］（清）李塨：《万季野小传》，方祖猷主编：《万斯同全集》第 8 册，第 483 页。

发掘真实的圣学正脉，[1] 故而加速了其思想转变的进程，为其学术规划的初步定型起到了推动和催化的作用。

三、回归经史：学术规模初现

在潘平格风波稍后的康熙九年（1670）至康熙十二年（1673）期间，万斯同在几封与友人的论学书信中陆续表明了自己的研究规划，并初步搭建起其未来学术规模的主体框架。

在作于康熙九年（1670）的《寄范笔山书》中，[2] 万斯同颇为详尽地表露了编修明史的责任与计划，曰：

> 弟向尝流览前史，粗能记其姓氏，因欲遍观有明一代之书，以为既生有明之后，安可不知有明之事？故尝集诸家记事之书读之，见其抵牾疏漏，无一足满人意者。……客岁馆于越城，得观有明历朝实录，始知天下之大观盖在乎此，虽是非未可尽信，而一朝之行事，暨群工之章奏，实可信不诬，因其事以质其人，亦思过半矣。始叹不观国史，而徒观诸家之书者，真犹以管窥天也。弟窃不自揆，尝欲以国史为主，辅以诸家之书，删其繁而正其谬，补其略而缺其疑，一仿《通鉴》之体，以备一代之大观。故凡遇载籍之有关明事者，未尝不涉览也，即稗官野史之有可以参见闻者，未尝不寓目也。弟之素志如此……尝与同志言，吾辈既及姚江之门，当分任吾师之学。今同志之中，固有不专于古文而讲

---

[1] 余英时在《从宋明儒学的发展论清代思想史——宋明儒学中的智识主义的传统》中也说道："清初万斯同曾述及他从理学争辩转到经典研究的过程……这不是逃避问题，而实是探本溯源的态度。"收录于氏著《中国思想传统的现代诠释》，南京：江苏人民出版社，2003年，第153页。

[2]《寄范笔山书》中有"客岁馆于越城"，万斯同于康熙八年（1669）赴会稽授经姜希辙家中，知此书作于康熙九年（1670）。

求经学者，将来诸经之学，不患乎无传人，惟史学则愿与吾兄共任之。诚留意于此，不但可以通史，并一代之制度，一朝之建置，名公卿之嘉谟嘉猷，与夫贤士大夫之所经营树立，莫不丕见于斯，又可以备他日经济之用，则是一举而兼得之也。[1]

由此可知，万氏修明史之意不仅仅在于对于明代史事、史料的删繁正谬、补略缺疑，更在于"备他日经济之用"，实现以史经世的愿景。故而此时，明史即已成为万斯同安放其经世志向的一个重要立足点。

而在稍后的《与友人书》中[2]，万斯同更是明确提出自己要以经史之学为己任的目标，并拟定了初步的计划，曰：

故尝谓同志，吾师之学既非一人所能兼，曷各取而分任之？弟窃不自揆，敢任经史之学。向者同人讲《易》，颇常究心诸家传注，当时不及笔记，至今恨之，行当续此事以补宿恨。《仪礼》一经，向常考索，苦无定本，尝欲葺成一书，以课家塾。明代之史，未有全书，尝与友人言，将共肆力于此。诚得一二十年之功，将此数书有所纂述、采辑，则虽饥寒坎壈，布衣穷老，亦无所憾。[3]

对于经史之学，万斯同此时的规划是：于经学欲致力于《易》和《礼》，于史学则以明史为主攻方向。值得注意的是，该书中万斯同特意强调了以经史之学自任是对刘宗周、黄宗羲学术的继承，其曰："且吾所以如此者，亦自有说，以为吾辈今日上之既不能绍蕺山之绪，次之犹欲读姚江之书不及，今早自勉力，使

［1］（清）万斯同：《寄范笔山书》，方祖猷主编：《万斯同全集》第8册，第257—258页。
［2］《与友人书》中有曰："尝与友人言，将共肆力于此。"此当指《寄范笔山书》所言修纂明史之事，故所作时间当略晚于《范书》。
［3］（清）万斯同：《与友人书》，方祖猷主编：《万斯同全集》第8册，第287页。

少有闻知。"又曰:"至此亦望吾子立身行道,以古人为必可至,无负乎宿昔之所期,将师门之第一席,非吾子而谁?"[1]以立身行道为己任,以圣贤必可学而至是甬上弟子对于蕺山之学最为深刻的印象,而万斯同等人又直接师从于黄宗羲,甬上讲会更是以经史为主业,故在万氏看来,深入对于经史之学的研究就是赓续蕺山、梨洲学术内核最为重要的切入口。

在作于康熙十一年(1672)的《与李杲堂先生书》中,[2]万斯同则表达了自己欲搜集乡邦史志文献的计划,曰:

> 吾郡人才,至宋而盛,至明而大盛。近者鼎革之际,更有他邦所不及者,是不可以无以传之。愚尝有其志焉……前朝人物,其显著者既已备列于国史,其侧陋者亦已采辑于郡乘,此书似可无作。顾国史但纪政绩,而不及家乡之行,其书既略而不详;郡乘多徇请托,而不免贤否之淆,其书又杂而无别。欲免二者之弊,其惟《浦江》人物,《吴郡》先贤之例乎?望先生仿此二家之法,著为一书,采实录之明文,搜私家之故牒,旁及于诸公之文集,核其实而辨其伪,考其详而削其滥,使善无微而不显,人无隐而不章,此实不朽之盛事,而亦先贤之有待于后人者也。[3]

之所以要重视编修地方史志,是因为正史旨在反映一朝一代历史的全貌,故而对于地域性的历史就不得不有所牺牲,而重新编修乡邦史志文献则能详尽该地域的史事,去伪存真、黜恶扬善,起到和正史一样鉴往知来的作用。故万氏称此为"不朽之盛事"。

[1](清)万斯同:《与友人书》,方祖猷主编:《万斯同全集》第8册,第286—287页。
[2]《与李杲堂先生书》有"余既为此书,逾年,值郡邑有修志之役"之语,所谓"修志之役"乃康熙十二年(1673)宁波知府邱业组织重修《宁波府志》一事,知此书作于前一年即康熙十一年(1672)。
[3](清)万斯同:《与李杲堂先生书》,方祖猷主编:《万斯同全集》第8册,第256页。

万斯同一直将经史作为古文诗歌创作的根基，如若之前这种意识是在时代思潮与其父、师潜移默化的影响下的话，那么在经历了思想心态的急剧蜕变之后，万斯同已然将此前无意识的自在行为转化而成有意识的自觉行为，其对经史为古文诗词之源的认识进一步深化，从而推动其学术主攻方向的确立。

《与从子贞一书》《寄范笔山书》《与友人书》以及《与李杲堂先生书》虽然从不同的侧面标定了万斯同的学术志向与大体规划，但却有一条共同的线索贯穿其中，即对俗学——举业之学与古文诗歌——的批判。诚如前述，万斯同在《与从子贞一书》中将当世的学问大致划分成四种，其中举业之学与古文诗词之学都是应该摒弃的对象，而在后三封书信中，万氏亦花费大量笔墨规劝好友暂缓古文诗词的创作，应将更多的精力投入到经史之学中，以此充沛学术根柢。《寄范笔山书》曰："且古文一道，实难言之，非尽读天下之书，而竭一生之精力，必不能以传后。若但涉猎艺文，摹仿前轨，便欲自命作者，吾恐纵有一时之誉，未必即有千载之名也。"[1] 故而万斯同奉劝范光阳："故弟之意，愿吾兄暂辍诗古文之功，而留意于此，俟胸中稍有条贯，纵儒生不敢擅笔削，他年必有修史之举，亦可出而陪末议，其与徒事诗文而无益于不朽之大业者，果孰缓而孰急也？"[2] 留心于史料，将己之文章以修史的形式流传下来，而非仅局限于一家一言之文的著作，显然更有益于家国天下，亦可成就自身不朽的功业与夙愿。

在《与李杲堂先生书》中，万斯同又从编修地方史志的角度重申了上述观点，曰：

> 尝谓文人之著述，有可已者，有必不可已者。往时士人一登仕籍，即有文集遗世，徒供他人覆瓿之用，此可已者也。若编乎史传，纪载

---

[1]（清）万斯同：《寄范笔山书》，方祖猷主编：《万斯同全集》第8册，第258页。

[2] 同上，第257页。

乎轶事，使前人之名迹得以不泯乎后世，此不可已者也。今此人物之志，其在所不可已乎？先生之文诚善矣，传之后世，必不至于覆瓿，然但可成一身之名，初何益于天下之事！惟以我之文章，表前人之遗行，使前人藉我而得以不朽者，我亦藉前人而附以不朽，岂非所谓相传而益章哉？[1]

在《与友人书》中，万斯同更为直接地剖白了心迹，因不事举业为人所诟病的压力，以及自己读书稽古、赓续蕺山梨洲之传、坚定经史之学的志向：

吾鄣中最不理于口者，唯吾家兄弟为甚；吾兄弟之中，惟弟为尤甚。其故无他，直以不为举业，不务进取耳。……苟崇尚于举业而不知六籍为何语，群史为何事，其与无耳目者何异？马牛襟裾之诮实所不堪，故不觉重此轻彼耳。……故凡今之讥我以不为举业者，吾又未尝不悯其徒为举业也。万生虽不肖有以自足，宁谓苟且之科名遂足以荣万生哉！多见其不知量也。且吾所以如此者，亦自有说，以为吾辈今日上之既不能绍蕺山之绪，次之犹欲读姚江之书不及，今早自勉力，使少有闻知，他年青山一抔，使尘土坐以无光，猩猩顾而却步，亦可哀已。[2]

在至迟不晚于康熙十二年（1673）的《与钱汉臣书》中，[3] 上述书信中的线

---

[1]（清）万斯同：《与李杲堂先生书》，方祖猷主编：《万斯同全集》第8册，第256页。

[2]（清）万斯同：《与友人书》，方祖猷主编：《万斯同全集》第8册，第286页。

[3] 钱鲁恭于康熙十二年去世，故知《与钱汉臣书》所作时间至迟不会晚于此年。而在书中又有"兄之齿适过入洛之时"，所谓"入洛"当是化用西晋时陆机入洛的典故。一般认为，陆机兄弟最著名的一次入洛是在太康十年（289），一时声名鹊起，故有"二陆入洛，三张减价"之说。陆机入洛时约二十八、九岁，然钱鲁恭却死于二十七岁时，盖万斯同作此书时钱氏年齿已近入洛，不料溘然长逝，故此亦可推知此《与钱汉臣书》必然更趋近于康熙十二年。

索终于汇聚成为"经者文之源，史即古文也"的命题，书中万斯同劝诫好友钱鲁恭读书当"先经而后史"，通经史而后乃可作古文，曰：

> 大凡儒者读书必有先后，当先经而后史，先经史而后文集……诚使通乎经史之学，虽不读诸家之集，而笔之所至，无非古文也。何也？经者，文之源也，史即古文也……吾窃怪今之学者，于经但守学官之传注，而不晓诸家为何语；于史但好马、班之文词，而不识三国以后为何事；于文但师八家之轨范，而不知八家以外之为何人……盖必尽读天下之书，尽通古今之事，然后可以放笔为文耳。苟其不然，则胸中不能无碍；胸中不能无碍，则笔下安能有神？……故弟之意，愿兄毋急急于文集，且绝笔不为，而大肆力于经史。俟经史之学既充然其有余，则放笔之时，自沛然其莫御。[1]

建立在经史与古文乃同源一体的认知基础上，万斯同认为自己"不为古文者，正所以求为古文也"。经史不仅是学术思想的源头，同时也是文法风格的源头，后世一切古文创作以及复古运动都是以经史之文作为标杆的衍生物。所以此时的万斯同，已不再将古文诗词简单地视作一种单独形态的学问，而是对古文的内涵进行了深化，使之与经史同源一体，故而研读经史不仅是写作文章的必要准备，且经史本身就代表着文章思想格局与现实意义的最高典范。万斯同在对古文俗学的批判与反思中最终凝练成"经史为古文之源"的表述，终于将其在早年所研习的古文诗词与此时新确立的经史学术方向统一了起来，至此也昭示着万斯同对于其认知中的学术形态在思想上完成了自洽的逻辑闭环，为其规划经史之学方向奠定了充足的思想准备。

据今人考证统计，万斯同一生著作超过三十种，现今尚存二十余种，[2]其内

---

[1]（清）万斯同：《与钱汉臣书》，方祖猷主编：《万斯同全集》第 8 册，第 258—259 页。

[2] 方祖猷：《万斯同评传》，南京：南京大学出版社，2011 年，第 388—397 页。

容虽遍贯经史，旁涉方志、舆地、金石、考据、音韵、诗词等多方面。但若对其粗加分类，则可发现其学术规模的主体大致如下：一、经世之学，即万斯同自称之"经国有用之学"。内容包括古代政、刑、兵、农、礼、乐等各项制度，《万季野先生四明讲义》(《讲经口授》)[1] 即其典型代表；二、经史之学。包括助徐乾学撰《读礼通考》(包括《读礼通考附论》《庙制折衷》等)、《书学汇编》《群书疑辨》《补历代史表》《历代纪元汇考》《历代宰辅汇考》等皆为其代表；三、史学纂述。除了在京史馆期间经万斯同审核修订的《明史稿》外，尚有《新乐府》《明通鉴》《明代河渠考》《宋季忠义录》《南宋六陵遗事》《庚申君遗事》等；四、浙东史志文献。如《明季两浙忠义考》《两浙名贤录》《鄞西竹枝词五十首》等。[2] 纵览万斯同一生的学术规模与著述领域，其主体恰好与万氏在《与从子贞一书》《寄范笔山书》《与友人书》《与李杲堂先生书》《与钱汉臣书》这五封书信中的规划基本吻合，《与从子贞一书》从总体上阐明了经世之学的志向，《与友人书》大致制拟规划了经史之学的主要规模，《寄范笔山书》着重将明史作为其史学研究的重心，《与李杲堂先生书》筹划了编修浙东地方史志的方向，《与钱汉臣书》则在"经史为文之源"的认知基础上完成了学术形态的统合，坚定了其学术志向的正确性。从康熙五年（1666）左右的《与从子贞一书》到康熙十二年（1672）的《与钱汉臣书》，正是在这几封书信的时间段内，万斯同完成了学术思想与心态的蜕变，并初步构建起其未来学术的主要方向与主体框架，其成熟时期的学术也正是沿着这几封书信的思路轨迹逐渐定型完成的。

更为戏剧性的是，这几封书信的写作时间段也恰好与万斯同接触并推崇潘平格学说，以及黄宗羲致书驳斥的时间几乎完全重叠，这也使得黄宗羲之于万斯同的学术具有了新的意义。之前学者认为，由于在潘平格事件上黄宗羲的强势压服

---

[1] 二者实为一书。参见方祖猷主编：《万斯同全集》第 5 册，第 276 页。
[2] 此四类并非畛域分明、互无关涉，万斯同本人亦未作此划分，四者应是互有重叠和关照的一个整体。

了万斯同，以致限制了万氏学术的自由发展。[1] 但也正是由于黄宗羲的介入，使得万斯同重新回到了早已铺设的学术轨道上，从经史之学中探索圣学正脉，而这恰好符合了清初转向经典考证研究的学术风气。

结　语

由上述考察可知，在万斯同的学术生涯中确实存在一段思想心态与志趣方向发生剧烈变动的时期。对于经世之学的呼唤是万斯同学术发生转变的开端，以康熙五年（1666）左右《与从子贞一书》写作为标志性事件。在随后的几年内，万斯同进入其学术思想与心态的"急变期"，陆续通过《寄范笔山书》《与友人书》《与李杲堂先生书》《与钱汉臣书》构建起其未来学术的主要方向与主体框架，这一过程至迟于康熙十二年（1673）基本结束，也正是沿着这五封书信规划的轨道，万斯同的学术在未来逐渐成熟定型并有所成就。通过对万斯同学术重心多次转移并逐渐定型这一过程中相关事件的考察，可以发现一条内在线索贯穿其间：万斯同发生转变的初始是其对儒家修己之学与治平之学矛盾的焦虑，如何将儒家经世致用的传统精神关怀重新纳入新的思想体系中是其转变的初衷；随着求索的深入，经由圣人裁定并寓含圣人之道的五经与记载古今兴亡治乱的史籍成为溯源儒家传统、发掘历史规律、立制垂范后世的直接承载者，故而对于经史的研究亦即成为探寻圣贤经世大道的正途，遂坚定了万斯同将经史之学作为研究方向的决心，并进而奠定其未来学术的大体规划与基本框架；而在此期间，潘平格学说的引诱扰动与黄宗羲的强势干预则对万氏彻底回归自己所规划的学术轨道起到了加

---

[1]　如王汎森认为："万氏的思想学问启自黄氏，可是限制也来自黄氏，在黄氏痛驳之后，遂不敢再往前走。"见氏著《权力的毛细血管作用——清代的思想、学术与心态》，北京：北京大学出版社，2015年，第22页。然而通过本文的考察，潘平格事件以及黄宗羲的干预之于万斯同学术轨迹演变而言，似乎不能再仅仅局限于限制的层面，其客观上也确实具有加速和推动万氏学术发展进程的意义。

速催化的功效。

综上所述，"学凡三变"仅是万斯同晚年对其学术生涯的一次高度浓缩式的概括，尚须结合其思想转型期内的重要书信文献与相关事件方能还原其基本面貌，更完整展现其学术重心变化的轨迹与脉络，理解其背后的深层次含义。考察万斯同"学凡三变"这一个案，对于从微观层面研究明清之际学术何以由心性义理转向经史考证，以及由黄宗羲所开创的浙东一脉的学术形态转变都具有重要的学术思想史意义。

钱一本三才成性说析论[*]

顾　鑫

摘　要： 钱一本的三才成性说针对阳明后学喜谈本体、脱略工夫的流弊进行了反思。三才说通过"天覆地载"的观念将气化层面的善恶纳入到天地之性的统摄中，使得人道的好善恶恶成为对天地好生之德的接续和成就，以此弥合无善无恶说中无善无恶之本体与为善去恶之工夫之间的间隔。成性说以"成"为人之性，将人的本质界定为让天地万物生机相流通的主宰者，性的意义必须由人现实的工夫实践彰显，人对身心气质的修行即性之呈现，故钱氏有"性命合一"之旨。三才成性说在思想倾向上与蕺山学相近，能够展现出明代心学由江右王门的性学向蕺山学的元气论转型过程中的一些关键问题。

关键词： 钱一本；三才；成性；无善无恶

钱一本（1546—1617）字国端，号启新，常州武进人。他是东林八君子之

---

* 本文为国家社会科学基金一般项目"东林学派与明清之际哲学转向研究"（20BZX064）的阶段性成果。

作者简介： 顾鑫，中山大学哲学系中国哲学专业博士研究生，主要从事宋明理学研究。

一，曾与顾宪成分主讲席，在反思阳明后学喜谈本体、脱略工夫的流弊方面与顾宪成、高攀龙同声相应。然钱氏师承江右王门王时槐，黄宗羲称"其学得之王塘南者多"[1]，故相较于顾、高二子，他的思想更亲近阳明学，也更能从心学内部对阳明后学的流弊做出批评。成性说能体现出钱一本心性思想的特点，而三才说则构成成性说的基本结构，通过对天人关系的反复思考，钱氏试图克服无善无恶说中本体的超越性与工夫的现实性相分离的问题，将论性的重点转移到个人现实生命中的好善恶恶之性，从而重新激活心学中工夫实践的动力。学术界目前还没有对钱一本三才成性说的专题研究，本文将三才成性说置入中晚明良知学由江右王门的性学向蕺山学的元气论转向之思想脉络中[2]，希望能对其说的理论意义进行初步地呈现。

一、三才说与无善无恶论

阳明与薛侃论及无善无恶时，就以天地与人之区别进行解释：

---

[1] （清）黄宗羲：《御史钱启新先生一本》，《明儒学案》，北京：中华书局，2010年，第1437页。

[2] 学界对王塘南与刘蕺山的思想联系已多有关注，如钱明先生认为王塘南思想在阳明学向东林学派和蕺山学派的过渡期间发挥过举足轻重的作用。见氏著：《王阳明及其学派论考》，北京：人民出版社，2009年，第504—510页。张学智先生认为塘南的"意"是生生不已之机，已开刘宗周诚意说的先河。见氏著：《明代哲学史》，北京：中国人民大学出版社，2012年，第200—212页。侯洁之先生认为刘师泉、王塘南等人的宗性思想能给东林、蕺山学派注入思想养分，其归结是明末清初的实学思维和气论。见氏著：《晚明王学由心转性的本体诠释》，台北：政大出版社，2012年，第395—416页。另一方面，陈畅先生指出东林学派孙慎行的思想对刘宗周、黄宗羲产生了重大影响，刘宗周晚年建构的学术体系是对孙慎行思想的扩展和完善。见氏著：《自然与政教——刘宗周慎独哲学研究》，上海：上海人民出版社，2016年，第111—118、354—357页。而据孙慎行记载，他和钱一本"每过从，辄竟日，终岁亦然，十岁余亦然……谈即披心腹，箴得失不讳。"（（明）孙慎行：《寄窝别志》，《玄晏斋文抄》，《四库禁毁书丛刊》集部第123册，北京：北京出版社，1997年，第133页。）二人常相聚论学，互相影响，达成很多一致的意见。本文即以从江右王门到东林学派再到蕺山学派这一学术脉络为背景考察钱一本的思想。

曰："天地生意，花草一般，何曾有善恶之分？子欲观花，则以花为善，以草为恶；如欲用草时，复以草为善矣。此等善恶，皆由汝心好恶所生，故知是错。"曰："然则无善无恶乎？"曰："无善无恶者理之静，有善有恶者气之动。不动于气，即无善无恶，是谓至善。"[1]

在天地生意的层面，花草都为天地好生之德所润及，本无善恶之分。惟当人心从个人的目的出发对万物做出的价值评价，这时才有善恶产生。人的好恶是动于气的结果，即受气机牵引而局限于特定的视角，从而失去了普遍的天地生意对万物的包容性。无善无恶之至善实即天地生意赋予万物的生命价值，万物在其自身都具有此至善之生意。

阳明此论有两个要点：一是以开放的心态看待万物，万物就其本身都是天地生机流行，共同构成一无善无恶是谓至善的存在世界；二是人心需要契入天地境界，才能以无善无恶的心体开显出此存在界。而此中隐伏着的问题在于，如果至善的存在界只于无善无恶的天地境界开显，则属于气化层面、个体层面中的善恶以及人的好善恶恶都是非本真的、第二义的、有待被超化的内容，而第一义的工夫恰恰建立在对好恶的超越上，此即王龙溪提出四无说，以工夫须从无上立根之故。然如此一来，人之为善去恶工夫的意义如何彰显？人如何能在包容万物的同时对气化中的种种不齐进行修正？无善无恶说不免无形中消减了人做现实工夫的动力。阳明四句教虽然说："无善无恶是心之体，有善有恶是意之动，知善知恶是良知，为善去恶是格物。"[2]然此中心知和意物仍属于不同层次，如牟宗三先生所言："意与物是经验层上的感性的有，而心之体与良知则是超越层上的睿智的有。"[3]经验层有善恶的意物是由心体受牵于物欲乃有，当人通过致良知化尽私欲，意物即由超越心体开显为无善无恶生机流行的世界，故四句教虽有为善去恶

[1] （明）王守仁：《传习录上》，《王阳明全集》，上海：上海古籍出版社，2006年，第29页。

[2] （明）王守仁：《传习录下》，《王阳明全集》，第117页。

[3] 牟宗三：《从陆象山到刘蕺山》，长春：吉林出版集团有限责任公司，2010年，第173页。

的对治工夫，然此工夫在终极意义上说只是暂时性的，人的道德心既要求私欲的化除，则亦当以除私欲的工夫亦无为旨归，故牟宗三先生说四无说是四句教实践所至之化境，是良知教的"调适而上遂"[1]，此说诚是。故无论是四有句还是四无句，无善无恶说都会面临无法安顿属人层面的工夫的难题。

钱启新对无善无恶说提出了严厉的批评，他说："天运而不已，有地在中间，圣人七十从心必云不逾矩。今有倡为天自信天，地自信地，人自信人，一任天机之自为流行，以文其枉寻直尺、一败涂地、尽丧生平之丑行，真诬民之邪说而惑世之诐行也。"[2]虽未明言批评的是谁，然"天自信天，地自信地，人自信人"实为王龙溪语[3]，而《天泉证道记》中亦有"自性流行"之语[4]。此枉寻直尺的评语与顾宪成的说法相同，顾宪成以为无善无恶说会造成"空"与"混"的后果，空指无善会让人将世间的道德实践视为"理障"而不去为，混指无恶让人对不道德之事都能含混包容，"行于非道，乃成至道"，从而"以枉寻直尺为舍其身济天下"。[5]钱氏则将此批评与天地人三才说联系在一起，认为无善无恶说之所以会导致人无法用现实工夫约束自己的行为，其根源在于将天地人只理解为天机流行之一体，如此则只有"天运"的维度，而没有"地"所代表的气化不齐维度与"圣人"所代表的人道工夫的维度。由此可见，在钱氏心中三才说正可以补救无善无恶说的理论困难。

在钱启新这里，天地之道就是万物内蕴的自然生机，而此生机同时蕴含着气化不齐的可能性。他注《易传》"乾知大始，坤作成物"一句曰："'乾道成男'曰'知大始'，不徒曰始，而曰大始，物未有始，乾道始之，最无有可先于其知者。'坤道成女'曰'作成物'，不徒曰物，而曰成物，物物自成，坤道惟因其成而成

---

[1] 牟宗三：《从陆象山到刘蕺山》，第179页。

[2] （明）钱一本：《黾记》卷之二，明万历刻本，影印本，第18—19页。

[3] 见（明）王畿：《答楚侗耿子问》，《王畿集》，南京：凤凰出版社，2007年，第101页。

[4] （明）王畿：《天泉证道记》，《王畿集》，第1页。

[5] 见（明）顾宪成：《证性编·罪言上》，《顾端文公遗书》，清康熙刻本，影印本，第9—10页。

之，绝无有做造于其物者。"[1]天地之道是万物生成的最终根据，所以没有其他根据能先于乾道之知，这种生成是内在于万物让万物自成，而非外在地对万物有所造作改变。故他又说"'其为物不贰，则其生物不测。'若是天地与物做了两个，其生便可测。惟原来是一个，一故神，不期其生而无不生，不疾不行而速且至，故不测也。"[2]天地与万物"原来是一个"，所以才能够发挥神妙的活动机能，就此而言，天地之道实即内在于万物的生意、生机。但万物的现实存在是一个气化不齐的世界，天地之道只能赋予个体物以生命力，却不能干涉它们在气化世界中的生命历程，这就是《易传》所说的"鼓万物而不与，圣人同忧"，钱启新注曰：

> 天地鼓之以无心，止于因物付物，谓之"不与"。圣人同之有忧，能以天地之心为心，谓之"同忧"。以圣人之同忧成天地之无心，合仁知为一道，通万物为一身。[3]

启新在"不与"之后断句，其实让这句话的解释重心落到了圣人之"同忧"上。一方面，天地确实对物之自成无所干预，这是天地之无心，另一方面，当圣人以天地生物之心为己心时，却不能不对物之成与否有所忧虑，而且恰恰是圣人对万物的这种忧心才能成就天地生物之无心。这种说法表面上看是对人道工夫的单方面强调，如他的另一句话所说："阴阳既分之后，杂糅而运，非整齐而运，全要人来范围。"[4]然其更深层的含义实是将人道工夫收摄入天地之道中，天地好生之心以不与的方式呼唤着人的同忧，要人在气化层面接续天地生生之事，让万物生机流通。天地之无心原本是要给予万物以自成的自由，若人不同之以忧，即辜负此无心而使其不得"成"，此即须"以圣人之同忧成天地之无心"之意。在此理

---

[1]（明）钱一本：《像象管见》卷之一，明万历刻本，影印本，第3页。
[2]（明）钱一本：《黾记》卷之三，第24—25页。
[3]（明）钱一本：《像象管见》卷之一，第16页。
[4]（明）钱一本：《黾记》卷之一，第21页。

解中，天地之道不是超越于气化之不齐，而是以不与的方式默默涵摄着不齐，而且此不齐将影响天地生生之事是否圆满，正因如此，人道才成为天地之道的必要环节。故他说："天地只以生物为心，人于其中，有许多裁成辅相，参赞位育等事，方不愧其为人，方可与天地并。"[1]又说："犬牛与人之生同，犬牛与人之成异，若但以生言性，同人道于犬牛，人道既有不立，天道地道又安得立，三才之道霎时毁矣。"[2]"以生言性"即只在物自身生意的层面言性，这时人道工夫无法建立，则天地之道亦无法建立。此说不仅是在强调人道对天地之道的必要性，而且还意味着天地之道的意义必须有所扩展，即必须将天地之道理解为既是内在于万物的生意，又期望着万物在其存在历程中的生机流通，而人道工夫就是回应天地之道的这种期望，故人道之立就是对天地之道的安立，这一存在结构的整体就是所谓的三才之道。

对天人之间这种极为亲近的关系，启新更用父母与子女来比喻，他说："天地望人之克肖，奚啻父母望子之克肖？子不克肖，你道父母安得其所而父母？一家之人得遂其生否？便见中和位育，是人分中决不可少有欠缺底事。"[3]此处用"肖"字而非"孝"字，表明父母和子女都是为一家之生计操劳，天地和人都以生生为事。当父母老了，子女成年，就要像父母年轻时一样辛苦从事，才能让一家人得遂其生，以此比喻天地生物只是"大哉乾元，万物资始""至哉坤元，万物资生"的资始资生。一资始资生之后，天地即无心不与，此时人要像天地一样以生物为心，才能在现实气化层面位天地、育万物。从生生这一角度理解，万物内在的生意与其现实存在历程中生机流通之事被统摄为一个整体，天地对人之"望"即表示作为超越本体的天地之道将经验层面的气化不齐也涵摄在自己的生生之事中，如果经验层面万物生机不能流通，则本体的生生之事本身亦不圆满。

钱一本用天覆地载的观念说明天地之道对经验层之善恶的这种涵摄。他说：

---

[1]（明）钱一本：《龟记》卷之三，第 14 页。

[2]（明）钱一本：《龟记》卷之一，第 25 页。

[3]（明）钱一本：《龟记》卷之四，第 4 页。

"禾黍稂莠，雨露同滋；桃李荆棘，霜雪同萎，此天道。养稂莠害禾黍，为禾黍去稂莠；养荆棘害桃李，为桃李去荆棘，此人道。"[1] 天地生意对禾黍与稂莠、桃李与荆棘一视同仁，并不在其中拣择善的生，拣择不善的不生。对物如此，对人亦然："君子小人一般覆载生成，天道地道也。君子小人分别区处，常使君子在内为君，小人在外为民，君子在内为主，小人在外为客，人道也。"[2] 天地对君子小人都一样地覆载，只有人道才在其中做出善恶抉择。表面上看，覆载的说法和无善无恶说相近，都表示本体对经验层面的善恶无所拣择。然天地之覆载实是以好生之德包容着气化中的种种不齐，将其视为好生之德的一体所覆，也正因为善恶都属于此生生之一体，天地之道才要求人道的裁成。这样一来，当钱启新说天覆地载时，其意义已不同于无善无恶说，善恶不再被看做外在于物自身的出于个人视角之价值评价，而是人道以天地好生之德为标准对经验气化层面中生机是否流通的衡量。这一点可从启新对《论语·阳货篇》的解释看出：

> 《阳货篇》结煞到"四十见恶"而曰"其终也已"，以君子善善长，恶恶短。其恶恶也，无非欲人同归于善，非是别生恶恶一见与善善并。四十见恶，便要做却终身不仁病痛，故夫子云然。观夫子于阳货、弗扰、佛肸、孺悲等便自可见。又如穿窬色厉，贼乡原，弃道听途说，无所不至鄙夫等，亦宁绝之？总是一团天地并生之心，鼓为不倦之诲，欲使天下后世同归于善已尔。故天地大德唯一生，帝德唯好生，圣门学问唯求仁。[3]

> 君子有恶，时寒而寒也。四十见恶，将不免为恒寒，冰无时而解，冻无时而释矣。性习毫厘之辨，辨此。天命有善无恶，人性好善恶恶，

[1]（明）钱一本：《龟记》卷之三，第13页。
[2]（明）钱一本：《龟记》卷之二，第45页。
[3]（明）钱一本：《龟记》卷之四，第46页。

恶恶总归于好善，孔子"终""见恶"，孟子"优""好善"，孔孟一脉。[1]

圣人之恶恶其实是想要人同归于善，故恶恶不与好善相对，二者只是一体之两面，这一体就是天地好生之德，也即人之仁心。此时善即是仁，恶即是不仁，圣人之所以说"年四十而见恶焉，其终也已"，乃是忧其人积习难改从而终身不仁。故圣人之恶恶是包容恶者而让恶者归于善，不是将恶者放在自己的对立面与之决绝。《阳货篇》中孔子待阳货出而往拜之，公山弗扰与佛肸召，孔子皆欲往，对孺悲虽辞疾不见，却又取瑟而歌使之闻之，都表明圣人之恶恶非决绝义，故说圣人对《阳货篇》中所议的其他小人也无"绝之"之意。第二段引文以性习之辨解释四十见恶，性是人之生意与仁心，习则是在气化层面可能出现的种种不齐的习气。君子亦可能有恶，这是"时寒而寒"，表明君子亦不能无此气化不齐的可能性，关键是能时时改过迁善，如此则为"性相近"。小人四十而见恶，则是一任其习气偏好去发展，故为"恒寒"，此即所谓"习相远"了。两段引文都将人之好善恶恶与天地好生之德视为一体，此处对本体的理解已与无善无恶说有所不同，"天命有善无恶"不是指至善的本体超越于经验层的善恶，而是指明天地以好生之善包容着万物，故本体的呈现不再是通过人之超越善恶，而是通过人之"好善恶恶"。在实践中，相应于本体的包容性，人对恶也应有所包容，故启新说："开辟得一个天覆地载规模，心量方现。扩充得一个天施地生气象，性量方现。"[2]性量就天地之生生不已方面说，心量则须如天地般覆载万物，其工夫论上的意义在于，人必须将气化层面的善恶皆看做自己生命中的实事，如此才能切实地好善恶恶，从而生起为善去恶的工夫动力。

不妨将钱氏的三才说与浙中王门董谷的说法做一比较，以明确其中工夫动力上的区别。董谷将道体视为生生之意，而其特点则是虚灵而无善无恶，他说："生天生地，为人为物，皆此而已。至虚至灵，无声无臭，非惟无恶，即善字亦

---

[1]（明）钱一本：《龟记》卷之四，第47页。
[2]（明）钱一本：《龟记》卷之二，第27页。

不容言。然其无善无恶处，正其至善之所在也，即所谓未发之中也。穷推本始，虽在天亦有未发之中，即未赋物时是也。"[1] 以天未赋物时为无善无恶的未发之中，这是指点出本体相对于万物的超越性。如此理解的天地可以完全脱离气化不齐的影响，与善恶没有必然的联系，故说："既赋即有不齐，乃阴阳奇偶，自然之象。天地无心而成化，杂然并赋，岂有美恶之分？要之美恶之名，亦起于人心违顺爱憎之间云尔。"相应的，人之工夫也是脱离感性层面的影响，向上超拔入本体的层面："人能全其无善无恶、人生而静之本体，斯真性矣，斯至善矣。"此处所论虽是道体性体，然实是论心体，因以未赋物时论天，此不是悬想出了天在未赋物时的状态，而是以心之未发之中虚灵不昧的状态类比地言天，故董谷的说法仍是以心体性体为一的心学的说法。然如果人心完全像天一样以无善无恶涵容一切，则气化之不齐也只是自然现象，对它们的裁成也就只是人为造作，如此则无法安立现实的道德世界。

董谷说"朱子析理气为二物，以性之不善归咎于气质，而不知气质之不美，性实为之。"气质之不美亦性之所为，此言非如钱启新那样说人之好恶也是天性，而是说在人看来有美恶的气质，在天地则只是一视同仁地生之，因此气质实无不善。可以看出，与阳明的无善无恶说一样，董谷此说同样是以天地生意之包容性说明一切气质皆有生命价值。此生意是就生意之在其自身来理解，即指点出心体是宇宙的创造性本身，就此而言，真正重要的道德问题是人心能否焕发此创造性。气质是有待创造者，其价值完全由心体赋予，故不能说气质之善恶有独立于心体的意义，而由于心体是生生不息的创造性，则气质之善恶总是不决定者，是永远在被心体重新规定者，此即王龙溪所说的"才动即觉，才觉即化"[2]。然顾

---

[1] 此段所引董谷之言见《布衣董萝石先生沄（附子谷）》，《明儒学案》，第293—294页。按：黄宗羲批评董谷未得阳明之旨，阳明无善无恶说"以之言心，不以之言性"。这是由于黄宗羲站在江右王门及其师刘宗周对心性的划分立场上重新定位了阳明的无善无恶说。然在阳明那里性体与心体都只是一个良知本体，以无善无恶说天地之性亦可以体现出万物自在的存在价值，故董谷之说亦非完全偏离阳明。

[2] （明）王畿：《建初山房会籍申约》，《王畿集》，第50页。

宪成所批评的"空"和"混"之根源亦在此，因为在无善无恶论者看来，现实生活中既成的道德善恶不具有最终的决定性，真正重要的是由良知自作主宰所开辟出的那一存在境界。与钱启新之说相比，可以发现此说忽略了生意呈现的现实条件，即生意必须实现为气化世界中一一个体（万物）的生意，故现实的生意亦可能在气化"杂糅而运"的过程中遭受挫折，此时由个体构成的气化世界即有了客观独立的意义。创造性须通过人之好善恶恶、成己成物才能真正地落实，而好善恶恶就是人面对自己和他人的现实生命的一种客观的道德实践。

因为从生意自身来把握心体，心学在工夫实践中能保证生命活动的创造性和活泼性，而其缺点则如董谷"气质之不美，性实为之"之语所示的那样，个人生命气质中的过不及也可能被视为创造性的体现，从而无法为气化不齐的修正提供理论支持。故刘宗周批评阳明后学流弊曰："今天下争言良知矣，及其弊也，猖狂者参之以情识，而一是皆良；超洁者荡之以玄虚，而夷良于贼，亦用知者之过也。"[1]玄虚而荡犹如"空"，情识而肆犹如"混"，二者实是无善无恶说之一病两痛。就此而言，江右王门强调性体概念正是为了寻找修正气化不齐的一个客观标准。王塘南在写给钱启新的信中说："未发之中固是性，然天下无性外之物，则视听言动、百行万事皆性矣，皆中矣。若谓中只是性，性无过不及，则此性反为枯寂之物，只可谓之偏，不可谓之中也。"[2]塘南以性为未发，以一切实然呈现的视听言动、百行万事皆为已发，未发的性体必须即着已发的万事万物呈现，故性不能只是"中"，也必须能即于情识意念的过不及。此"即"意味无论现实生命是中还是过不及，性体总是超越地作为生命的存在根据，故牟宗三先生说塘南是以"然与所以然"的方式言性："就'然'（实然呈现者）存有论地推证其所以然以为性，就'所以然'之性分析地推衍其实然，即推衍其呈露或发用之经过，以

[1]（明）刘宗周:《证学杂解·解二十五》,《刘宗周全集》第三册, 杭州:浙江古籍出版社, 2012年, 第248页。

[2]（明）王时槐:《答钱启新邑侯八条·其三》,《王时槐集》, 上海:上海古籍出版社, 2015年, 第361页。

为命。"[1]

何以用此种方式言性能让性具有客观性？应该注意到，在心学中"心即理"的命题已经意味心体有客观性，牟宗三先生说："良知是天理之自然而明觉处，则天理虽客观而亦主观；天理是良知之必然而不可移处，则良知虽主观而亦客观。此是'心即理''心外无理''良知之天理'诸语之实义。"[2]良知具有超越性普遍性，由它"知是知非"所决定的天理亦具有客观性普遍性，此客观是由超越层的本心相对于感性层面个人的主观视角而见，是由天理相对于人欲而见。而江右王门的性体之意义实亦要由良知证成，性体只是将良知放在完全自在自发的"寂然"层面说[3]，故就本体超越地给出存在根据方面来看，性体与心体的客观性是一样的。性学与心学的差异其实在于，性学以然与所以然的方式让实然的现实生命呈现在人的关注视域中，从而发现修正现实生命中过恶的必要性。王塘南晚年的笔记曰："'性之生而后有气有形，则直悟其性足矣，何必后天之修乎？'曰：'非然也。夫彻古今，弥宇宙，皆后天也。先天无体，舍后天亦无所谓先天矣。故必修于后天，正所以完先天之性也。'"[4]以先天后天言性体的理论效果不仅是保住性体的绝对超越性，更是让整个后天已发的现实生命的世界具有独立的意义，从而人后天之修也有了独立的意义，"必修于后天，正所以完先天之性"，此说实已打开钱启新成性说的规模。

然在塘南这里，然与所以然的方式让性体只是超越地即于后天气化，他说："未发之中，性也。性本空寂，故曰未发。性能生天、生地、生万物，而空寂固自若也。天地有成毁，万物有生灭，而空寂固自若也。"[5]天地万物之成毁都不

---

［1］牟宗三：《从陆象山到刘蕺山》，第179页。

［2］同上，第140页。

［3］正如林月惠先生所指出的，江右王门聂双江、罗念菴的性体概念是强调良知的客观而绝对的"本体义"。见氏著：《良知学的转折：聂双江与罗念菴思想之研究》，台北：台湾大学出版中心，2005年，第206—218、361页。

［4］（明）王时槐：《病笔》，《王时槐集》，第532页。

［5］（明）王时槐：《潜思劄记》，《王时槐集》，第517页。

影响性体之自在，表明性本身与气之过不及没有内在必然的联系，如此则客观的道德生活仍不能得到具体地建立。就此而言，钱启新的三才说实是让王塘南的性与气有了一种内在的联系，天覆地载说指出的正是生意本身与气化不齐的相即方式。从生意方面说，是将气化不齐覆载于生生之事中，从气化方面说，则是生意必须呈现为个体之生命，由人道立天地之道。故在"修正气化不齐之客观标准何在"这一问题中，客观性不是由心体或性体之用语决定的，而是由后天气化是否有独立意义决定，此时客观性不是相对于人欲说的道德法则之客观，而是相对于人心说的气化世界之客观。作为本体的生意必须进入到由个体构成的气化世界中，才能成为气化之生机状态的标准，这时本体呈现为个体自身生命的尺度，而个体的"好善恶恶"即此尺度之具体表现。

以上论述了钱启新的三才说对良知学中心学和性学的推进之处，相对于此前的良知学，三才说有一种视域上的扩展或转向，将气化不齐纳入到对本体的考量中。此义在蕺山学的元气论中得到了更加明确地建立。刘宗周说：

> 子思子曰："喜怒哀乐之未发谓之中。"非气质之粹然者乎？其有不善者，不过只是乐而淫，哀而伤，其间差之毫厘与差之寻丈，同是一个过不及，则皆其自善而流者也。[1]

将不善视作一气流行之过不及，则善恶不再是与生意相对待者，而是自生意之善而流于偏者。故说："盖事虽有径庭之殊，而心之过不及，只争些子。此一些子，说得是偏，说不得是与善对敌之恶。惟其失之于偏，故善反之而即是中也。若是对敌之恶，则不可反矣。"[2]过不及只是生意之偏，故它总能向中回复，而如果将

---

[1]（明）刘宗周：《答王右仲州刺》，《刘宗周全集》第五册，第 294 页。
[2]（清）黄宗羲：《忠端刘念台先生宗周》，《明儒学案》，第 1559 页。按，此语与上文皆出于《答王右仲州刺》，但《刘宗周全集》所载作"此一些子，说得是偏，说不得是与善对敌之恶，而况其失之于偏者，善反之而即中乎？"无"若是对敌之恶，则不可反矣"一句，此句实是对"说不得是与善对敌之恶"的解释申说，于义更详，故此处引《明儒学案》所载做分析。

不善看作是与生意之善相对待的恶，则恶将没有自反之途了。结合前文的分析可知，此说亦是对心学善恶观的批评，"对敌之恶"之所以"不可反"，是因心学将超越层的至善与经验层的善恶看做相对待的两层，此时人是将恶看做异己的、外于自身的存在，故亦不要求其能反，而工夫就只是良知本体的自觉，只要焕发良知的超越性，就能化除经验层的善恶对待之相。蕺山所说的过不及之偏则是个体生命内部之事实，故必须做迁改的工夫变化习气。中与过不及共属于一气，由此让修正过不及之工夫有了必要性，此义可说已为钱启新之天覆地载说所预示。惟启新是以天地之道与人道相对的架构说此义，不如蕺山直就元气论说清楚直截。近来有学者考察了蕺山学中本体与过恶的相即性问题[1]，从钱启新三才说的视角来看，元气之中与过不及的一体性是气学救治无善无恶说流弊的关键所在，它也是气学之成立的一个重要环节。

二、成性说与性命合一之道

黄宗羲对钱一本的成性说有一批评，他说："至谓'性固天生，亦由人成，故曰成之者性。'夫性为自然之生理，人力丝毫不得而与，故但有知性，而无为性。圣不能成，愚不能亏，以成亏论性，失之矣。"[2]钱一本确实有成与亏之用

---

[1] 如陈荣灼先生将蕺山学与天台宗之圆教相提并论，认为蕺山学属于天台的"圆教"类型，阳明心学则属于"别教"立场，蕺山之圆教体现在其"气质之性即义理之性"，"即妄求真，无妄非真"的论点中。一方面"心"将"非真实性"包含在自身的"存有可能性"中，此说与天台宗的"一念无明法性心"相类，另一方面性体作为生生之德是天台宗的佛性所欠缺的纵贯层面，能提供成圣的道德根据。见陈荣灼：《蕺山性学与阳明心学的本质差异——一个佛教的观点》，《深圳大学学报》(人文社会科学版)，2014年，第31卷第1期，第31—39页。徐波先生考察了蕺山对"恶之来源"的看法，恶在超越层面的原因是善的"过或不及"，"妄"与独体之"诚"是一体而不可分离的，恶与善具有同样的深层依据。蕺山这种"具善恶而至善"的人性论强化了儒家内部道德修行的需要。见徐波：《由湍水之喻到幽暗意识：理学视域下的人性善恶论新探》，上海：上海三联书店，2019年，第77—91页。本文认为，妄与恶在元气论中的表达就是"过不及"。

[2] （清）黄宗羲：《御史钱启新先生一本》，《明儒学案》，第1437页。

语，如"性从全体说，无一之可亏，故曰成。"[1]就此而言，我们极易将成性理解为人对性之全体的完成，此时性本身不再是自足的自然生理，而是也有成或亏的可能。但我们考察钱启新的其他语录，则发现其意并非如此，如他说："成之者性，天生来原成，只是人都亏欠了他。"[2]性作为自然生理本身是原成的，亏是就人现实生命中的生机流通说，不是就性本身说。他又说："天之生物，大抵与他一个胚胎，成之全在乎人。"[3]此胚胎之义不是说天只给人一个未发展的自然生命，其义应依另一段话所说："天生人，尽人而与之以圣贤之胚胎，只是人自暴自弃，安于为庸愚小人耳。"[4]此圣贤胚胎犹如说成圣成贤的种子，则天生人这一生性即是人之道德依据，成亏是人能否于现实生命中成德的问题，故他说："性固是完全生得来，然不成不尽，丝毫不为己有。"[5]此中的关键是"己有"，即个人能否真成就其道德生命。由此可见，启新并非以成亏论性体，而是以成亏论人之现实生命。

相应于天地之道与人道的区分，钱启新区分了"生之谓性"和"成之者性"：

> 告子曰"生之谓性"，全不消为，故曰"以人性为仁义，犹以杞柳
> 为桮棬"，此禅宗"无修证"之说。不知性固天生，亦由人成，故曰
> "成之者性"，故曰"成性存存"。世儒有专谈本体而不说工夫者，其误
> 皆原于告子。[6]

此处不是将告子的"生之谓性"看做自然生命那种自然性，而是就天地生意层面说的性，故将告子之说等同于阳明后学"专谈本体而不说工夫"之说。与之

---

[1]（明）钱一本：《龟记》卷之一，第19—20页。

[2]同上，第5页。

[3]同上，第16页。

[4]（明）钱一本：《龟记》卷之二，第36—37页。

[5]（明）钱一本：《龟记》卷之一，第25页。

[6]同上，第24页。

相对，"成之者性"则是在生意进入个体现实生命时所说的性，此时性体即要求人之"成"的工夫。如此则生性与成性不是对立的两性，而是同一个生意在不同的方面说，生性是从此生意之在其自己方面说，成性则是此生意在个体生命历程中说。故启新曰："性是天地万物一原之理。参三才、灵万物，唯人，人底分量若是乎不小。须是举心动念，时处与天地万物相为流通，做得天地万物之主，位得天地、育得万物，方始成得个人。"[1]性只有一原，只是一个生意，而由于只有人能尽己、尽人、尽物之性，使天地万物生意相流通，此性才在人物处有所不同。物局限于其个体生命中，只能有各自类的繁衍，故在物只有生性，人能使天地万物流通，故在人即有成性。故启新说："凡木生之果，果中各具一核，核中各含一仁，一仁会生万果。凡草生之蔌，蔌中各具无尽之子，子中各含一仁，一仁会生万蔌。此生之谓性，性之体也，人物之所同具也。孟子曰'君子所性，仁义礼智根于心'，此成之者性，性之德也，圣贤君子之所独成也。"[2]生性是人物所同具的"性之体"，成性则是人所独得的"性之德"。就此而言，成之者性其实是标出"人之异于禽兽者几希"的那一人之本质的独特性，此独特性不是说人有仁义礼智的道德性，物只有生命的自然属性，因为作为性之体的生意实是道德性的形上根源，此生意进入气化层面乃显现为人之道德性，此是性之"体"与"德"二语之含义。故人之独特的本质是以"成"说，"成之者性"意味着：作为生意的性体要求人在气化层面成就万物的生机流通，故人以"成"为其独特的本性。

可以从钱启新对"成之者性"一语的解释中理清"成"之含义。启新曰："一阴一阳之谓道，原循环不已，故言继，原完全无缺，故言成。'继之者'，'成之者'，继与成，都属人分。道如是，人若不继，何善之有？人若不成，何性之有？"[3]一阴一阳之道是就天地生意本身说，此生意原本就循环不已、完全无缺。

[1]（明）钱一本：《龟记》卷之三，第56页。

[2]（明）钱一本：《范衍》卷之四，明万历刻本，影印本，第40页。

[3]（明）钱一本：《一阴一阳之谓道图》，《像抄》卷一，明万历刻本，影印本，第37页。

然在人分上，处于气运不齐中的个体却有可能不循环、不完全，故人须继、成此生意于其现实生命中，如此才能现实地"有"此善与性。故继与成不是对性体本身有所增减，而是针对人的现实生命下工夫。启新又说：

> 一阴一阳之谓道，就是形而上者谓之道。若单是一阴，谓之孤阴，既偏于阴矣，若单是一阳，谓之孤阳，又偏于阳矣。继之者善，这一阴一阳不接续，而恶且滋，何善之继之有？成之者性，这一阴一阳不完全，而情且肆，何性之成之有？[1]

在形而上者谓之道这一层面，一阴一阳原无不接续不完全处。然在人的现实生命中却可能出现偏阴偏阳的情况，此言可与刘宗周的一段话参看："中庸言'喜怒哀乐之未发谓之中'，只此是天命之性，故为天下之大本。才有过不及，则偏至之气，独阳不生，独阴不成，性种遂已断灭。"[2]偏阴偏阳实即是气化之过不及，而继与成则是让不及之阴阳复归于一阴一阳之"中"的工夫，这也说明继与成是人对现实生命习气的迁改工夫。而问题在于，如何理解阴阳的"完全"义呢？阴阳之完全是个体的现实生命达到无过不及的未发之中的状态，其意指个体现实地成就其"与天地万物相为流通"的道德生命。故阴阳之"完全"是人理想的生命状态，也即"成"之工夫的目标。钱启新曰：

> "继"如子继父，"成"如子成家。《离》言"继明"。日须旦旦出自东方，有一旦不出自东方，便不继。如此接续到三百六十五日四分度之一，而一周天，方成四时，方成一岁。非继不成，非成不继。但继未必成，故止善。到成，复可继，故特言性。[3]

---

[1]（明）钱一本：《一阴一阳之谓道图》，《像抄》卷一，第35页。

[2]（明）刘宗周：《证学杂解》，《刘宗周全集》第三册，第241页。

[3]（明）钱一本：《黾记》卷之三，第12页。

从子继父方面说，子不用做出多余的努力，所继的家业都是父已经完成的，此喻心学直悟本体的自然工夫，良知自觉就是天地之生意。"非继不成"，"但继未必成"，表示生意虽然是道德实践之基础，但如果不了解生意须进入气化层面，则可能根本上忽略人的现实工夫。相反，"非成不继"，表示如果现实生命未经历工夫磨炼，良知的呈现就只是偶然现象，此即所谓"击而火出，见而恻生，皆凡庸耳，非所以论君子"。[1]"成复可继"，则是惟有成之工夫能让生命一阴一阳的生机永远循环不已。以一周天论成，实是就现实生命的气化层面指出其循环不已的生机，此与在形而上者谓之道层面的循环不已不同，后者是生意自身之生生不已的纯粹创造性，前者则是由人之成的工夫才能开显的气化中之成己成物。

"继"与"成"都是言气化层面的个体与天道性体的关系，继侧重天道对个体的涵盖，故继之者即善，此即"天命有善无恶"义，一切个体天然地都有生命价值。而成则侧重人道在气化层面对天地之道的安立，此时说"成之者"乃是"性"，此"性"就不是直指天道性体本身而言其须成，而是指一旦我们在现实个人处考察性体，此性体必定呈现为对人道工夫的要求，故就现实个人而言其本性一定是以成为性，此即"人道好善恶恶"之性。可见成性说含有论性重心的转移，让作为超越本体的性体转化为作为气化世界中的个体的人之本质。

成性说是就人现实生命这一气化层面言性体的实现，钱启新将性与气的这种必然的结合称为"性命合一之道"，此义见于他对孟子"口之于味"章的诠释。孟子曰："口之于味也，目之于色也，耳之于声也，鼻之于臭也，四肢之于安佚也，性也，有命焉，君子不谓性也。仁之于父子也，义之于君臣也，礼之于宾主也，知之于贤者也，圣人之于天道也，命也，有性焉，君子不谓命也。"（《孟子·尽心下》）钱启新曰：

---

[1]（明）钱一本：《龟记》卷之一，第37页。

性，生理。命，定理。非性无生，非命无定。性命安有病？只分个有不有、谓不谓。无命不定，谓命不生。无性不生，谓性不定。[1]

耳目口鼻之于声色臭味，是生命自然的欲求，所以是性之"生理"。仁义礼智，是父子、君臣、宾主，贤者的"定理"，所以称之为命。何以说圣人之于天道也是命？钱氏曰："仁是父子底命，义是君臣底命，礼是宾主底命，智识贤者底命，圣人是天道底命。人类中有圣人，仁至义尽，礼节智明，为能立人之极，而造天下万事之命。道不在天而在圣人，故又把圣人之于天道来说命。"[2]圣人充极仁义礼智，能立人极，为天下万事立下一个定理，道的规范性须由圣人的生命来确立，所以说圣人是天道的命。此处的命是定理、规范义，不是命运、气命之命。人本是有生有定，故在人上说性与命本皆无病。问题在于，一般人总把性和命当做两回事，如谓耳目口鼻是性，就不知耳目口鼻亦有定理之命，谓仁义礼智是命，就不知仁义礼智亦根于人的生生之性。孟子说"君子不谓性""不谓命"，就是反对将生命与道德义理视作截然二分的两个领域。此处的"性"即成性说中作为"性之本"的生性，而"命"即作为"性之德"的成性，二者合一的关键其实在于成性说让气化世界展开为性体的呈现者，从而人的气化生命可以直接体现道德性。故启新曰："耳目口体停当，一滚都是仁义礼智。仁义礼智完全，只在这副耳目口体。二之则不是，故君子不谓。"[3]又说："除下耳目口鼻，屏却声色臭味，悬空说性说命，是之谓异端虚无寂灭之学。"[4]此时本体完全在于人的工夫，而工夫完全在自我的现实生命上做，故曰"性命合一之道，总在人身人伦上尽，此圣贤授守一道之真传。"[5]

由以上分析可知，钱一本的成性说是就个人的现实生命而言性体，此时性体

[1]（明）钱一本：《黾记》卷之二，第50页。
[2]（明）钱一本：《黾记》卷之四，第70页。
[3]（明）钱一本：《黾记》卷之三，第51页。
[4]（明）钱一本：《黾记》卷之二，第50页。
[5]（明）钱一本：《黾记》卷之四，第56页。

获得了新的内涵，从超越的生意生理转变为即于个体与气化之性，从而要求着个体生命之完善。此时性要人之"成"，则本体即工夫，人以"成"为性，则工夫即本体，以此为良知学的现实工夫实践提供理论基础。就此而言，黄宗羲"以成亏论性"的批评并不完全谛当。然应该注意到，当黄宗羲以"性为自然之生理，人力丝毫不得而与"批评钱一本以成亏论性时，他所说的性已不是王塘南的性体那种超越自在的本体，而是"气之条理"，他说：

> 天地间只有一气充周，生人生物。人禀是气以生，心即气之灵处，所谓知气在上也。心体流行，其流行而有条理者，即性也。犹四时之气，和则为春；和盛而温，则为夏；温衰而凉，则为秋；凉盛而寒，则为冬；寒衰则复为春，万古如是，若有界限于间，流行而不失其序，是即理也。理不可见，见之于气，性不可见，见之于心，心即气也。[1]

此说是完全站在气化的角度直接指出气化所具之秩序。"性不可见，见之于心"，性作为生理要由心体之好善恶恶看出，此即黄宗羲所说的："好必于善，恶必于恶，孰是孰非而不容已者，虚灵不昧之性体也。为善去恶，只是率性而行，自然无善恶之夹杂。"[2]气化世界中的每一个体都具有自身的秩序，每个人都能于过不及处通过心体的好善恶恶向元气之"中"回复，故人心之好善恶恶处就是性，此外别无实体性的性体。而为善去恶是生理之自然地体现，它即是工夫而无工夫相，故是"人力丝毫不得而与"。在黄宗羲这里，一方面从好善恶恶见的性体已与无善无恶之性体大异其趣，而更接近钱启新所说的人之成性。另一方面，心学传统中可以被理解为自在生意的性体已经完全转变为流行之条理，此条理在人即是好善恶恶与为善去恶，从而本体与工夫完全为一。相较而言，钱一本的成性说

---

[1] （清）黄宗羲：《孟子师说·浩然章》，《黄宗羲全集》第一册，杭州：浙江古籍出版社，2012年，第60页。

[2] （清）黄宗羲：《姚江学案·前言》，《明儒学案》，第179页。

虽然已经将视域转向了气化世界，然而他未能像气学那样直接就气化中的个体言性，而是以生性和成性对待的方式引出此新的视域。在此言说方式中仍保留有作为自在本体的生性，而又特别强调人的成性工夫对本体的扩充，于是在其工夫与本体之间、人道与天地之道之间就仍有距离而不能合一。故黄宗羲的批评与其说是由于钱启新对传统的性体观念有所偏移，不如说是由于启新对性体的推进还不够彻底。然启新之说毕竟仍能增进我们对良知学中性学如何向气学转向的认识。

三、结　语

钱一本的三才成性说是在反思无善无恶说的过程中从江右王门的性学转出的思想，本文的分析表明，三才说确实触及无善无恶说中本体不能即于气化之过不及的问题，并能提供一定的修正。三才成性说已经预示了气学中过不及之自我回复义，然而仍处在视域转向的过程中，没有能完全站在个体性的视角言性，其中还有着人与天、心与性对言之相。相较而言，刘蕺山虽然也常将心性对举，却是显出心性之合一，故黄敏浩先生说蕺山学是"尽心即性"，而非"尽心成性"。[1]我们可以将钱启新定位为思想转折或开新处的思想家，其思想能展现出明代心学由江右王门的性学向蕺山学的元气论转型过程中的一些关键问题。

---

[1]　见黄敏浩：《牟宗三对刘宗周思想的衡定——以"归显于密"为中心的检讨》，《国学学刊》，2018年第1期，第91—99页。

继天立极：关于宋明时期儒学平民化之研究

余伟俊[*]

摘　要：与佛教和道教严格区分入世与出世不同，儒家的立论根基一直在世间，在最真实的人与人的交往活动中。因此当佛教和道教进行激烈的平民化转型时，儒学的平民化相对而言表现得更为隐秘，以复兴先秦儒家精神的姿态完成了儒学的深刻转型。儒学的平民化往往被用来指称明后期泰州学派的思想，但追溯其源头，则必然要从唐宋变革所开启的平民化社会说起。诚然，唐宋变革并未开启中国的近代化，但唐宋之际发生的许多重要变化在今天看来仍是革命性的、足以改变社会面貌的。值得注意的是，"唐宋变革说"的提出者内藤湖南指出，唐宋变革中最根本的变化是平民势力的崛起。钱穆也认为，宋代以后，中国才算进入纯粹的平民社会。有平民之社会，必有平民之文化。宋明时期的新儒学更加关注平民个体的价值和追求，并积极地在民间建立儒家的生活秩序，对中国近世社会产生了深远的影响。本文将借助"唐宋变革"的历史视角，考察宋明时期儒学平民化的具体表现、内在精神和历史意义。

＊　**作者简介：**余伟俊，华东师范大学哲学系中国哲学专业硕士研究生。

关键词：唐宋变革；儒学平民化；宋明理学

引　言

在讨论"平民化"之前，首先应厘清"平民化"的概念。一般来说，"平民化"总是关联着现代化，意味着政治的平等和个体的独立与自由。"唐宋变革"说之所以能在海内外都成为学术研究的热点，一个重要原因就是"唐宋变革"所开启的平民化社会包含了一种现代性要素，如门阀制的瓦解使得贵族特权阶层某种程度上缩小了，田制的改革使得农民获得了一定的人身自由，商业的发展促进了社会阶层的流动，科举制给普通人提供了"晋身之阶"等等。但正如有些学者指出的，我们应警惕儒学研究中的"附会说"和"对立说"的偏见[1]，前者急于回应西方，而将儒学传统与现代概念相附会，结果似是而非，而后者拒斥交流，认为西方的一些现代概念是独属于西方的，而忽视了人类社会发展中存在的共性。

"平民"不只是一个近代概念，中国古代就有"平民"的说法了，如《尚书·吕刑》中记载："蚩尤惟始作乱，延及于平民"，这里的平民指的是平善之民，郑玄在《礼记正义》中注释"庶士、庶人无庙"时写道："庶人，平民也。贱，故无庙也"[2]，即是说平民的政治地位低，没有资格进宗庙。古代的"平民"也被称为"百姓""庶民"，"平民"与贵族、官僚、精英相对，他们没有官职爵位和社会特权，但同时又是组成社会的大多数，构成了国家的统治基础。到了近现代，随着工业革命和资产阶级革命，民主国家得以建立，"平民"开始被"市民""公民"等称谓代替，"平民"也因此有了平等、民主的含义。平民们享有同等的权力、共同参与国家的政治生活。中国近代思想家如梁启超讲"新民说"，李大钊讲"庶民的胜利"等都体现了"平民"的近代意义。概括来说，"平民化"

---

[1] 郭萍、黄玉顺：《宋儒"立极"与"立身"的开新面向》，《中州学刊》，2021年第3期，第105页。
[2] （汉）郑玄注，（唐）孔颖达疏：《礼记正义》卷第四十六，北京：北京大学出版社，1999年，第1302页。

可以有两个指向：一是平凡，即世俗的、日常的、大众的；二是平等，即每个人的人格都是平等的，都是独立的理性个体。相应地，儒学的平民化也有两种指向，一是内容、教义上的世俗化、日常化和大众化，二是重新肯定人的价值，社会中的每个人都有实现最高价值的潜能。

宋明理学在近代学界又被称为"新儒学（Neo-Confucianism）"。新儒学之"新"首先是在于其作为有别于先秦儒家、汉唐经学的一种新的儒学形态的意义上而言的，其内在精神是反对经学、回归原始儒家的传统，由此而有道统说和与汉唐训诂之学相对的义理之学。其次，新儒学之"新"也来自其所处时代环境之新，一是与来自异域的佛教思想的竞争要求儒学必须作出改变，二是唐宋变革造成的社会平民化要求儒学对时代问题作出回应。从思想发展的内在理路上看，儒家一向有着平民精神的传统，儒家的创始人孔子就有"有教无类"的思想，孟子主张"仁政"，认为民是社稷之本，在人性论上则认为"人人皆可为尧舜"，荀子也有"涂之人可以为禹"的说法。但汉代以来，董仲舒"罢黜百家、独尊儒术"，将儒学推为官学，又发展出谶纬神学，将儒学贵族化了。等到汉衰，儒学也随之衰落，尊奉"三玄"的魏晋玄学成为潮流，继而佛学传入中国，儒学愈衰。到了中唐，儒学家们终于掀起了儒学复兴运动，宋明新儒学顺应平民化的时代主题，重新接续了先秦儒家的精神传统。在顺应唐宋生活变迁的过程中，儒学自身在平民化改造的同时，也反过来推动了社会的平民化。

一、唐宋变革与平民化社会

（一）门阀制的瓦解与士的平民化

钱穆曾说："秦前，乃封建贵族社会。东汉以下，士族门第兴起。魏晋南北朝定于隋唐，皆属门第社会，可称为是古代变相的贵族社会。宋以下，始是纯粹的平民社会。除蒙古满州异族入主,为特权阶级外,其升入政治上层者,皆由白衣秀才平地拔起,更无古代封建贵族及门第传统的遗存。故就宋代而言之,政治经济、社会人生,较之前代莫不有变。"[1] 一方面,钱穆以史学家的洞察指出宋代以后中国才算进入了纯粹的平民社会;另一方面钱穆也注意到了社会变革中的士大夫群体,他们是社会变革的主要力量,在秦前他们是封建贵族,在汉唐他们是门第士族,而在宋以后他们变成了白衣秀才。

先秦的贵族分封制是依据血缘关系而确立的政治体制和社会结构,汉代逐渐形成的士族门第虽然由战功、才能而来,但随着国家逐渐稳定,这些士族门第又开始采取各种手段巩固自己的特权地位,通过察举、荫庇等方式垄断政治资源、经济资源和文化资源,因此是"变相的贵族社会"。

到了宋代,随着门阀制的瓦解,社会阶层流动性大大增强,庶族地主逐渐成为社会经济的主体,科举制度也使得出身平民家庭的儒生有机会实现阶层跃迁,"朝为田舍郎,暮登天子堂"。不是依靠血缘、门第,而是通过对知识、道德、功业的追求而成为社会精英的宋代士大夫,无疑是儒家士大夫的一种理想形态。宋代士大夫群体之所以能成为社会变革的主导力量,就在于宋代打破了汉唐时的固化的政治阶层,真正形成了一个来自平民阶层而又能集政治精英和文化精英于一身的士大夫群体。如漆侠在《范仲淹集团与庆历新政》一文中指出的,北宋前期形成了一个以范仲淹为核心的政治文化群体,而这个群体中的大部分人都出身中下层地主阶级。[2] 如范仲淹幼年丧父,母亲改嫁,读书时过着极其贫困的生活,经常吃不饱饭,以至于"断齑画粥"。范仲淹集团中的另一重要人物欧阳修也是幼年丧父,其母独自抚养他成人,因为家贫,只能"画荻学书"。与范仲淹关系密切的"宋初三先生"胡瑗、孙复、石介也都来自中下层的地主阶级。

这些士大夫之所以能成为社会变革的主要力量,一方面是因为出身"白衣",

---

[1] 钱穆:《中国学术思想史论丛(六)》,台北:台湾东大图书股份有限公司,1978年,第213页。

[2] 漆侠:《范仲淹集团与庆历新政——读欧阳修〈朋党论〉书后》,《历史研究》,1992年第3期,第126—140页。

他们需要付出更多的努力、树立更高的志向、拥有更优秀的才华才能成为政治精英。另一方面，也正是由于出身社会底层，这些士大夫对于社会政治整体有更加全面的认识、对国家的各种政治弊端有更深入的洞察，因而对民生疾苦有着更深刻的同情，对改造社会和国家有着更强烈的愿望。

（二）佛教和道教对平民化社会的回应

伴随着唐宋变革所开启的平民化社会，佛教和道教也出现了平民化的现象。"南朝四百八十寺，多少楼台烟雨中"，形象地说明了佛教在南北朝时的风行，但当时佛教的信众主体是皇帝和大官僚，佛教的影响力主要还停留在上层社会。而宋代以降，虽然佛教在官方的影响力不如前朝那么大了，但是在民间，却正是佛教社会影响最为广泛的时代。这与唐宋社会变迁密切相关。朱熹曾批评佛教在民间的泛滥："佛氏乃为逋逃渊薮。今看何等人，不问大人、小儿，官员、村人、商贾，男子、妇人，皆得入其门。"[1]朱熹以儒者的身份对佛教的批评或许有失偏颇，但从他的描述中我们还是可以看到宋代佛教中信徒的平民化现象。

魏晋隋唐时期，佛教的信仰者和支持者主要为王公贵族和少数精英知识分子，佛教的影响范围还比较小，这一情况在宋代出现了转折，新禅宗表现出积极的入世倾向，并迅速地在民间流行开来。慧能带给禅宗的新变化，主要是顺应其所处时代的社会变迁，对禅宗进行了世俗化和平民化的改造。首先是教义上的变化，慧能开创的南派禅宗更推崇内容浅显、语言通俗的《金刚经》，而不是传统禅宗所信奉的《楞伽经》，因为普通百姓更能接受简易通俗的教义。其次，慧能的"顿悟"说对禅宗的修行方式也进行了平民化的改造，认为成佛只在一念之间，"一念平直，即众生自佛"(《坛经·护法品》)，成佛的路径被大大简化了。再次，慧能明确提出"佛性"的概念，确保众生皆可成佛。最后，新禅宗改变了

---

[1]（宋）黎靖德编：《朱子语类》卷一二六，朱杰人等主编：《朱子全书》第18册，上海：上海古籍出版社，合肥：安徽教育出版社，2010年，第3959页。

以往佛教的贵族气质和出世精神，使得入世修行成为一种新的潮流。慧能声称：
"若欲修行，在家亦得，不由在寺"（《坛经·疑问品》），明确肯定了入世的修行方
式。而且在世间修行不仅是可能的，甚至也是必须的，"佛法在世间，不离世间
觉；离世觅菩提，恰如求兔角"（《坛经·般若品》），离开世间是寻觅不到真正的
佛法的。与传统佛教出世的精神相比，新禅宗的入世精神是一种颠覆性的转变。
教义的通俗化、修行方法的简易化、佛性的确立、修行精神的入世化，是新禅宗
在宋以降的平民社会中能够流行于世的原因所在。

　　与佛教不同，道教本就来自民间宗教，道教的发展史是一个由民间走入上层
社会，再由上层社会返回民间的过程。在南北朝之后，道教与佛教一样，成为官
方承认的正统宗教，因此在唐代，道教也是一种带有贵族性质的宗教。上清派代
表了唐代道教从民间宗教向士族宗教的发展方向，它对以往天师道中的平民思想
进行了改造，重新建立起了完备威严的科仪教戒，特别看重道士的文化修养和宗
教道德修养，要求道士研习经典、遵守戒律。这显然不是普通人能够轻易得入其
门的，这时的道教本身也无平民化的自觉。虽然新道教要等到金代才出现，但是
唐宋时期的道教已经出现了一些平民化的倾向。

　　唐宋变迁中的道教出现了两个新的变化。一个是道教神仙信仰的动摇。在经
历了唐末五代的战乱动荡之后，人们不再相信通过修道长生成仙的虚幻目标，人
们的修道目的从过去只关注个人的得道长生逐渐转变为关注俗世生活、拯救尘世
苦难的现实追求。神仙信仰的动摇使得过去的成仙目标变得遥不可及，地仙之说
应运而生。宋代出现的《太上感应篇》中言道："欲求地仙者，当立三百善"，修
道与现实生活和世俗道德逐渐建立起了联系。道教神仙信仰的动摇，也可以说是
道教最高价值的回落，过去高高在上的道教必须重新返回到人间生活中去，这也
预示着之后世俗化、平民化的新道教的出现。第二个新的变化是道教的内丹术取
代了外丹术。外丹术即炼丹术，是由炼金术发展而来，其理论依据是阴阳五行学
说和天人合一理论，认为可以通过服食炼出来的丹药达到长生不死的效果。外丹
术所需要的材料、设备以及炼丹的技术方法都花费不赀，除外丹术外的其他修

养方法，如房中术、服饵养生等也都需要花费大量金钱，不是普通百姓所能承受的，故其影响也有限，并没有深入到平民之中。随着唐宋社会生活的变迁，由贵族社会转向平民社会，外丹术也逐渐衰落。北宋张伯端继承唐代钟离权、吕洞宾等人的内丹思想，仿效《周易参同契》，创作了《悟真篇》，标志着内丹思想流行于世。内丹术以人自身为炉鼎，修炼人的精气神，以达到养生延寿之功，较之昂贵的外丹术，无疑更能为平民所接受。内丹术取代外丹术，在侧面上也反映了唐宋之间社会的平民化趋势，道教过去的那种以外丹术为代表的耗资昂贵的修养方式无法适应宋以后的平民社会，而花费较低、简便易行的内丹术更能满足大众的需求。

佛教和道教的平民化与世俗化反映了唐宋社会的平民化变迁，而当佛教道教由出世转向入世、由贵族转向平民时，就必须面对一个问题，即世俗价值的来源。作为出世的宗教时，佛道可以不用管世俗的伦理秩序，故有所谓的《沙门不敬王者论》。但当它们试图进入世俗社会中时，它们就必须服从俗世的价值观念，而这正是儒家所建立的道德之域，故三教合一必然是以儒家为主体。佛教和道教在入世后所宣扬的"劝善书""善恶报应"，其中就创新性地融合了儒家的孝道等观念，在此意义上我们可以说佛教和道教也参与进了儒学的平民化。

二、继天立极：儒家平民精神的复归

（一）"立人极"与做圣人

在汉唐儒学"天人感应"的宇宙观中，天、君、民三者构成了一种垂直的等级关系，君主是沟通天与人之间的桥梁，故被称为天子。这种等级关系并非汉代儒者所首创，而是可以追溯到上古时代的"绝地天通"，即凡人与天之间的交通的断绝。"绝地天通"使得君主成为唯一能够与天沟通的人，从而垄断了天人交通，建构起政教合一的制度体系。虽说民为邦本，但具体到每个平民身上，他们的价值又是非常低下的，是所谓"民者，暝也"[1]，没有能力直接与天沟通，因此只能借助君王将民意上达天听，而天会通过降灾降福的方式表达对人事正误的奖惩，故君王作罪己诏之本质并非昭告于民，而是为了将自己的改悔之意传达于天。在天-君-民的价值等级关系中，民只是一种价值低下、没有自觉性和自主性的无知存在，只能匍匐于天和天子的脚下，任其驱使。在此意义上，统治者的任务是"敬天保民"，亦是"代天牧民"。

然而在唐宋变革带来的社会变迁中，天人关系发生了根本性的转折。北宋周敦颐创造性地建构起"无极而太极"的宇宙论，并将作为宇宙本体的"太极"转为心性本体的"人极"，这不仅颠覆了汉唐以来的天人观念，更重要的是，赋予"人"在宇宙中以至高的价值：

> 无极之真，二五之精，妙合而凝。乾道成男，坤道成女。二气交感，化生万物，万物生生，而变化无穷焉。惟人也得其秀而最灵。……圣人定之以中正仁义而主静，立人极焉。故曰："立天之道，曰阴与阳；立地之道，曰柔与刚；立人之道，曰仁与义。"[2]

与传统的"人禽之辨"不同的是，虽然两者都肯定人之为人在价值上的优先性，但宋儒对天人关系的重新阐释之重要意义在于接续上了人与最高价值沟通的可能性和合理性。正如《中庸》所说的"天命之谓性"，人与天是相通的，人不是天之意志的奴隶，而是可以通过主动自觉地尽人道、尽仁义来承担和弘扬天之道，并由此而获得人之为人的最高价值。北宋张载的"为天地立心，为生民立命，为往圣继绝学，为万世开太平"，便是对"人极"

---

[1]（清）苏舆：《春秋繁露义证·深察名号》，北京：中华书局，1992年，第286页。
[2]（宋）周敦颐：《太极图说》，《周敦颐集》，北京：中华书局，1990年，第3页。

概念的精神提炼。

冯友兰在其《新理学》中曾对"极"之含义进行了分析，认为"极"有"极限"和"标准"两重意义[1]。因此"人极"也就是人的标准，是人之为人的终极价值所在。"人极"概念的关键之处在于它肯定了所有人而非君王一人独占的终极价值，任何个体只要坚守"中正仁义"的价值原则，就可以成圣成贤，实现作为"人"的最高价值。这实质上否定了汉唐儒学的价值等级观念，重新搭建起了人与天之间的巴别塔，扫除了普通人通往最高价值的障碍。随着两宋儒学的发展，"人极"观念得到了理论的深化，不仅鼓舞了儒士精英追求圣人之道的崇高理想，也感召着平民百姓投身于儒家的生活方式和对儒家理想的追求。

南宋朱熹在"人极"基础上，提出了"继天立极"的思想：

> 盖自上古圣神继天立极，而道统之传有自来矣。……自是以来，圣圣相承：若成汤、文、武之为君，皋陶、伊、傅、周、召之为臣，既皆以此而接夫道统之传，若吾夫子，则虽不得其位，而所以继往圣、开来学，其功反有贤于尧舜者。[2]

朱熹认为儒家道统的传承是"圣圣相承"，而不是天下的禅让、王位的世袭，因此上古圣神、成汤、文、武之所以能传续道统、继天立极的根本原因，不在于他们的政治地位有多高，而在于其道德品行的至善。以孔子为例，孔子有德而无位，但朱熹认为，就其"既往圣、开来学"的功绩而言，孔子在一定意义上是贤于尧舜的圣人，也就是说，"圣"在价值上高于"王"。这无疑是否定了君王作为最高价值代言人的合法性，而将最高价值的传承者规定为他们这些接续尧舜周孔相传之道统的儒者。朱熹为儒者赋予了弘扬道统的任务和使命，在汉唐儒学之后

---

[1] 冯友兰：《三松堂全集》第4卷，郑州：河南人民出版社，2001年，第36页。

[2] （宋）朱熹：《中庸章句序》，《四书章句集注》，北京：中华书局，1983年，第14—15页。

重新树立起了儒者的尊严和独立性，对于儒者个体意识的觉醒有着强烈的感召和鼓舞作用，无论是两宋儒家士大夫"得君行道"的政治实践，还是明清儒者对专制君权的强烈批判，其背后都有"人极"观念的影响。

随着社会平民化的进一步发展，心学提出依"心"立极，将"人极"观念进一步扩展到平民社会中的普通百姓，认为普通百姓与知识分子并没有什么不同，也能得到最高价值的认可，也能顶天立地、挺立人极。如陆九渊曾说："天之所以与我者，即此心也。人皆有是心，心皆具是理，心即理也。"[1]又说："若某则不识一个字，亦须还我堂堂地做个人。"[2]王阳明也有诸如"四民异业而同道""良知良能，愚夫愚妇与圣人同"等思想。这也表明了宋明儒者的一个共识，即"人极"并不是独属于儒家精英的，愚夫愚妇就算不识一字，也能通过尽人道、致良知来"立人极"，他们可能无法在学术上传承儒家的道统，但只要堂堂正正做人，也能无愧于天地，彰显其自身作为人的最高价值。

从绝地天通到继天立极，实际上也就是将最高价值重新带回人间，使之成为一种普世价值。人极确立的背后原因是唐宋社会的变迁，新的平民社会呼吁最高价值重新回到人间，而人极观念又感召着平民个体意识的觉醒，对社会的平民化产生了推动作用。

（二）性可移：宋明人性论的发展

与高扬人的价值的"人极"思想相呼应的，是宋明儒者对人性认识的新发展。孔子在《阳货》中说"性相近也，习相远也"，又说"唯上知与下愚不移"，汉唐儒家与宋明儒家对此的解释存在着显著区别。前者认为"上知与下愚不移"是"不可移"，而后者则认为不是"不可移"，而是"不肯移"。乐爱国对历代关

［1］（宋）陆九渊：《与李宰》，《陆九渊集》卷一一，北京：中华书局，1980年，第149页。
［2］（宋）陆九渊：《语录下》，《陆九渊集》卷三十五，第447页。

于"唯上知与下愚不移"的解读做了详细的梳理,指出:"事实上,把'唯上知与下愚不移'的'不移'解为'不可移',只是汉唐时期儒家的解读;自宋代开始至清代,大多数儒家学者不采纳这样的解读;而明代阳明学派进一步解为'不肯移',实际上来自宋代朱熹的解读。"[1]对性是否可移的不同看法实质上反映了唐宋以后儒学的平民化发展,平民社会已经不满足于圣人作为神台上的偶像,而是要求平民也享有成圣的资格和路径。

汉唐儒家大多把"上知与下愚不移"解释为"不可移",认为上知与下愚之性是不能改变的。西汉刘向《说苑》中道:"圣人之治天下也,先文德而后武力。凡武之兴为不服也,文化不改,然后加诛。夫下愚不移,纯德之所不能化,而后武力加焉。"[2]认为圣人治理天下先以文德教化,对于愚性深重无法教化的则施以武力。东汉王充在《论衡》中说:"孔子曰:'性相近也,习相远也。'夫中人之性,在所习焉,习善而为善,习恶而为恶也。至于极善极恶,非复在习。故孔子曰:'惟上智与下愚不移。'性有善不善,圣化贤教,不能复移易也。"[3]可以看到,王充将"性相近也,习相远也"与"唯上知与下愚不移"对应起来,认为能被习所改变的是中人,而上知之极善与下愚之极恶是无法通过习来改变的。南朝皇侃的《论语义疏》解释"唯上知与下愚不移"时引用西汉孔安国注:"上智不可使强为恶,下愚不可使强为善",并疏曰:"今云'上智',谓圣人;'下愚',愚人也。夫人不生则已,若有生之始,便禀天地阴阳氤氲之气。气有清浊,若禀得淳清者,则为圣人;若得淳浊者,则为愚人。愚人淳浊,虽澄亦不清;圣人淳清,搅之不浊。故上圣遇昏乱之世,不能挠其真;下愚值重尧迭舜,不能变其恶。故曰'唯上智与下愚不移'也。"[4]在皇侃看来,人性的圣愚是由于生来禀受的气的清浊,且不随世道而变易。这种认为人性由先天的气质

[1] 乐爱国:《历代对〈论语〉"唯上知与下愚不移"的解读——以朱熹的诠释为中心》,《南京社会科学》,2022年第8期,第18页。

[2] 赵善诒:《说苑疏证》,上海:华东师范大学出版社,1985年,第420页。

[3] 黄晖:《论衡校释》,北京:中华书局,2018年,第119页。

[4] (南朝梁)皇侃:《论语义疏》,北京:中华书局,2013年,第446页。

决定因而有善有恶的人性论，在汉唐时是一种流行的观点。唐代孔颖达说："得其清气备者，则为圣人；得其浊气简者，则为愚人。降圣以下，愚人以上，所禀或多或少，不可言一，故分为九等。孔子云：'唯上智与下愚不移。'二者之外，逐物移矣，故《论语》曰：'性相近也，习相远也'，亦据中人七等也。"[1]和王充一样，孔颖达也把"性相近也，习相远也"看作是"逐物移矣"的中人，认为人禀受气质不同而有圣、愚、中的差别，圣、愚作为两个极端是不可改变的。后来的韩愈有"性三品"说，与西汉董仲舒区分圣人之性、中民之性和斗筲之性一样，韩愈也把人性分为上中下三品，"性也者，与生俱生也……性之品有上中下三。上焉者，善焉而已矣；中焉者，可导而上下者也；下焉者，恶焉而已矣。……上之性，就学而愈明；下之性，畏威而寡罪。是故上者可教而下者可制也。其品则孔子谓不移也。"[2]即是说中品的性可以变为上品和下品，而上品与下品的性是不会改变的。

宋代儒者对"上知与下愚不移"的解释出现了一大转折，不再认为有不可移易的劣性，而认为人人都可以学做圣人。程颐认为："性即是理，理则自尧、舜至于涂人，一也。才禀于气，气有清浊。禀其清者为贤，禀其浊者为愚。……孔子谓上智与下愚不移，然亦有可移之理，惟自暴自弃者则不移也。"[3]程颐认为圣人与凡人在性上是一致的，只是才气有所不同，因此愚人没有不可移之理，之所以不移是因为其自身自暴自弃的缘故。在另一处他对"自暴自弃"作了进一步的说明："所谓下愚有二焉：自暴也，自弃也。人苟以善自治，则无不可移者，虽昏愚之至，皆可渐磨而进也。唯自暴者，拒之以不信；自弃者，绝之以不为，虽圣人与居，不能化而入也，仲尼之所谓下愚也。"[4]即下愚之所以不移是因为"自暴自弃""不信不为"，而非性理上的不可移，从性理上说，下愚也

［１］（汉）郑玄注、（唐）孔颖达疏：《礼记正义》，北京：中华书局，2009年，第3527页。

［２］（唐）韩愈：《原性》，《韩愈集》卷十一，长沙：岳麓书社，2000年，第148页。

［３］（宋）程颢、（宋）程颐：《河南程氏遗书》卷第十八，《二程集》上，北京：中华书局，2004年，第204页。

［４］（宋）程颐：《周易程氏传》卷第四，《二程集》下，第956页。

有为善的可能。

朱熹《论语或问》中说："以圣人之言观之，则曰不移而已，不曰不可移也。以程子之言考之，则曰以其不肯移，而后不可移耳。盖圣人之言，本皆以气质之禀而言，其品第未及乎不肯不可之辨也。程子之言，则以人责其不可移也，而徐究其本焉，则以其禀赋甚异，而不肯移，非以其禀赋之异，而不可移也"[1]。认为圣人只是说"不移"，而不是说"不可移"，圣人没有区别"不肯"和"不可"，因此有人误解为"不可移"，程颐推明圣人之意，认为圣愚之不移是因为他们"不肯移"，而不是因为"禀赋之异"造成的"不可移"。

如果说朱熹对"不肯移"和"不可移"的区分还保留着"不可移"的可能（因气质之性或禀赋造成其不肯移），王阳明则完全否认"不可移"而肯定"可移"。他强调"良知良能，愚夫愚妇与圣人同"[2]，注解"唯上智与下愚不移"时说"不是不可移，只是不肯移"[3]。阳明的解释表现出一种更为彻底的平民化的人性论，认为每个人都有为善的可能，而将人的为善为恶归于致良知的工夫。

宋明儒者对"上知与下愚不移"的解释遥契了先秦儒家的平民精神，这种精神在孔、孟、荀的思想中都能找到。如《荀子·性恶篇》中说："小人可以为君子而不肯为君子，君子可以为小人而不肯为小人。小人、君子者，未尝不可以相为也，然而不相为者，可以而不可使也。故涂之人可以为禹则然，涂之人能为禹未必然也。虽不能为禹，无害可以为禹。"即使一个人是平凡的路人或有人格缺陷的小人，也同样具有成圣成贤的可能性。平民精神在宋明时期的复归既是时代的选择，也使得先秦儒家的平民精神传统重新被接续了起来。

---

[1]（宋）朱熹：《四书或问》，朱杰人等主编：《朱子全书》第6册，第876页。
[2]（明）钱洪德编：《传习录中》，吴光等编校：《王阳明全集》（上）卷二，上海：上海古籍出版社，2011年，第56页。
[3]（明）钱洪德编：《传习录上》，吴光等编校：《王阳明全集》（上）卷一，第36页。

291

三、儒学平民化的生活实践

（一）师道复兴与书院会讲

中唐韩愈作《师说》，指出"师道之不复也久矣"。正如钱穆所说："宋学最先姿态，是偏重在教育的一种师道运动"[1]，儒学的复兴在最初阶段伴随着师道的复兴。全祖望曾对宋初学术作过概述，也指出宋学的出现最初是和师道的重振相关联的：

> 有宋真、仁二宗之际，儒林之草昧也。当时濂、洛之徒方萌芽而未出，而睢阳戚氏在宋，泰山孙氏在齐，安定胡氏在吴，相与讲明正学，自拔于尘俗之中。亦会值贤者在朝，……左提右挈，于是学校遍于四方，师儒之道以立。[2]

北宋前期，不论是在民间还是在朝堂上都有儒家士大夫致力于儒学的复兴，"相与讲明正学"，学术的复兴带来教育的繁荣，由是"学校遍于四方，师儒之道以立"。与汉代的"兴太学，置明师，以养天下之士"[3]的政教合一的政治文化结构不同，宋代士大夫开始注重在地方或民间重建教化、复兴师道。他们一方面批判汉唐的训诂之学和政教形态，另一方面致力于复兴儒家传统的师道精神，以道统自任，对儒家经典进行了重新诠释，在民间兴起了办学热潮。

---

[1] 钱穆：《宋明理学概述》，台北：台湾学生书局，1984年，第2页。

[2]（清）黄宗羲原著，（清）全祖望补修：《士刘诸儒学案》，《宋元学案》卷六，北京：中华书局，1986年，第251—252页。

[3]《汉书》卷56《董仲舒传》，北京：中华书局，2000年，第1913页。

宋代的师道复兴与书院教育关系密切。钱穆先生对"宋学精神"有过一段论述:"宋学精神,厥有两端:一曰革新政令,二曰创通经义,而精神之所寄则在书院"[1],他认为是书院中儒家师道精神的复兴推动了儒学的创新发展。北宋前期,在范仲淹、欧阳修和"宋初三先生"等儒者的推动下,"学校遍于四方,师儒之道以立",各地都开始创办书院,以作为自由交流学术的基地。宋初的儒家士大夫们,往往也是兴办书院的教育家,他们通过创办书院来传播儒学、培养儒士、复兴儒家的师道精神。范仲淹为睢阳书院作记,并在其中表达了自己对学子的期待:"进可为卿大夫者,天人其学,能乐古人之道;退可为乡先生者,亦不无矣。"[2]认为书院的目标是要培养能践行儒家王道的士大夫或能传承儒家之学的先生夫子。

理学家们认识到,独立于官学系统的书院是复兴儒学精神、接续儒家道统的重要场所。所以朱熹会将修复岳麓书院之事看作是一种对师道复兴的追求:"使四方来学之士,得以传道、授业、解惑焉,此意甚远,非世俗常见所到也。而比年以来,师道陵夷,讲论废息,士气不振,议者惜之。"[3]他深感儒家传统的师道被埋没毁弃,意识到自己作为儒者,应自觉承担起复兴师道的儒家使命,而书院则可以使各地的儒士能够传道、授业、解惑,为儒家讲论提供便利的场所,进而复兴儒家的师道精神,鼓舞儒家弟子的士气。

伴随着大批书院的建设,围绕着书院的讲学活动也兴盛起来,书院一般会定期举行讲会,讲授四书之道,而到后来,讲会的形式和主题都日益自由化,讲会的内容不再局限于四书五经,也不一定以书院为会讲地点,南宋时朱熹和陆九渊的鹅湖之会便是宋明时期讲会的一个缩影。明代中后期的王学讲会是学界比较关注的一个文化现象,陈来在《明嘉靖时期王学知识人的会讲活动》一文中指出:"这些讲会在相当程度上成为理学发展的一种组织形式,并常常与地方风俗

[1] 钱穆:《中国近三百年学术史》,北京:商务印书馆,1997年,第7页。
[2] (宋)范仲淹:《南京书院题名记》,《范仲淹全集》,南京:凤凰出版社,2004年,第165—166页。
[3] (宋)朱熹:《潭州委教授措置岳麓书院牒》,朱杰人等主编:《朱子全书》第25册,第4629页。

教化发生联系。因而，它们不仅仅是理学家的个人交游，更具有积极的文化功能与社会功能。事实上，阳明学话语的建立、扩展及在明中后期对整个社会文化的笼罩，正是通过推行会讲、讲会的形式得以实现的。"[1]阳明重视讲学，其门人也多以讲学为事业，阳明曾要求弟子讲学时要放下身段："你们拿一个圣人去与人讲学，人见圣人来，都怕走了，如何讲得行！须做得个愚夫愚妇，方可与人讲学。"[2]正是这种平民化的讲学方式使得阳明学在民间的影响力逐渐扩大，其心学思想也得以被广泛地传播开来。

师道的重振、民间教育的发展，一方面有其现实原因，科举制的发展使得以往的士庶之分不再牢不可破，平民家庭也开始注重教育，以期自家子弟也能考取功名光宗耀祖。另一方面，师道重振也是儒学平民化的必然要求，儒家向来就有尊师重教的传统，儒家创始人孔子被后人尊为至圣先师。唐宋以来的师道重振其实质是儒家的师道精神的复兴，而民间教育的发展又促进了儒学的传播，推动了儒学的平民化进程。

（二）从《朱子家礼》《南赣乡约》看宋明儒者的教化实践

在门阀制瓦解之后，士族的家族生活方式也随之消散，唐宋变革造就的平民社会需要树立一种新的家族治理模式，而且社会流动性加大也使得家族的延续成为人们关心的问题。因此，北宋开始就陆续出现了一系列的家礼乡约思想，这些思想一方面是儒者的社会政治理想的寄托，另一方面也展现了儒家知识分子积极解决时代问题的自觉担当。北宋张载曾说："宗法不立，既死遂族散，其家不传。宗法若立，则人人各知来处。朝廷大有所益。……家且不能保，又安能保国家？"[3]他认为重新建立宗法制度是保家固国、使天下归心的必然要求，这实际上

---

[1] 陈来：《中国近世思想史研究》，北京：生活·读书·新知三联书店，2010年，第374—375页。

[2] 吴光等编校：《王阳明全集上》卷三，第132页。

[3]（宋）张载：《经学理窟·宗法》，《张载集》，北京：中华书局，1978年，第259页。

也是大多数宋明儒者的共识。在本节中笔者会以朱熹《朱子家礼》和王阳明《南赣乡约》为例，考察宋明儒者在民间的教化实践。

北宋以来，礼仪逐渐普及到平民中，但传统的礼仪并不适合平民家庭，如军队和天子庙堂之礼离平民的日常生活太过遥远，根本无法落实。因此士大夫们开始为平民创制合适的礼仪，朱熹的《家礼》便是这一时代潮流的产物。《家礼》由通礼、冠礼、婚礼、丧礼、祭礼五部分构成，全书以宗法理念为核心，围绕日常生活和冠、婚、丧、祭等人生中的重大事件，设定了详尽细致的礼仪规范。如上文所说，宋明儒者自觉地"继天立极"，论证了人的价值主体性，在人性论上体现了对先秦平民精神的复归，认为人性是平等向善的，人人都有经教化而成德的价值和潜力，因此作为教化资具的礼也顺应平民化的要求进行了改造。礼仪的平民化改造，一方面表现为礼仪的简便化，如朱熹在《昏礼》中说："古礼有问名、纳吉，今不能尽用，止用纳采、纳币，以从简便"[1]；另一方面表现为对礼的精神而非形式的强调，朱熹在《祭礼》中说："凡祭，主于尽爱敬之诚而已，贫则称家之有无，疾则量筋力而行之"[2]，强调礼的精神而非物质，其实就是说平民也可以不受家庭经济条件的约束传承礼的精神。

《南赣乡约》是明代王守仁在巡抚南、赣、汀、漳期间，以南赣乡民为适用对象，制定并颁布的民间规约。《南赣乡约》体现了王阳明的心学思想以及平民化主张。一方面，在篇首的告谕中阳明写道："人虽至愚，责人则明；虽有聪明，责己则昏。尔等父老子弟毋念新民之旧恶，而不与其善，彼一念而善，即善人矣；毋自恃为良民而不修其身，尔一念而恶，即恶人矣。人之善恶，由于一念之间，尔等慎思吾言"[3]，善恶只在一念之间，一念发动处就产生善恶了，因此要致良知。另一方面，我们也注意到，《南赣乡约》中竟然存在着善恶报应和神鬼之说："当会日，同约毕至，约赞鸣鼓三，众皆诣香案前序立，北面跪，听约正

---

[1] （宋）朱熹：《家礼》，朱杰人等主编：《朱子全书》第7册，第897页。

[2] 同上，第941页。

[3] （明）王阳明：《南赣乡约》，吴光等编校：《王阳明全集》（下）卷十七，第665页。

读告谕毕。约长合众扬言曰：'自今以后，凡我同约之人，祇奉戒谕，齐心合德，同归于善。若有二三其心，阳善阴恶者，神明诛殛'"[1]。吴震指出，"（阳明）主张由'约长'率领'众人'向神明发誓，显然是出于一种'因人施教'的策略上的考虑，他是想利用'神明诛殛''鬼神殛之'等说以便加强道德教化"[2]，阳明借用神秘主义来加强儒家教化，但这实际上只是一种顺应民俗的平民化策略。

朱熹的《家礼》和王阳明的《南赣乡约》是儒学平民化在现实生活中的实践，其中寄托了儒家的社会政治理想，表现了宋明儒者改造理论解决时代问题的实践品格和社会担当，并对后世产生了深远的影响。

结　语

儒家的圣人崇拜和对平等化人格理想的追求一直处在一种矛盾的状态中。一方面，儒家在理论和理想上承认圣人与凡人之间人格上是平等的，儒家所追求的"大同社会"不同于老子的"小国寡民"。"小国寡民"的社会中每个人只要做好自己的事就行了，甚至可以"老死不相往来"，而在"大同社会"中，每个人在道德上都必须是至善无私的，"天下为公，选贤与能，讲信修睦"，故在儒家看来，圣人在理论上必须是每个人都可以成就的。另一方面，圣人和凡人在事实上又是不平等的，因此汉唐儒家将人性分为不同等级，而宋明儒者选择复归先秦儒家的平民精神，树立起一个人人可学可至的理想人格。从周敦颐的"圣人可学"，到王阳明的"圣人之学，惟是致此良知"，我们会发现圣人的内涵似乎越来越单薄了，但也因此人们的道德实践有了更多的自由空间。儒学的平民化是儒学顺应时代潮流的自我改造和自我更新，宋明儒学家们在面对平民化

---

［1］（明）王阳明：《南赣乡约》，吴光等编校：《王阳明全集》（下）卷十七，第 667—668 页。
［2］吴震：《阳明心学与劝善运动》，《陕西师范大学学报（哲学社会科学版）》，2011 年第 1 期，第 57 页。

的时代问题时，积极参与儒学理论的自我更新以及生活实践，发扬了儒家"内圣外王"的传统，充分展现了儒学的实践品质和理论生命力，对于现代社会有着重要的借鉴意义。

《儒学与古典学研究》征稿启事

一、《儒学与古典学研究》介绍

《儒学与古典学研究》（The Journal of Confucianist and Classical Studies）是同济大学人文学院哲学系主办的学术辑刊，一年两辑，分上下半年出版，初创于2023年并计划长期举办。

本学术辑刊以反映儒学研究和古典学研究（包括中西古典学术）的最新研究成果为宗旨，以推动儒学与古典学的研究为目标，进行中国哲学、儒学、经学、古典学等领域的深入探究。

同济大学人文学院在古典学、经学、宋明理学等多个领域汇聚了国内优秀的中青年学者，有着深厚的学术造诣和良好的学术声誉。本院曾于2012—2015年出版《儒学与古典学评论》学术辑刊三辑，此次重新整合院内研究力量，期望通过学术同好的共同努力继续搭建儒学与古典学研究的高水平交流平台。

二、征稿内容

本学术辑刊现面向海内外人文、社科、艺术等领域的学者征集稿件。稿件以儒学与古典学为核心领域，旁及中西比较、思想史、古籍整理、文献考据等方面的研究。

根据栏目设置，投稿的主题及内容范围包含但不限于以下几个部分：

1. 中西古典学术；

2. 儒学研究；

3. 经学研究；

4. 中西哲学比较；

5. 中国古代思想、艺术、文学等其他领域的研究。

来稿既可以讨论儒学与古典学相关的重大理论与重要问题，也欢迎对于具体历史事件、语言文字的细致考证。本刊抱定兼容并蓄、多学科交融的宗旨，营造各学科合作研究的崭新局面。

三、投稿格式

本辑刊征集稿件，论文一般不超过 20000 字，书评不超过 15000 字。不论多长篇幅的稿件，格式应按照《〈儒学与古典学研究〉投稿稿件格式》为标准进行统一。

投稿邮箱地址为 tjruxue2023@126.com，接受广大同好来稿。投稿稿件请发送 Word 与 Pdf 两个版本，且两个版本的内容应当保持一致。编辑部收到稿件后会通过邮件告知作者收到稿件，若没有收到回复，可以通过其他方法与编辑部取得联系以确认稿件是否发送成功。

四、审核与录用

投稿收到之后，本学术辑刊编辑部将进行初审，三个月内未收到邮件通知者，可以另行投稿他刊。初审合格后将会通过邮件通知作者论文进入外审阶段，稿件将交付相关领域专家评审。经专家评审通过后，将通过邮件通知作者录用本稿。

所有录用的稿件，作者应承诺为原创作品，并确认该论文在本辑刊上系首次公开发表，文中全部或者部分内容从未以任何形式在其他任何刊物上发表过，不存在重复投稿问题，不存在任何剽窃、抄袭他人的行为，不包含任何违反法律法规以及侵害他人权益的内容。作者应同意将该论文的版权自动转让给编辑部，包括纸本出版、电子出版、多媒体出版、网络出版及以其他形式出版的权利，并在见刊之前与本学术辑刊签订《〈儒学与古典学研究〉作者承诺授权书》。

五、联系地址

编辑部地址：上海市杨浦区四平路 1239 号同济大学云通楼人文学院 411 室，《儒学与古典学研究》编辑部，邮编：200092。

附：《〈儒学与古典学研究〉投稿稿件格式》(注释格式参照《孔子研究》《古典学研究》等刊物的投稿格式修改)

一、稿件格式

来稿全文：以 10000—20000 字为宜。

行距：固定值 20 磅。

标题：黑体，三号。

摘要：以 300—400 字为宜，仿宋，五号。

关键词：3—5 个，仿宋，五号。

一级、二级、三级标题（如有）：请用一、（一）、1 三级格式分层，均为宋体，五号，加粗。

正文：宋体，五号。

引文：楷体，五号。

脚注：宋体，小五号，单倍行距。

来稿请附作者简介：包括姓名、性别、出生年月、籍贯、工作单位、研究方向、详细通信地址、邮编、手机号、Email 联系方式。

二、中文注释格式：

（一）夹注：适用范围为传世先秦经典及常见诸子书等，可不必脚注，但需要标注：(《尚书·泰誓》)(《论语·学而》)(《孟子·梁惠王上》)。

注意：辑佚类、出土古文献须用脚注。

（二）脚注：适用范围为传世秦汉以后古文献、出土古文献、近现代学人研究成果以及说明性注释等。格式如下：

1. 传世文献类：

① 《史记》卷 47《孔子世家》，北京：中华书局，1982 年，第 1905 页。

② （明）王畿：《半山会语》，《王龙溪先生全集》卷 2，清道光二年重刻本。

③ （清）姚际恒：《古今伪书考》卷 3，光绪三年苏州文学山房活字本，第 9 页 a。

2. 出土文献类：

① 《太一生水》，荆门博物馆：《郭店楚墓竹简》，北京：文物出版社，1998 年，第 125—126 页。

3. 著作类：

① 崔大华：《儒学引论》，北京：人民出版社，2001 年，第 128 页。

②［美］列文森：《儒教中国及其现代命运》，郑大华、任菁译，北京：中国社会科学出版社，2000年，第56页。

注意：

① 征引同一文献，第一次做脚注，上述各项要素须齐全，第二次则予以简化，只注明作者、书名、页数即可。

② 清以前中国学者以小括号（ ）注明朝代，外国学者以正括号［ ］注明国籍。

③ 书名含有作者姓名者，可省略作者，如：《陆九渊集》《戴震全书》，只注明书名即可。书名含有作者的字、号或谥号者，仍须注明作者，如：（明）王守仁：《王文成公全书》；（明）王夫之：《船山遗书》；（清）孙奇逢：《夏峰先生集》等。

④ 引用古文献若涉及传、笺、注、疏层面，需根据引用版本全面列出相关撰者信息，如：（汉）毛亨传，（汉）郑玄笺，（唐）孔颖达疏：《毛诗正义》；（周）左丘明传，（晋）杜预集解，（唐）孔颖达疏：《春秋左传正义》等。

⑤ 凡正史即二十四史及《清史稿》等，不须注明作者。

⑥ 同一著作有多种注释本者，引用其中一种，注明方式宜先注明作者书名，再注明注释者，如：（魏）王弼：《周易注校释》，楼宇烈校释，北京：中华书局，2012年。

4. 论文类：

① 洪修平：《论儒学的人文精神及其现代意义》，《中国社会科学》，2000年第6期，第64—72页。

② 刘梦溪：《王国维与中国现代学术的奠立》，刘梦溪：《学术与传统》上卷，北京：北京时代华文书局，2017年，第37—71页。

三、英文注释格式

第一次出现时，注明：作者，书名，出版地：出版社，出版年份，页数．（使用

英文标点）

第二次及之后出现，注明：作者 , 书名 , 页码 .（使用英文标点）

如：Leo Strauss, *The City and Man*（书名不需翻译）, Chicago: University of Chicago Press, 1998, p. 25.（使用英文标点）

Renato Poggioli, "Paolo and Francesca", in *Dante: a Collection of Critical Essays*, John Freccero ed., Englewood Cliffs: Prentice-Hall, 1965, pp. 61-77.

Walter Nicgorski, "Cicero and the Rebirth of Political Philosophy", in *The Political Science Reviewer*, Vol. VIII (Fall, 1978), p. 36.

四、注意标点符号使用规范（最新版），以及数字规范用法

（一）连续引用几本书，书名号之间不加标点。

（二）连续使用几个双引号，双引号之间不加标点。

（三）凡使用公元纪年法，用阿拉伯数字纪年；使用中国传统纪年法，用中文数字纪年。两种纪年法混用者则阿拉伯数字与中文数字兼用，如：鲁昭公十七年（前 525）。

五、来稿请认真核对所有引文，确保不出差错。

图书在版编目(CIP)数据

儒学与古典学研究.第一辑,物论与中国古典形上学/
陈畅主编.—上海:上海书店出版社,2023.7
ISBN 978-7-5458-2297-7

Ⅰ.①儒…　Ⅱ.①陈…　Ⅲ.①儒学-文集 ②古典哲学
-文集 ③形而上学-中国-文集　Ⅳ.①B2-53

中国国家版本馆 CIP 数据核字(2023)第 103070 号

责任编辑　俞芝悦
封面设计　郦书径

儒学与古典学研究(第一辑):物论与中国古典形上学
陈　畅　主编

出　　版　上海书店出版社
　　　　　（201101　上海市闵行区号景路 159 弄 C 座）
发　　行　上海人民出版社发行中心
印　　刷　常熟市文化印刷有限公司
开　　本　710×1000　1/16
印　　张　19.25
字　　数　250,000
版　　次　2023 年 7 月第 1 版
印　　次　2023 年 7 月第 1 次印刷
ISBN 978-7-5458-2297-7/B.127
定　　价　78.00 元